Christoph von Marschall

Was ist mit den Amis los?

Christoph von Marschall

Was ist mit den Amis los?

Über unser zwiespältiges Verhältnis zu den USA

HERDER

FREIBURG · BASEL · WIEN

Für Zofia

MIX
Papier aus verantwor-
tungsvollen Quellen
FSC
www.fsc.org **FSC® C083411**

Neuausgabe

Titel der Originalausgabe: Was ist mit den Amis los?
Warum sie an Barack Obama hassen, was wir lieben
© Verlag Herder GmbH, Freiburg im Breisgau 2012

© Verlag Herder GmbH, Freiburg im Breisgau 2016
Alle Rechte vorbehalten
www.herder.de

Satz: Arnold & Domnick, Leipzig
Herstellung: CPI books GmbH, Leck

Printed in Germany

978-3-451-31258-8

Inhalt

Vorwort

„Die spinnen, die Amis!", empören sich Deutsche, wenn ein Insider wie Edward Snowden das megalomane Ausmaß der weltweiten Überwachungsversuche amerikanischer Geheimdienste ans Licht bringt, der Kongress aber deren selbstherrlichem Handeln keine engen rechtlichen Fesseln anlegt.

„Die spinnen, die Amis!", sagen viele in Europa, wenn ein schwarzer Jugendlicher an Schüssen aus der Waffe eines weißen Polizisten stirbt und tagelange Rassenunruhen folgen. Oder wenn ein Amokläufer in den USA wieder einmal unzählige Unschuldige in einer Schule, einem Kino oder einer Einkaufs-Mall erschießt, die Parlamentsmehrheit jedoch eine Verschärfung der Waffengesetze weiter unbeeindruckt von sich weist.

„Die spinnen, die Amis!", hieß es kopfschüttelnd in der Alten Welt, als Präsident Barack Obama eine Krankenversicherung für alle Einwohner einführte, aber rund die Hälfte der US-Bürger eine staatliche organisierte Solidarversicherung im Gesundheitswesen, wie sie in Kontinentaleuropa üblich ist, ablehnte.

„Die spinnen, die Amis!", ereifert sich Europa, wenn sich die Hinrichtung eines zum Tode Verurteilten per Giftspritze quälend lange hinzieht, weil die modernen Henker keine geeignete Vene für die Kanüle finden oder der tödliche Cocktail die rasche

Wirkung verweigert, und dennoch kein Aufschrei durch die USA geht: Schluss mit der Todesstrafe!

„Die spinnen, die Amis!", rief die halbe Welt, als die von der Wall Street ausgehende Finanzkrise auch andere Länder mit in den Abgrund zog – und erst recht, als der US-Kongress die Verschärfung der Bankenaufsicht, die alle auf dem Höhepunkt der Krise gefordert hatten, kurz darauf wieder aufweichte.

„Die spinnen, die Amis!" Da hat jede und jeder seine bzw. ihre Lieblingsbeispiele, je nach persönlichen Vorlieben, vom Umgang mit den Geheimdiensten bis zur Behandlung von Terrorverdächtigen in Guantanamo, von der Größe der Autos und Kühlschränke bis zum Einsatz militärischer Gewalt, vom unbedarften Gebrauch des umstrittenen Fracking bei der Öl- und Gasförderung über die ergebene Hinnahme der Ölpest im Golf von Mexiko und anderer menschengemachter Umweltkatastrophen bis hin zum Spott über die XXL-Formate der Kaffeebecher, Tripleburger und T-Shirts. Denn das ist ja das Interessante und Verblüffende an jedem Gespräch über Amerika: Jeder hat eine Meinung zu den USA, unabhängig davon, wie viel oder wenig sie oder er über das Land und seine Bewohner weiß. Bei Brasilien, China, Indien, Japan, Korea, Russland oder Südafrika würden viele Europäer vor einem raschen Urteil zurückscheuen. Vielleicht weiß man's ja doch nicht so genau. Nicht so bei Amerika. Da fühlen sich nahezu alle zu einem klaren Urteil berufen – und dieses Urteil fällt, je nach Weltanschauung, geradezu begeistert oder ziemlich skeptisch bis ablehnend aus, in Deutschland zumeist Letzteres.

Dass die Amis spinnen, habe auch ich oft gedacht, bevor ich mit meiner Frau nach Washington zog, um meine neue Aufgabe als Korrespondent der Berliner Tageszeitung Der Tagesspiegel zu übernehmen. Mich trieb die Neugier, wie Amerika denn nun wirklich ist. In unseren acht Jahren in den USA habe ich einiges besser verstehen gelernt – aus eigenem Erleben, aus unzähligen Gesprächen mit Amerikanern und aus den Erfahrungen meiner Frau. Sie arbeitete in der medizinischen Forschung in den National Institutes of Health (NIH): unter Amerikanern mit einem amerikanischen Arbeitsvertrag und einer amerikanischen Krankenversicherung. Dabei haben wir Einblicke in den praktischen Alltag amerikanischer Familien sowie in die Köpfe und Herzen gewonnen, die anderen Ausländern ohne solche Zugänge verschlossen bleiben.

Wer in den USA lebt, kann gar nicht anders, als die Welt auch mit amerikanischen Augen zu betrachten. Die tägliche Arbeit, der Austausch mit Nachbarn und Freunden, die Reisen durch das riesige Land erzwingen das geradezu. Der Korrespondent soll ja nicht nur berichten. Er soll auch erklären, warum die Amerikaner vieles ganz anders sehen als die meisten Deutschen und die meisten Europäer.

Wer im Ausland lebt, lernt aus der Ferne auch das eigene Heimatland besser kennen. Er beginnt zu vergleichen: Warum regeln die Deutschen ihre Krankenversicherung und ihre Finanzaufsicht, ihre Energieversorgung und den Klimaschutz, ihr Steuersystem und die Rolle privater Spenden in der Zivilgesellschaft, ihre Waffengesetze und ihr Strafsystem anders? Was sind die Vor- und Nachteile der deutschen und was die Vor- und Nachteile der amerikanischen Variante? Gewisse Grenzen des Verständnisses für die USA bleiben dennoch. Auch heute noch halte ich manches, was Amerikanern selbstverständlich erscheint, für fragwürdig. Oder für Ideologie. Doch das Ausmaß dieser blinden Flecken, die sich der pragmatischen Erklärung entziehen, ist kleiner geworden.

Und auf einmal spinnen nicht mehr nur die Amis. Mitunter erwische ich mich plötzlich bei dem Gedanken: „Die spinnen, die Deutschen!" Den meisten Korrespondenten geht es nicht anders. Mit der Zeit entdecken wir immer mehr gute Seiten am Alltag und den Lebenseinstellungen der Amerikaner. Und finden im Vergleich manche deutsche Haltungen und Sitten fragwürdig. Worauf gründet sich, zum Beispiel, der deutsche Glaube an die Allzuständigkeit des Staats? Warum geben Bürger ihr Mitgestaltungsrecht so gerne an anonyme Behörden ab? Theater und Museen gibt es auch in den USA zuhauf, und einige sind sogar besser als in Deutschland, obwohl sie nicht von staatlichen Subventionen leben, sondern von den freiwilligen Zuwendungen der Bürger und der Wirtschaft. Die Gastfreundschaft und die Hilfsbereitschaft gegenüber Fremden nötigen Respekt ab. Den Stolz auf ihr politisches System und die Begeisterung, mit der sich Amerikaner alle vier Jahre in den Präsidentschaftswahlkampf stürzen, würden wir uns für Deutschland wünschen. Amerikaner zeigen weniger Sozialneid und mehr Respekt vor anderen Meinungen. Im Vergleich mit der in Deutschland verbreiteten Bedenkenträgerei, dass dieses oder jenes sowieso nicht funktionieren könne, wirkt die zupackende „Can do"-Mentalität oft höchst erfrischend. Und zudem konstruktiver. Gewiss, sie hat auch ihre Schattenseiten – wenn über dem ansteckenden Optimismus die berechtigte Skepsis (zum Beispiel beim Demokratieexport per Militärintervention) oder die Sicherheitsvorkehrungen (vom Finanzsystem über die Geheimdienste bis zur Ölförderung) zu kurz kommen, mitunter mit dramatischen Folgen.

Auf viele Neuankömmlinge aus Deutschland wirkt Amerika im Alltag lebenswerter und liebenswerter, als sie sich das aus der Ferne vorstellen konnten. Das empfinden die meisten meiner Medienkolleginnen und -kollegen so, ganz unabhängig davon, ob sie für eine linksalternative, liberale oder bürgerliche Zeitung berichten – oder, im Rundfunkbereich, für eine „rot" oder

„schwarz" dominierte Sendeanstalt. Zu Einwanderern werden nur wenige. Bei aller Faszination an der neuen Welt bleiben die meisten von uns im Herzen und in ihren gesellschaftspolitischen Grundüberzeugungen Deutsche. Und Europäer. Aber unsere neuen Erfahrungen machen uns Wanderer zwischen beiden Welten zu Kulturvermittlern. Wenn es in den Heimatredaktionen oder in den Leserbriefen und Hörer-E-Mails wieder mal heißt, „Die spinnen, die Amis!", dann fühlen wir uns herausgefordert, die Hintergründe und Motive für amerikanische Haltungen zu erklären, die von der anderen Atlantikseite gesehen irrational anmuten – typisch amerikanisch-verrückt.

Die Idee zu diesem Buch

So ist auch dieses Buch entstanden: aus den Begegnungen mit Zehntausenden Deutschen bei unzähligen Vorträgen, Podiumsdiskussionen und Lesereisen im Laufe eines guten Jahrzehnts. In die erste Fassung, die 2012 erschienen war, flossen all die Fragen ein, die sich aus den Erfahrungen mit der ersten Amtszeit Barack Obamas ergaben. Nach den Regierungsjahren George W. Bushs, die die Deutschen fast durchweg in schlechter Erinnerung behalten, war Obama fast wie ein Retter begrüßt worden. Die meisten Deutschen identifizierten sich mit den Zielen, die er im Wahlkampf formuliert hatte, fieberten mit ihm, wünschten ihm Erfolg. Früher oder später gingen viele jedoch auf Distanz, als dieser Erfolg in vielen Bereichen auf sich warten ließ oder Obama sich mit frustrierenden Kompromissen abfinden musste. Die umfassend aktualisierte Neuausgabe 2016 ist stark von den deutschamerikanischen Querelen in Obamas zweiter Amtszeit geprägt:

- der NSA-Abhöraffäre,
- der Diskussion um TTIP, das Transatlantische Handels- und Investitionsabkommen, das in Deutschland umstrittener ist als in den meisten anderen EU-Staaten,
- den Kriegen in Libyen, Syrien sowie erneut im Irak, in denen Obama keine rühmliche Rolle spielt,
- und dem Vorwurf, dass die Strategie und die Mittel der Terrorabwehr sich kaum von denen unter George W. Bush unterscheiden.

Mit der Präsidentschaftswahl 2016 richten sich die Blicke zudem auf die Frage, was von Obamas Nachfolgerin oder Nachfolger zu erwarten sei. Unabhängig davon, wer nach ihm ins Weiße Haus einzieht, darf man eines schon heute vorhersagen: Die Präsidenten wechseln, die deutschen und europäischen Irritationen über die USA bleiben. Und ebenso die amerikanischen Irritationen über Europa. Denn Amerikaner und Europäer „ticken" unterschiedlich. Die Neigung, den jeweiligen Präsidenten zur Hauptursache der Dissonanzen zu erklären – in George W. Bushs Fall, weil er angeblich nie ein Ohr für die berechtigten Sichtweisen der Europäer hatte, in Obamas Fall, weil er Hoffnungen weckte, die er dann enttäuschte –, führt in die Irre. Es ist ja nicht die eine Person an der Spitze, die spaltet; in ihr spiegeln sich vielmehr all die unterschiedlichen Sichtweisen der Amerikaner und Europäer auf die aktuelle Weltlage.

In der Hinsicht wird es auch wenig Unterschied machen, ob die vielen Deutschen sympathische Hillary Clinton die Präsidentschaftswahl 2016 gewinnt und die Kommentatoren ihre Inauguration im Januar 2017 zum Beginn eines neuen Zeitalters verklären, weil erstmals eine Frau in das nach wie vor mächtigste Amt der Welt käme. Oder ob Jeb Bush siegt, dessen Name vielen Deutschen wegen der Erfahrungen mit seinem Bruder George W. eher unsympathisch ist. Oder ob ein anderer Wettbewerber triumphiert – womöglich ähnlich überraschend wie Barack Obama, den die meisten Experten zu Beginn des Wahlkampfs 2008 auch nicht zu den Hauptfavoriten gezählt hatten. Spätestens im Lauf der Jahre 2017/18 werden viele Deutsche den neuen Präsidenten – oder: die neue Präsidentin – kritisch sehen. In Hillarys Fall, das sollte uns die emotionale Achterbahnfahrt mit Obama gelehrt haben, wären erst die Erwartungen groß und dann die Enttäuschung über ihre reale Politik umso durchschlagender. In Bushs Fall würde sich eine vorgefasste Abneigung gegen seinen Familiennamen bestätigen. Auch das verrät einiges über die Vorurteilsstrukturen. Denn es gab ja nicht nur einen, sondern zwei Präsidenten Bush. Mit dem Vater George H. W. (Januar 1989 bis Januar 1993) hatten die Deutschen gute Erfahrungen gemacht. Der Weg zur deutschen Einheit wäre ohne seine vertrauensvolle Unterstützung nicht so glatt verlaufen. Er begrenzte auch den Einsatz des US-Militärs, ließ es nach dem siegreichen ersten Irakkrieg zur Befreiung Kuwaits 1991 nicht nach Bagdad marschieren, um Saddam Hussein zu stürzen. Mit Sohn George W. (Januar 2001 bis Januar 2009) verbinden die Deutschen schlechte Erinnerungen. Zu Recht. Ihm fehlte das Augenmaß nach dem Terrorangriff auf die USA am 11. September 2001. Er hat Entgleisungen wie die ausufernde NSA-Überwachung, die Menschenrechtsverletzungen im Umgang mit den Terrorverdächtigen, die Lügen zur Begründung des Irakkriegs und die verfehlte Besatzungsstrategie zu verantworten. Sollte man es angesichts so unterschiedlicher Erfahrungen mit zwei Präsidenten namens Bush nicht als eine offene Frage betrachten, ob ein Präsident Jeb Bush mehr dem Vater oder mehr dem Bruder nacheifern würde?

Unvoreingenommenheit hieße auch, die Handlungsspielräume, die Präsidenten haben, und deren Grenzen realistisch einzuschätzen. Die sinusartige Kurve der deutschen Amerika-Begeisterung und Amerika-Enttäuschung folgt zwar dem Auf und Ab unserer Wahrnehmung der jeweiligen Präsidenten. In Wahrheit ist die Person an der Spitze aber gar nicht die Hauptursache unserer Irritationen. Uns irritiert, dass in den USA so vieles ganz anders läuft, als wir es von zu Hause gewohnt sind. Die wahre Ursache sind die grundsätzlichen Unterschiede in der politischen Kultur und in den Vorstellungen von der Rolle des Staats, der Privatwirtschaft, der individuellen Eigeninitiative und Eigenverantwortung der Bürger. Sie leiten sich aus der unterschiedlichen Geschichte Europas und der USA her. Und, mehr noch, aus den verbreiteten Geschichtsbildern, die auch dann Identität stiften, wenn sie die wahren historischen Abläufe ignorieren.

Das galt schon, als 2012 die Urfassung dieses Buchs erschien. Damals schrieb ich im Vorwort:

> „Ist dies also ein Buch über Barack Obama? Ja – und nein. Die Beispiele stammen aus seiner Amtszeit. Man könnte sie aber ebenso gut in anderen Präsidentschaften finden, vergangenen wie künftigen. Im Kern geht es darum, was Amerikaner und Europäer unterscheidet. Die Obama-Präsidentschaft hat diese Unterschiede im Denken über die Rolle des Staats und der Bürger, über soziale Gerechtigkeit und Eigenverantwortung, Privatwirtschaft und gesellschaftlichen Zusammenhalt nur in besonderer Weise sichtbar gemacht."

In den vier Jahren seither haben sich die aktuellen Anlässe und Anwendungsbeispiele geändert, nicht aber der Kern der Konflikte und der transatlantischen Missverständnisse. Die strukturellen

Unterschiede und politischen Reflexe, auf denen sie beruhen, bestehen fort. Damals lud das Entsetzen über die Ölpest im Golf von Mexiko den Streit um die Energieversorgung und den richtigen Mix aus klassischen und erneuerbaren Energien emotional auf, heute ist es die deutsche Abneigung gegen das Fracking. Damals beherrschten die Stichworte Irak, Drohnenkrieg und Guantanamo die Debatte darüber, welche Mittel ein Staat zur Terrorabwehr und zur Wahrung außenpolitischer Interessen einsetzen darf. 2015 hießen sie NSA, Islamischer Staat, Waffenlieferungen an die Ukraine. Damals entzündete sich die Empörung über den Waffenkult an Amokläufen in Schulen und Kinos, heute an den tödlichen Begegnungen zwischen schwarzen Jugendlichen und weißen Polizisten, die zudem die anhaltenden Rassenkonflikte spiegeln.

Die Frage nach den Ursachen des Umschwungs im deutschen Bild von Barack Obama interessierte mich auch deshalb, weil es um prägende Jahre meiner Journalisten-Laufbahn ging. Sein Aufstieg und Fall im deutschen Ansehen forderten mich auf besondere Weise heraus. Ein bisschen früher als andere hatte ich mich an Obamas Fersen geheftet und ihn vom Februar 2007 an zu Wahlkampfauftritten begleitet. Damals lautete die herrschende Meinung noch, Hillary Clinton werde George W. Bush beerben und die erste Präsidentin der USA werden. Ich sah das anders und hielt es für gut möglich, dass er die Wahl 2008 gewinnen werde. Aus meinen Beobachtungen entstand 2007 eine Barack-Obama-Biografie. 2009 schrieb ich ein Buch über Michelle Obama. Es erzählt ihren – typisch amerikanischen – Aufstieg vom schwarzen Arbeiterkind zur ersten First Lady, die von Sklaven abstammt; und ihren Lebensweg, der von einem rein afroamerikanischen Wohnviertel ins Weiße Haus führte. Es war zugleich das erste Buch, das schilderte, wie sie in ihrer neuen Rolle auftritt und wie sie ihr Amt ausfüllte. Im Juni 2011 war ich dann der erste deutsche Korrespondent, dem Präsident Obama ein Interview gab – aus Anlass des Besuchs der Kanzlerin Angela Merkel und ihrer Ehrung mit der Freiheitsmedaille, dem höchsten zivilen Orden der USA. Es wurde in schriftlicher Form geführt: Ich reichte die Fragen ein und erhielt die Antworten des Präsidenten per E-Mail zurück. Das ist die gängige Praxis im Umgang mit ausländischen Print-Medien in Obamas Amtszeit. Meine Zeitung Der Tagesspiegel war allerdings die erste, die diese Abläufe offen kommunizierte und nicht so tat, als sei das Interview in einer persönlichen Begegnung mündlich geführt worden. Ein Journalist eines Konkurrenzblattes nahm dies zum Anlass für die Rückfrage, ob diese Aussagen tatsächlich vom Präsidenten stammten. Das Weiße Haus hat das ausdrücklich bestätigt und das Interview in die offizielle Liste der Obama-Interviews aufgenommen.

Die Obamas wirkten auf viele Deutsche anfangs wie ihr Wunschbild von Amerika. Doch diese Sicht wurde bald erschüttert. Sie waren zwar anders als Bush und seine Republikaner, aber sie handelten deshalb noch lange nicht wie Europäer. Auch sie waren und blieben – Amerikaner. Sowohl die Faszination, die das neue Glamourpaar auf die Deutschen ausübte, als auch die Irritationen, die sie auslösten, bekam ich bei Vorträgen und Debatten in Deutschland hautnah zu spüren. Immer wieder mündeten die Fragen – anfangs zu den Erwartungen an Obama, später zum Verlauf seiner Präsidentschaft – in der Bitte, zu erklären, warum Amerikaner in so vielen Bereichen „anders ticken" als die Deutschen. Warum stößt die allgemeine Krankenversicherung auf so viel Widerstand? Warum gelingt es ihm nicht, Guantanamo zu schließen? Warum beschimpfen ihn so viele Amerikaner als „Sozialisten"? Und warum hassen sie oft gerade das, was wir an ihm lieben?

Viele Diskussionen endeten mit der Aufforderung: Schreiben Sie ein Buch mit solchen Beispielen aus der politischen Praxis!

Zur Enttäuschung über die Amerikaner, die die anfängliche Liebe der Deutschen zu Obama nicht teilten, ist mittlerweile eine wachsende Enttäuschung der Deutschen über Obama hinzugekommen. Daraus ergeben sich weitere Beispiele für unser zwiespältiges Verhältnis zu den USA.

Wie die Erstfassung richtet sich die aktualisierte Neuausgabe dieses Buchs an alle, die Wegweiser und Leitplanken suchen, um Amerika besser zu verstehen. Und ganz besonders an alle, die so wie wir für ein paar Jahre in die USA ziehen. Es soll ihnen helfen, sich auf diesem fremden Stern zurechtzufinden. Die Stämme, die dort leben, und ihre Gesellschaftsordnung – Demokratie, Marktwirtschaft, Rechtsstaat – könnten bei oberflächlicher Betrachtung wie eine Kopie Europas aussehen. In vielen Dingen fühlen und denken sie jedoch ganz anders als wir.

Amerikaner sind ein anderer Stamm

Der Papierform nach sind Amerikaner und Europäer gar nicht so unterschiedlich. Sie haben eine ähnliche Staats-, Wirtschafts- und Gesellschaftsordnung. Die USA, die Bundesrepublik Deutschland und alle weiteren EU-Länder sind Demokratien, Rechtsstaaten mit nahezu identischen Grundrechten und Marktwirtschaften. (In den USA zieht man freilich die Bezeichnung Kapitalismus vor, die in amerikanischen Ohren positiv klingt, jedoch in Deutschland negativ besetzt ist.) Sie haben dieselben kulturellen Wurzeln und geistigen Väter und Mütter: das römische Christentum samt seinem Ableger aus der Reformationszeit, den protestantischen Kirchen, die Aufklärung und den Gedanken der Bürgergesellschaft aus der Französischen Revolution. Doch als meine Frau und ich in diesem Land ankamen, waren wir plötzlich in der sprichwörtlichen „Neuen Welt". Die Entfernungen, die Siedlungsdichte, die Bevölkerungszusammensetzung, die Infrastruktur, das Klima und die Naturgewalten – so vieles ist anders als in Deutschland und in Europa. Natürlich gibt es hier wie dort Großräume mit enormer Bevölkerungsverdichtung: Chicago, Houston, Los Angeles, New York und Berlin, London, Madrid, Paris. Aber seit wir die Weite in der dünn besiedelten Mitte der USA „er-fahren" haben, verstehen wir besser, warum viele Amerikaner anders mit Naturraum, Bodenschätzen und Energie umgehen. Allein der US-Staat Montana ist größer als das vereinte Deutschland. Dort leben aber nur 990.000 Menschen, nicht 82 Millionen.

Auf dem Highway kann man lange fahren, ohne einem anderen Auto zu begegnen. Ungenutztes Land ist im Überfluss vorhanden. In den „Lower 48" – den 48 der 50 Bundesstaten, die flächenmäßig eine Einheit bilden, ohne Alaska und Hawaii – liegen mehr als 5000 Kilometer zwischen der Atlantikküste in Maine und der Pazifikküste in Washington State. Sowie 2800 Kilometer zwischen der Nordgrenze zu Kanada in North Dakota und der Südspitze von Texas. Da sind, wie gesagt, Alaska – das allein vier Mal so groß wie Deutschland ist – und Hawaii noch gar nicht mitgerechnet. Und ebenso wenig die zu den US-Territorien zählenden Inseln in der Karibik und im Pazifik. Alle 28 Staaten der EU zusammen sind der Fläche nach nicht mal halb so groß wie die USA. Aber sie sind annähernd vier Mal so dicht besiedelt. Europäer sind Enge gewohnt und haben es verinnerlicht, dass natürliche Ressourcen begrenzt sind.

Wer durch die USA reist, wird genau den umgekehrten Eindruck gewinnen: Raum und Ressourcen sind noch lange nicht erschöpft. Touristen aus Europa staunen über die vergleichsweise niedrigen Benzinpreise in Amerika. Sie freuen sich darüber, solange sie in den USA tanken. Und werden später zu Hause kopfschüttelnd erzählen, dass die Amerikaner zu große Autos fahren und verschwenderisch mit Energie umgehen. Kein Gespür für die Umwelt! US-Bürger halten es dagegen für eine soziale Frage, dass der Staat den Benzinpreis niedrig hält und nicht durch „Ökosteuern" künstlich erhöht, um so den Verbrauch zu drosseln. Sie haben im Schnitt längere Anfahrtswege zur Arbeit und längere Transportwege für Waren. Wenn der Benzinpreis binnen weniger Monate um rund ein Drittel steigt – zum Beispiel von 2,06 Dollar pro Gallone (ca. 3,8 Liter) zu Jahresbeginn 2015 auf 2,80 Dollar im Juli 2015 oder vier Jahre zuvor von unter drei Dollar am Jahresende 2010 auf über vier Dollar im Frühsommer 2011 –, bedeutet das für viele Familien, dass sie auf die Fahrt in den Urlaub verzichten und im Alltag an Kinokarten und anderen Vergnügungen sparen müssen, weil das Geld stattdessen fürs Tanken draufgeht.

Amerika unterscheidet sich nicht nur durch seine schiere Größe, sondern ist in Wahrheit eine andere Welt. Wir fühlten uns nach unserer Ankunft wie auf einem fremden Stern. Simple Erledigungen wachsen zu hohen Barrieren: ein Bankkonto eröffnen, ein Mobiltelefon kaufen, ein Auto anmelden. Auch in Deutschland ist das für einen Ausländer gar nicht so einfach – fragen Sie mal einen Betroffenen nach seinem Leidensweg. Uns dagegen erschien das deutsche System sehr logisch und nachvollziehbar. Wir kannten es schließlich nicht anders – bis wir ins Ausland zogen.

Crashkurs Alltag in Amerika

Um zum Beispiel ein Bankkonto zu eröffnen, muss man Identität und Wohnsitz nachweisen. Es gibt aber kein Einwohnermeldesystem. Auch diesen Umstand verklären Amerikaner gerne zu einem Grundpfeiler der unbegrenzten Freiheiten. Für uns war es ein Stolperstein. Unsere deutschen Pässe belegten zwar die Personendaten, aber keine US-Anschrift. Wie weist man die nach? „Bringen Sie einfach eine an Sie adressierte Strom- oder Wasserrechnung mit", sagte Angela in der Citibank-Filiale im nächsten Einkaufszentrum. Rechnungen? Die konnten wir noch gar nicht haben. Wir waren gerade angekommen und würden noch Wochen auf den Umzugscontainer warten. Eine Wohnung hatten wir gefunden und einen Mietvertrag unterschrieben. Nun brauchten wir ein amerikanisches Konto, auf das wir Geld aus Deutschland überweisen wollten, um davon die Kaution und die erste Miete zu bezahlen. Doch unser Mietvertrag beeindruckte Angela wenig. So ein Papier kann theoretisch jeder Beliebige ausfüllen und unterschreiben. Sie brauchte eine Unterlage von einer vertrauenswürdigen Instanz in den USA. Vermieter oder Makler zählen nicht dazu, das lernten wir bei der Gelegenheit. Energieversorger oder der US Post Service dagegen schon. Zu unserem Glück ist Angela eine improvisationsfreudige Latina, deren Familie selbst noch nicht lange in den USA lebt und die öfter mit den Nöten von Neuankömmlingen zu tun hat. „Sie können schon Post an Ihrer künftigen Adresse empfangen?", fragte sie. „Dann lassen Sie den Makler doch einfach einen Brief an Sie schicken. Wenn ein Poststempel auf dem Umschlag ist und er ankommt und Sie ihn mitbringen, dann reicht mir das." So kamen wir zu unserem Bankkonto. Eine Kreditkarte, die übliche Bezahlungsform selbst im Zeitschriftenladen und im Supermarkt, gab es deshalb noch lange nicht. Wenn wir mittellose Stundenten aus Südamerika oder Afrika mit einem Studienplatz an einer amerikanischen Universität gewesen wären – kein Problem. Denen werden Kreditkartenanträge hinterhergeworfen. Es gibt schließlich den direkten Bezug zu einer Institution in den USA. Die Verdienstbescheinigung eines deutschen Medienkonzerns, der Kontoauszug der deutschen Citibank – damals noch ein Tochterunternehmen der US-Citibank – und die Schufa-Auskunft, die uns als zuverlässige Kreditnehmer auswies, interessierten niemanden in den USA. Die Kreditkarte bekamen wir nach drei Monaten, in denen regelmäßig Zahlungen auf unserem Konto eingegangen waren. Der Mobiltelefonanbieter verlangte, dass wir tausend Dollar als Kaution hinterlegen, bis die ersten

Rechnungen zuverlässig bezahlt sind. Ein Auto kaufen und anmelden durften wir erst, als wir den US-Führerschein gemacht hatten – wofür wir aber zunächst auf die Zuteilung einer „Social Security"-Nummer warten mussten, was mehrere Wochen in Anspruch nimmt. Diese Nummer ist – neben dem Führerschein – der wichtigste Identitätsnachweis in den USA.

Die ersten sechs Wochen waren ein Abenteuer und ein wertvoller Crashkurs in Sachen kultureller Unterschiede: immer wieder überraschend, oft frustrierend, aber mindestens ebenso oft versöhnlich. Denn die meisten Menschen sind hilfsbereit, jedenfalls solange man höflich bleibt und sich nicht beschwert. Wer seinen Ärger offen zeigt, hat verloren. Dann schalten viele Amerikaner auf stur. Nach ungefähr sechs Wochen bis drei Monaten haben die meisten Neuankömmlinge aus Europa die wichtigsten Hürden genommen. Eines Tages sind sie plötzlich nicht mehr mit dem Sich-Zurechtfinden und Sich-Einrichten beschäftigt. Sie sind angekommen und können auf einen neuen Alltag unter diesen oft wundersamen Eingeborenen umschalten.

Das Wertvollste an diesem Crashkurs: Die ersten Wochen zwingen dazu, sich mit den verschiedenartigsten Milieus in den USA auseinanderzusetzen, auch solchen, mit denen man später nur noch selten zu tun hat: Wir hatten unvermittelt Koreaner im Haus. Sie behoben im Auftrag des Vermieters den Wasserschaden an der Wand, den ein Wolkenbruch und ein schadhaftes Fallrohr in den zwei Monaten Leerstand vor unserem Einzug hinterlassen hatten. Sie sprachen kein Wort Englisch, wurden vom Vorarbeiter, der beide Sprachen beherrscht, morgens gebracht und angewiesen und später wieder abgeholt. Tags drauf kam Sam, ein rastalockiger Schwarzer, um den Internetanschluss zu legen. Er fragte den Neuankömmling aus Europa vertrauensvoll, ob das bei der Wiederwahl George W. Bushs 2004 wohl mit rechten

Dingen zugegangen sei? Er kenne nur Leute, die garantiert nicht für Bush gestimmt haben. Sam ist allerdings in Washington D.C. aufgewachsen, wo die Wähler mit überwältigender Mehrheit für die Demokraten stimmen – das war 2004 nicht anders als in den Obama-Jahren 2008 bis 2016 und wird sich auch 2020 nicht ändern. Sam war noch nie in einem der rund 20 US-Staaten gewesen, die in den selben Jahren verlässlich republikanisch wählen.

Dann mussten wir ins Department of Motor Vehicles (DMV), wo man seinen Führerschein macht. In einer Großstadt wie Washington arbeiten dort fast ausschließlich Afroamerikaner – denn es gibt eine gesetzliche Vorgabe namens „Affirmative action", sie bevorzugt einzustellen. Je nachdem, an wen man gerät, kann man den Eindruck gewinnen, sie pflegten bis heute einen Zorn über die lange Geschichte der Rassendiskriminierung und ließen ihn an jedem Weißen aus, ob Amerikaner oder unbeteiligter Ausländer. Mich überraschte die Sachbearbeiterin nach bestandener Prüfung mit dem Bescheid, ich bekäme den Führerschein zunächst nur für ein Jahr.

Ich glaubte an ein Missverständnis und wies sie auf mein Journalistenvisum für die USA hin, das für mehrere Jahre gültig war. Das eskalierte die Angelegenheit aus ihrer Sicht offenkundig. Ich hatte ihre Autorität in Frage gestellt. Als ich mich aufs Bitten verlegte, sagte sie, das müsse ihr Vorgesetzter entscheiden. Der reagierte zuvorkommend und bewilligte den Führerschein für vier Jahre. Als die Verlängerung anstand, musste ich nicht wieder aufs Amt. Das ging nun online – und sogar gleich für acht Jahre.

In den Folgejahren haben sich die beiden Anfangseindrücke vom Besuch im DMV als Regel bestätigt. Erstens haben Unterschiede in Hautfarbe und Herkunft auch heute in der Praxis noch enorme Bedeutung. Offiziell soll das nicht so sein. Die USA nennen sich gerne einen „Melting Pot". Und die Wahl Barack

Obamas zum Präsidenten wurde als Beleg für den Übergang in die „post racial era" interpretiert; eine neue Epoche, in der Hautfarbe und Rasse keine Rolle mehr spielen. Die Rede vom „Schmelztiegel" stimmt in dem Sinn, dass wohl keine andere Nation in ihrer ethnischen Zusammensetzung so vielfältig ist. Aber das heißt noch lange nicht, dass alle harmonisch zusammenleben. Sie leben weitgehend nebeneinander her. Amerika ist vielerorts bis heute segregiert, nur nicht mehr wie früher durch Gesetze, die die Rassentrennung regelten. Sondern durch unsichtbare Mauern aus Herkunft, Bildung und Einkommen. Wer eine Stadt wie Washington mit offenen Augen durchquert, wird bald eine soziale Gliederung nach Wohnbezirken erkennen. Im Nordwesten wohnen fast ausschließlich Weiße, im Südosten fast ausschließlich Schwarze, der Nordosten ist gemischt, dort leben auch Latinos. Wenn ein Afroamerikaner in den Wohngebieten im Nordwesten herumläuft, verfolgen ihn unzählige Augenpaare hinter den Ziergardinen. Ebenso wird jeder Weiße angestarrt, der in Anacostia im Südosten auftaucht.

Man mag einwenden: Ist das so viel anders als in Berlin? In Grunewald leben schließlich auch kaum Türken. Und in Neukölln gibt es keine Millionärsvillen. Sagen wir so: In den USA fallen die Unterschiede krasser ins Auge.

Zweitens ist es generell keine gute Idee, mit amerikanischen Amtsträgern zu diskutieren oder gar ihre Entscheidungen zu hinterfragen. Schon gar nicht im Umgang mit Polizisten oder Personenschützern. Wenn im Rückspiegel ein rot-blaues Blinklicht auftaucht, fährt man rechts ran. In der Regel hat man nichts verbrochen, da will nur ein Streifen- oder Krankenwagen auf Einsatzfahrt vorbei. Stoppt dagegen die Polizei hinter einem, ist man selbst gemeint – und gut beraten, jetzt bloß nichts falsch zu machen. Bei Fahrzeugkontrollen zeigt sich, wie anders die Sitten in den USA sind. Also ruhig sitzen bleiben, mit beiden Händen auf dem Lenkrad. Allenfalls darf man schon mal das Fenster am Fahrersitz leicht öffnen, um die Kommunikation zu erleichtern. Auf keinen Fall unaufgefordert aussteigen, das kann als Vorbereitung zum tätlichen Angriff missverstanden werden. Und auf gar keinen Fall Richtung Handschuhfach greifen, weil dort die Autopapiere liegen; hinter der Klappe könnte auch eine Waffe verborgen sein. Es ist wirklich so, wie man es aus amerikanischen Filmen kennt.

Wenn US-Polizisten merken, dass sie einen Deutschen angehalten haben, reagieren sie gerne mit dem Spruch: „You know, this is not the Autobahn." Wer dann freundlich lacht, hat gute Chancen, mit einer Ermahnung davonzukommen. Wenn der Uniformierte konkrete Regelverstöße vorwirft, besser nichts abstreiten, sondern zerknirscht um Vergebung bitten. Im besten Fall entwickelt sich ein kurzes Gespräch. Womöglich war der Polizist früher mal als Soldat in Deutschland stationiert. Damit verbinden alle schöne Erinnerungen. Deutschland ist überhaupt gut angesehen (solange man nicht über seine militärischen Beiträge zu NATO-Einsätzen diskutiert). Deutsche Mieter gelten als zuverlässig und halten die Wohnung in Ordnung. Deutsches Bier wird allgemein gelobt. Deutsche Autos sind Prestigeobjekte.

Nur beim Ankommen helfen diese Sympathien ziemlich wenig. Bei der Erledigung von Formalitäten ist die wichtigste Lehre: Die USA sind ein eigener Kontinent. Sie sind sich selbst groß genug. Wie man Dinge anderswo regelt, weiß kaum jemand – und wenn doch, dann ist das nicht relevant. Andere Länder zählen nicht, egal ob es sich um Deutschland handelt, die viertgrößte Wirtschaftsmacht der Erde, oder um Obervolta.

Die USA sind derzeit noch die größte und modernste Volkswirtschaft der Erde und der größte Markt. Und wenn China sie der Größe nach überholt, bleibt immer noch ein enormer technischer Vorsprung. In vielen Bereichen wirkt Amerika freilich alles andere als spitze. Führend ist es in der Militärindustrie und der Spitzenmedizin. Die Qualität der Infrastruktur bleibt hinter der in Europa zurück. Die meisten Leitungen für Telekommunikation und Stromversorgung verlaufen noch oberirdisch. Nur im Stadtzentrum liegen sie unter der Erde. In vielen Wohnvierteln gibt es Überlandleitungen, und die werden alle paar Monate durch Stürme und Unwetter herabgerissen.

Der erste Stromausfall lehrte uns, immer Kerzen und ein Feuerzeug, eine Taschenlampe und ein einfaches, altmodisches Telefon griffbereit zu haben. Moderne, schnurlose Apparate funktionieren nur mit Strom aus der Steckdose. Handys muss man aufladen. Die alten Telefone holen sich die Energie über die Telefonleitung, funktionieren also auch bei Stromausfall. Viele Straßen sind voller Schlaglöcher. Brücken brechen wegen Korrosion tragender Teile zusammen. Häuser sind bei Weitem nicht so solide gebaut wie in Deutschland. Bei Wärmedämmung und Fenstertechnik sind die USA Jahre hinterher. Wie generell bei erneuerbaren Energien. Amerika ist eine Servicegesellschaft und der Kunde ist König? Ja, Shoppen macht Spaß und ist oft billiger als in Deutschland, solange es um Kleidung und gängige Produkte der Unterhaltungselektronik geht. Man darf auch anstandslos Waren zurückbringen und sich den Kaufpreis auszahlen lassen. Niemand wundert sich, niemand fragt nach einem Grund. Schwieriger ist es, ein Geschäft mit guter Fachberatung zu finden. Oder einen verlässlichen Kundendienst. Unter den Telefonnummern, die auf der Garantiekarte oder im Internet genannt sind, erreicht man in der Regel keine reale Person, sondern wird an automatisierte Telefonmenüs verwiesen, die Ratschläge für die gängigsten Pannenursachen haben. Wenn ein Problem nicht in dieses Schema fällt – Pech gehabt. Oder man landet bei einem externen Mitarbeiter der Serviceabteilung in Indien oder auf den Philippinen. Die Löhne sind dort so viel billiger.

Früher dachte ich, der amerikanische Staat sei insgesamt stark, nicht nur im militärischen Bereich. Das glaubte ich erst recht, als nach 9/11 die Terrorabwehr ausgebaut und ein Mammutministerium für Heimatschutz geschaffen wurde. In Wahrheit ist der zivile Verwaltungsteil der US-Bundesregierung schwachbrüstig und völlig unterfinanziert. Entsprechend unzuverlässig sind die fristgerechte Erledigung von Anträgen der Bürger und die staatlichen Dienstleistungen.

Das lernte ich bei der periodisch anstehenden Vereinbarung über meinen Verbleib im deutschen Sozialsystem während meines befristeten USA-Aufenthalts. Dem Antrag müssen die Behörden beider Staaten zustimmen. Er blieb in der amerikanischen Social-Security-Behörde viele Monate liegen, weil die Abteilung für die Übersetzung fremdsprachiger Anträge nicht nachkam. (Jedes Land amtiert in seiner eigenen Amtssprache. In deutschen Behörden, die mit dem Ausland zu tun haben, darf man davon ausgehen, dass Sachbearbeiter genug Englisch beherrschen, um den Inhalt des Schriftwechsels auch ohne Übersetzungshilfe zu verstehen. Aber wer versteht schon Deutsch in amerikanischen Ämtern?)

Den begehrten White House Hard Pass, der den ständigen Zugang zum Weißen Haus ermöglicht, bekam ich nicht nach den versprochenen drei Monaten. Es dauerte 16 Monate. Freilich muss man Zweierlei hinzufügen: Die Bearbeitung meines Antrags fiel, erstens, in die Übergangszeit zu einer neuen Regierung. Da mussten der Geheimdienst und die anderen Filterungssysteme viele neue Mitarbeiter „durchleuchten". Ein ausländischer Journalist steht nicht ganz oben auf der Prioritätenliste. Zugleich war nicht zu übersehen, dass die Mittel selbst beim Secret Service des Präsidenten begrenzt sind: Meine Fingerabdrücke wurden dort noch ganz altmodisch mit Tinte vom Stempelkissen genommen, nicht digital wie bei der Einreise am Flughafen. Zweitens wird ein solcher „Hard Pass" sehr zurückhaltend vergeben. In meinen USA-Jahren war ich der einzige deutsche Zeitungskorrespondent in Washington, der einen besaß.

Amerikaner kommen vom Mars, Europäer von der Venus

Politiker reden gerne vom Westen. Und von der Wertegemeinschaft, die sie mit dem Begriff verbinden. Je länger ich in den USA lebte und die Unterschiede zwischen meiner deutschen Heimat und meinem aktuellen Gastland beobachtete, desto öfter fragte ich mich: Gibt es diesen Westen überhaupt noch? Verbindet Deutsche und Amerikaner auch heute genug, damit sie auf überzeugende Weise das Wort „wir" benutzen können? Nach Ausbruch der NSA-Affäre im Sommer 2013 hat sich das noch einmal verstärkt. Beim Blick auf ihre Werteordnungen haben Deutsche und Amerikaner vieles gemeinsam – mehr jedenfalls als zum Beispiel mit Russen oder Chinesen. In welchem Verhältnis stehen das Gemeinsame und das Trennende? Das ist nicht nur eine Frage belegbarer Tatsachen. Es ist in noch höherem Maße eine Frage der Wahrnehmung und der öffentlichen Darstellung – auch in den Medien.

In der öffentlichen Debatte werden die Unterschiede zwischen Amerika und Europa gerne betont und überhöht. Diese Abgrenzung hilft offenbar bei der Definition und Bestätigung der eigenen Identität: Wenn die anderen spinnen, dann fühlt man sich selbst doch gleich viel besser.

Wann und wie das geschieht, hängt in hohem Maß von der politischen Konjunktur ab. Als George W. Bush regierte, war das Bedürfnis der Kontinentaleuropäer, sich gegen die USA abzugrenzen, besonders hoch. Unter Obama wurde es zunächst deutlich geringer. Gegen Ende seiner Präsidentschaft stieg die Neigung, die Unterschiede hervorzuheben, wieder an. „Amerikaner kommen vom Mars, Europäer von der Venus" – das war eine besonders populäre Redewendung, als Präsident Bush und Kanzler Schröder 2003 über den Irakkrieg stritten. Ein Jahr zuvor hatte Robert Kagan diese schon früher gebrauchte idealtypische Gegenüberstellung in seinem Essay über „Macht und Ohnmacht" wiederbelebt: Amerikaner gleichen dem Kriegsgott Mars und sind Menschen der Tat; Europäer orientieren sich an der Liebesgöttin Venus und scheuen die Austragung von Konflikten. Als Obama die Wahl gewann, wechselte die europäische Sicht auf Amerika. Er war noch nicht einmal ein Jahr im Amt, da verliehen die Juroren des Nobelpreiskomitees, allesamt Norweger, dem neuen US-Präsidenten den Friedensnobelpreis.

Hatten sie eine Brille getragen, durch die man nur Teile der Wirklichkeit erkennen kann? Es stimmt zwar, Obama hatte einen diplomatischeren Umgang mit der Welt versprochen. Aber die Militärmacht nutzt er ganz ähnlich wie Bush. Er hatte die US-Truppen in Afghanistan gerade um 30.000 Mann verstärkt, als er den Preis am 10. Dezember 2009 in Oslo entgegennahm. Er folgte damit der Strategie, mit der Bush im Irak 2006/7 erfolgreich gewesen war. Die völkerrechtlich fragwürdigen Angriffe mit unbemannten Drohnen, erst auf Rückzugsgebiete der Taliban im pakistanischen Grenzgebiet, später auf Terroristen-Stützpunkte im Jemen und anderen arabischen Staaten, hat Obama noch deutlich erhöht.

Ein weiterer Gradmesser für die Wellenbewegungen im Bedürfnis der Europäer, sich gegen die USA emotional abzugrenzen, ist die Häufigkeit der Berichte über die Todesstrafe. Natürlich lehne auch ich sie ab und habe die haarsträubenden Beispiele von Fehlurteilen und grausamen Hinrichtungspannen vor Augen. Doch woher kommt es, dass wenige Dutzend Exekutionen pro Jahr unter Bush Entrüstungsstürme in Deutschland hervorriefen, aber Tausende vollzogene Todesurteile pro Jahr in China kaum jemanden erregen? Warum erschienen in den Bush-Jahren so häufig große Berichte über Hinrichtungen verurteilter Mörder in deutschen Medien und warum sank das Interesse daran, als Obama gewählt war?

An den Zahlen kann es nicht liegen. In Bushs letztem Amtsjahr 2008 wurden in den USA 37 Menschen hingerichtet, in Obamas erstem Amtsjahr waren es 52. Als die Obama-Begeisterung schwand, erschienen wieder mehr empörte Berichte über Exekutionen in den USA. Dabei war die Zahl der Hinrichtungen gesunken, auf 35 im Jahr 2014. Hinzu kommt: Die Anzahl und die Art der Vollstreckungen hat mit der Person des Präsidenten gar nichts zu tun, er hat keinen Einfluss auf die Praxis. Die Exekutionen liegen in der Verantwortung der Bundesstaaten. Wann jedoch europäische Medien mehr und wann sie weniger über die Todesstrafe in den USA berichten, hängt offenbar davon ab, wer gerade in Washington regiert. Es hat folglich wenig mit Amerika zu tun und sehr viel mit den emotionalen Bedürfnissen der Medienmacher und ihrer Kunden in Europa.

Kurzum: Die Bilder, die sich Europäer von den USA machen und Amerikaner von Europa, richten sich nicht allein nach den realen Ereignissen. Was hervorgehoben wird und was untergeht, hängt auch von der Wahrnehmung der politischen Führungen auf beiden Seiten des Atlantiks ab. Wenn ein „Böser" wie George W. Bush regiert, wird in Deutschland eher das Trennende hervorgehoben. Wenn ein „Guter" wie Obama an die Macht kommt, steigt der Bedarf an Gemeinsamkeiten – bis irgendwann auch dieser „Gute" nicht mehr als seelenverwandt gilt.

Obamas Versprechen, eine allgemeine Krankenversicherung einzuführen, und was daraus am Ende wurde, ist eine eindrückliche Lehre. Der Eindruck, er wünsche sich für Amerika, was wir in Deutschland und generell in Europa bereits haben, erhöhte die Empathie. Entsprechend groß war dann die Enttäuschung, als sich die Sache anders entwickelte als erwartet. Das Gefühl innerer Nähe schlug bei vielen in neue Entfremdung um. Und diese innere Distanz wuchs mit NSA-Affäre und TTIP-Streit immer weiter. Im Laufe der letzten Jahrzehnte haben sich Deutsche und Amerikaner auseinanderentwickelt. Die Zeiten, in denen die Westdeutschen den Amerikanern dafür dankbar waren, dass die sie von der braunen Diktatur befreit hatten, sie vor den Sowjets schützten und die GI's mit Jazz, Rock 'n' Roll und Blues eine neue, „coole" Kultur mitbrachten, liegen lange zurück. Die Deutschen wurden freier, selbstbewusster, sozialstaatlicher und USA-kritischer. Bei den Wessis wurde das spätestens mit den Protesten gegen den Vietnamkrieg und später gegen die Depots für Pershing-Raketen und Cruise Missiles offensichtlich, bei den Ossis nach dem Mauerfall. Nach dem Triumph über den Kommunismus wenden sich die USA zudem vermehrt anderen Kontinenten zu, vor allem Asien und Südamerika.

Alles in allem folgen Amerikaner und Deutsche auch heute noch denselben Werten, aber bei der Anwendung auf konkrete Entscheidungsfragen stehen diese Werte oft in einem Spannungsverhältnis. Und manchmal geben Amerikaner und Deutsche unterschiedliche Antworten, wie sie die konkurrierenden

Werte gewichten und welcher jeweils im konkreten Einzelfall Vorrang hat.

Freilich sind das gar nicht immer deutsch-amerikanische Gegensätze. Oft stellt sich bei näherem Hinsehen heraus, dass die Trennungslinien mitten durch Europa laufen und die angeblich transatlantischen Diskrepanzen in Wahrheit zugleich innereuropäische Meinungsverschiedenheiten sind. Dass Niederländer und Schweden eine positivere Einstellung zum Freihandel haben, regt Deutsche nicht auf. Bei Amerikanern wird das hingegen gern zu einer schwer überbrückbaren ideologischen Kluft erklärt.

Drei Beispiele für die emotionale Gemengelage: der Disput um die Rolle der Geheimdienste bei der Terrorabwehr, die Debatten um das transatlantische Freihandels- und Investitionsabkommen (TTIP), das deutsche Unverständnis über den inneramerikanischen Streit um Präsident Obamas Gesundheitsreform.

Bei der Frage der (staatlich vorgeschriebenen) Krankenversicherung geht es für Deutsche um die Absicherung gegen Schicksalsschläge, für Amerikaner um die Freiheit von staatlicher Bevormundung. Bei den Geheimdiensten hat für die meisten Amerikaner die Terrorabwehr Priorität vor der Sorge um den Einbruch in ihre Privatsphäre, viele Deutsche gewichten umgekehrt, womöglich auch wegen der nationalen Erfahrung mit der braunen und der roten Diktatur. Vom freien Austausch von Waren, Dienstleistungen und Investitionen versprechen sich Amerikaner ökonomischen Nutzen, ihre Einstellung zu Wirtschaftsfragen und Modernisierung ist generell optimistischer. Deutsche betrachten sowohl die Privatwirtschaft als auch die Veränderung der gewohnten Abläufe und Standards mit mehr Misstrauen.

Beginnen wir mit der Gesundheitsreform. Viele Deutsche waren überrascht, welcher öffentliche Widerstand Obama entgegenschlug, als er eine Krankenversicherung für alle einführte – als staatlich verordnete Pflicht. Für die meisten Europäer ist dies vor allem eine Frage der Absicherung und der gesellschaftlichen Solidarität, für viele Amerikaner hingegen eine Frage der individuellen Freiheit und des Schutzes vor staatlicher Bevormundung. In der Abwägung zwischen beiden entscheiden sich Amerikaner für den Vorrang der Freiheit, Deutsche für den Vorrang der Solidarität.

Zu Beginn der Obama-Präsidentschaft war dies die häufigste Frage aus dem Publikum auf meinen Vortrags- und Lesereisen in Deutschland: Warum lehnen so viele Amerikaner eine Pflichtversicherung für alle ab? Die Menschen, die mich danach fragten, suchten wirklich nach einer nachvollziehbaren Erklärung. Ihnen ging es nicht darum, die Amerikaner als Karikatur blinder Ideologen vorgeführt zu bekommen. Sie wollten deren Haltung verstehen. Nach ihrem Eindruck erfüllten viele deutsche Massenmedien diesen Wunsch nicht. Fernsehen und Boulevardblätter hoben hervor, dass 47 Millionen Einwohner der USA keine Krankenversicherung haben, und sie taten so, als sei das ein Skandal und Ähnliches in Deutschland undenkbar. Dabei gibt es auch in der Bundesrepublik Menschen ohne Krankenversicherung, allerdings viel weniger. 2011 zählte das Statistische Bundesamt 137.000 Unversicherte. Das entspricht 0,2 Prozent der Einwohner Deutschlands; der Anteil ist verschwindend gering im Vergleich zu den damals 15 Prozent in den USA. Obamas Gesundheitsreform hat die Zahl der Unversicherten um rund zehn Millionen Menschen sinken lassen. Ihr Anteil betrug 2015 laut Gallup 11,9 Prozent. Damit ist das Ziel der Reform bisher nicht einmal zur Hälfte erreicht.

Von der Freiheit, versichert oder nicht versichert zu sein

Deutsche finden die Versicherungspflicht heutzutage selbstverständlich. Wenn ein Mensch keine Versicherung hat, kann eine Krankheit ihn und die ganze Familie ruinieren, wegen der Behandlungskosten und weil der Verdienst ausfällt. Dieses Risiko sollte man nicht dem Individuum aufbürden. Das verstehen auch Amerikaner. Sie stoßen sich nicht an der Idee solidarischer Risikoverteilung, sondern am staatlichen Zwang. Für sie ist das in erster Linie eine Freiheitsfrage. Freiwillige Versicherung – ja, gerne. Gesetzliche Pflicht – nein, danke. Vor einer Generation hätten die meisten Deutschen diesen Gedanken noch auf Anhieb verstanden. Es ist schließlich genau die gleiche Argumentation, die in Deutschland zur Gründung privater Krankenversicherungen führte: Der Staat soll Bürgern nicht vorschreiben, was sie zu tun oder zu lassen haben. Er muss einen sehr, sehr wichtigen Grund anführen, wenn er die Entscheidungsfreiheit begrenzt.

Als unter Reichskanzler Otto von Bismarck 1883 erstmals eine Krankenversicherungspflicht eingeführt wurde, galt sie zunächst nur für Fabrikarbeiter. Später blieb es bei dem Grundgedanken, dass nur Niedrigverdiener sich versichern müssen – denn wer nicht viel hat, kann das Krankheitsrisiko nicht allein tragen. Wem der Staat es aber zutraute, die Folgen einer Krankheit selbst zu tragen, dem ließ er die Freiheit, sich nicht zu versichern. Oder zu einer privaten Kasse zu gehen. Amerika hält an diesem Freiheitsgedanken fest. In Deutschland hat sich die Debatte grundlegend gewandelt: Aus einer Freiheitsfrage ist eine Frage der Solidarität geworden. Die Mehrheit behauptet heute: Wer sich privat versichere, handele unsolidarisch, denn er entziehe sich der sozial gerechten Umlageversicherung, in die alle abhängig Beschäftigten, die unter der Bemessungsgrenze verdienen, denselben Prozentsatz ihres versicherungspflichtigen Einkommens einzahlen. Nebenbei bemerkt: In einer anderen Pflichtfrage, dem Wehrdienst, hat Deutschland kürzlich der Freiheit den Vorrang gegeben. Der Wehrdienst war über Jahrzehnte ein schwerwiegender Eingriff in das Leben junger Männer. Es musste eine glaubhafte Bedrohung von außen vorliegen, um das zu rechtfertigen. Nach Ende des Kalten Krieges wurden nicht nur die politischen, sondern auch die juristischen Zweifel immer größer.

Der Streit um die Krankenversicherung ist für Amerikaner also eine Frage der Freiheit und nicht der Sicherheit. Einige meiner Zuhörer bei Vorträgen fanden das sogar sympathisch. Tauschen wollten sie deshalb noch lange nicht. Aber wer möchte das schon, wenn er die Praxis der beiden Krankenversicherungssysteme vergleicht?

Wo Krankheit den Ruin bedeuten kann

Oft habe ich fassungslos den Kopf geschüttelt, wenn mir Amerikaner Beispiele aus ihrem Alltag erzählten: Madolyn lebt in Texas. Sie war 48 Jahre alt, als die Ärzte die Knoten in ihrer Brust fanden. Bestrahlung und Chemotherapie kosten Kraft. Sie wäre gerne zu ihrer Schwester nach Kalifornien gezogen, die hätte sie betreut. Aber das ging nicht – mit dem Umzug hätte sie ihren Versicherungsschutz verloren.

Anders als in Deutschland ist die Versicherung nicht an die Person gebunden, sondern an den Arbeitgeber. Ob es eine gibt und wie umfangreich sie ist, hängt vom Anstellungsvertrag ab. In großen Firmen mit hohem Anteil gewerkschaftlich organisierter Beschäftigter gehört meist eine gute Versicherung dazu. In den USA nennt man diese überdurchschnittlichen Absicherungen nach der Luxus-Automarke „Cadillac"-Pläne. Das Management schließt einen Gruppenvertrag für alle Angestellten und ihre Familien ab. Oft gilt der Tarif nur für Vertragsärzte der Versicherung in diesem Bundesstaat. Kleine Firmen bieten in der Regel keine Versicherung an. Sie sagen, sie können sich die Prämien nicht leisten. Wer dort arbeitet, muss hoffen, dass der Ehepartner einen Job mit Krankenversicherung für die ganze Familie findet. Oder er muss sich privat versichern, was vielen Betroffenen zu teuer ist. Sie hoffen, dass sie nicht krank werden. Wer den Arbeitsplatz wechselt, verliert erst mal seine Versicherung.

Im Zweifel gibt es beim nächsten Arbeitgeber eine neue. Aber der Wechsel hat einen Haken. Die meisten Versicherungsverträge enthielten bis zu Obamas Reform eine Klausel zur „pre-existing condition": Krankheiten, die beim Wechsel in eine neue Versicherung bereits bekannt sind, werden nicht mit versichert. Für Madolyn hieß das: Nach der Krebsdiagnose konnte sie es sich nicht mehr leisten, zu einem neuen Arbeitgeber zu wechseln oder in einen anderen Bundesstaat zu ziehen. Ihre aktuelle Versicherung in Texas deckte die Kosten der Therapie. Ein Jobwechsel oder Umzug hätte einen Versicherungswechsel erzwungen und der neue Versicherer hätte ihre Krankheit als „preexisting condition" betrachtet und von der Leistungspflicht ausgeschlossen.

Das ist eines der vielen Details, die sich mit Obamas Gesundheitsreform geändert haben. „Preexisting condition" wurde als Ausschlussgrund verboten. Das US-Gesundheitssystem ist pro Kopf annähernd doppelt so teuer, und doch sind die meisten Menschen schlechter abgesichert als in Deutschland. Laut OECD gaben Amerikaner im Jahr 2013 pro Kopf rund 8900 Dollar im Gesundheitswesen aus, Deutsche 4819 Dollar, der OECD-Durchschnitt beträgt 3453 Dollar. Besser als in Europa ist in den USA die Spitzenmedizin. Aber die steht nur Menschen offen, die nicht aufs Geld achten müssen. Für eine amerikanische Durchschnittsfamilie dagegen kann es bis heute den Ruin bedeuten, wenn ein Mitglied schwer erkrankt. Nach neueren Studien stürzen die Kosten rund 800.000 Familien pro Jahr in den Privatbankrott, obwohl die meisten von ihnen eine Krankenversicherung haben. Wie es dazu kommen kann, erzählte mir Ela, die ich auf dem Höhepunkt des Streits um die Gesundheitsreform in Chicago besuchte.

An den Tag, der den Zusammenbruch ihrer kleinen heilen Welt einleitete, kann sich Ela genau erinnern. Sie hatten gerade den 50. Geburtstag ihres Mannes Jeff gefeiert. Weil er sich oft schwach fühlte, ging er zum Arzt. Jahrelang hatten sie sich keine Gedanken wegen seiner ständigen Müdigkeit gemacht. Wenn man kleine Kinder hat, gilt das als normal. Doch nun veränderte sich Jeffs Gesichtsfarbe ins Gelbliche. Die Diagnose: Hepatitis C und Leberzirrhose.

Jeff war über seinen Arbeitsplatz krankenversichert. Amerikanische Policen bieten jedoch nicht einmal ansatzweise die Absicherung, die wir aus Europa kennen. Stets muss man einen Eigenanteil der Rechnungen bezahlen, bis zu mehreren tausend Dollar im Jahr. „Das ganze System ist krank", seufzte Ela und ging mit mir Unterlagen durch, die sie auf dem Esstisch ausgebreitet hatte: mehrseitige, für Laien meist unverständliche Rechnungen mit fünfstelligen Beträgen. Darunter waren auch Forderungen für angebliche Arztbesuche ihres Mannes nach seinem Sterbedatum. Sie habe angerufen und sarkastisch gefragt, ob die Abteilung ganz sicher sei, ihn an dem Tag behandelt zu haben. Denn dann habe sie endlich den Beweis, dass es ein Leben nach dem Tod gebe.

Den Auslöser der Infektion führte Jeff auf seine Zeit als Entwicklungshelfer in Nordafrika zurück. In Algerien hatte er Englisch unterrichtet und eines Tages eine Spritze bekommen. Ihm war aufgefallen, dass die Ärzte kein Einmalbesteck benutzten, sondern Kanülen, die man sterilisieren musste. Da hatte es offenbar an Sorgfalt gefehlt, und das Virus hatte seither im Körper geschlummert. Nach der Diagnose wurden die Arztbesuche häufiger. Bald reichten die bezahlten Krankentage nicht mehr. Die meisten Amerikaner haben einen solchen Tag pro Monat. Man kann sie über die Jahre ansparen, sodass langjährige Arbeitnehmer meist ein Polster haben. Jeff hatte seines bald aufgebraucht und wurde gekündigt – nach 19 Jahren am Albany Park Community Center, in dem er zum Leiter der Erwachsenenbildung aufgestiegen war. Mit der Beschäftigung verlor Jeff auch seine Krankenversicherung. Da er in Chicago einen guten Ruf in der Erwachsenenbildung hatte, fand er rasch eine neue Anstellung an einem anderen Community College. Aber diesmal ohne Krankenversicherung. Jeff hatte nun leider eine „preexisting condition".

Die Familie hatte Glück im Unglück: Ela arbeitete bei der Chicagoer Polizei, eine Anstellung mit Familienversicherung. Sie deckte die beiden Kinder mit ab und nun auch ihren Mann. Sie war gerade auf Patrouille, als ihr Handy klingelte: Jeff hatte auf dem Weg zur Arbeit einen Schwächeanfall, war auf dem Bahnsteig gestürzt, konnte aus eigener Kraft nicht weiter. Sie holten ihn im Streifenwagen nach Hause. Wenige Stunden später musste er in die Notaufnahme des nächstgelegenen Krankenhauses, wo innere Blutungen festgestellt wurden. Erst nach drei Tagen war Jeff transportfähig und konnte zu „seinem" Arzt in das Universitätsklinikum Chicago verlegt werden. „Sie brauchen dringend eine Lebertransplantation", sagte der.

Wieder hatte Jeff Glück im Unglück. Die Aussichten auf eine Organspende von unbekannten Dritten waren begrenzt, aber seine Schwester war bereit, einen Teil ihrer Leber zu spenden. Die Hoffnung auf Heilung beflügelte Jeff. „Als hätte er einen Energieschub bekommen", erzählt Ela. „In den Wochen vor der Operation hat er voll gearbeitet." Sie hält einen Moment inne, als koste es Kraft, die Fassung zu wahren, und blickt auf die gerahmten Bilder an der Wand: Jeff mit der Gitarre, die ganze Familie im Urlaub.

In Michelle Obamas Krankenhaus

Die Uniklinik Chicago gilt als ein gutes Krankenhaus. Nach dem Einzug der Obamas ins Weiße Haus wurde das besonders gern verbreitet. First Lady Michelle gehörte mehrere Jahre zum Management – freilich war sie nicht verantwortlich für die interne Organisation, sondern für Freiwilligenprogramme in der Nachbarschaft. Wer Ela erzählen hört, könnte meinen, dass die Klinik den guten Ruf nicht verdient – oder zu dem Schluss kommen: Wenn das in einem guten Krankenhaus geschehen kann, wie geht es dann in einem weniger guten zu? Als Kosten der Transplantation hatte man Ela 300.000 Dollar für Jeff und 60.000 für seine Schwester genannt. Nach der Operation kamen Rechnungen, die sich auf 721.859,19 Dollar summierten: viele Seiten Papier mit Abkürzungen und Chiffren, die kein Laie überprüfen kann. Dann folgte ein Brief der Versicherung. Sie habe mittlerweile 1.334.698,26 Dollar für Jeff geleistet, annähernd das „lifetime maximum". Ela möge sich melden, um die Verwendung der verbliebenen Versicherungssumme zu „optimieren".

Als Ela nicht mehr weiterwusste, kam guter Rat von einer Landtagsabgeordneten aus der Nachbarschaft. Der Staat Illinois schütze Familien mit Kindern unter 16 vor dem Bankrott durch Krankheit. Je nach Vermögensstand sei die Zahlungspflicht begrenzt. Bei Tod eines Elternteils müsse gar nicht mehr gezahlt werden. Für Jeff gab es keine Rettung. Die Nieren versagten, Maschinen erhielten ihn am Leben. Auf eigenen Wunsch wurde er in ein Hospiz verlegt, wo er tags drauf starb. „Er wusste, dass er nie mehr gesund genug werden würde, um ein Buch zu lesen oder mit den Kindern ein Gespräch zu führen oder mit der Gitarre aufzutreten", sagt Ela. „Das wäre für ihn kein Leben."

Es gibt Fälle in den USA, da denkt Ela manchmal, dass die Menschen sterben wollen, um ihre Familien nicht durch die Krankheitskosten in den Bankrott und die Zwangsversteigerung des Hauses zu stürzen. Dieser Druck lag nicht auf Jeff. Sie und ihre Kinder haben noch ein Dach über dem Kopf, weil Jeff eine Krankenversicherung hatte. Weil er, als er die verlor, bei Ela mitversichert werden konnte. Weil es, als sein „lifetime maximum" verbraucht war, in Illinois den Schutz für Familien mit Kindern unter 16 gab. „Hätte nur eine dieser Bedingungen gefehlt", sagt Ela, „säßen wir jetzt auf der Straße und hätten Schulden in sechsstelliger Höhe."

Obamas Gesundheitsreform hat das Existenzrisiko durch Krankheit nur graduell verringert. Einige bisher übliche Vertragsklauseln wie die „preexisting condition" werden verboten. Ela glaubt auch, dass die Kontrollen besser werden und irrtümliche Rechnungen, wie sie sie für angebliche Arztbesuche nach Jeffs Tod bekam, verhindern. Am „lifetime maximum" von 1,5 Millionen Dollar pro Leben jedoch ändert die Reform nichts. Und kleine Firmen mit wenigen Angestellten sind befreit von der Pflicht, für sie eine Krankenversicherung abzuschließen – weil das eine zu große ökonomische Belastung für „Small Businesses" wäre. Für die meisten Europäer sind das unzumutbare Risiken. Es gibt auch für sie keine Garantie dagegen, krank zu werden oder einen Unfall zu erleiden. Aber Deutsche sind es gewohnt, vor den finanziellen Folgen solcher Schicksalsschläge geschützt zu werden. Finden Amerikaner das nicht auch erstrebenswert?

Doch, das finden sie. Ihrem Wunsch nach Absicherung geben sie aber einen anderen Stellenwert als die Europäer. Seit den 1960er-Jahren ist die Neigung, dem Staat oder einem staatlich organisierten Sozialversicherungssystem immer mehr Aufgaben zu übertragen, in Kontinentaleuropa kontinuierlich gewachsen. Nicht dagegen in Amerika. Dort misstraut man dem Staat. Und die Mehrheit ist jedenfalls nicht der Ansicht, der Mensch habe ein Grundrecht auf eine Krankenversicherung – so wie er ein Grundrecht auf Meinungsfreiheit hat. Ansonsten zeigt die Entwicklung der öffentlichen Meinung in den USA zu Obamas Gesundheitsreform sehr menschlich Züge. Es macht einen gewaltigen Unterschied, ob man über eine wünschenswerte Idee redet – oder über ein konkretes Projekt mit allen praktischen Konsequenzen, inklusive der finanziellen Folgen. Je lauter der öffentliche Streit um die Reform wurde, desto verunsicherter und skeptischer betrachteten die Bürger das Gesetz, das am Ende zur Abstimmung stand.

Als die Demokraten die Gesundheitsreform zum zentralen Thema des Wahlkampfs 2008 machten, sprachen sich zwischen der guten Hälfte und zwei Drittel der Amerikaner dafür aus, dass alle eine Krankenversicherung haben und der Staat hilft, dies zu ermöglichen. Dann wurde die Wirtschaftskrise immer bedrückender, die Gesundheitsreform rutschte auf der Prioritätenliste nach unten. Mit den Kongressdebatten über die konkreten Gesetzentwürfe 2009 trat die Frage nach den Kosten in den Vordergrund. Bürger reagieren zu Recht skeptisch, wenn Politiker versprechen, man könne 30 Millionen Menschen zusätzlich in das System aufnehmen, ohne die Kosten zu steigern. Zudem inszenierten konservative Gegner regelrechte Angstdebatten. Dazu gehörte die Behauptung, Obama wolle „death panels" einführen: staatliche Todeskommissionen, die entscheiden, wann der Oma im Krankenhaus die lebenserhaltenden Apparate abgestellt werden, weil die Behandlung zu teuer werde. Das alles trug dazu bei, dass aus der anfänglichen Zustimmungsmehrheit für die Idee einer Gesundheitsreform am Ende eine Ablehnungsmehrheit gegen diese konkrete Reform wurde. Zu den prinzipiellen Gegnern kamen zwei neue ablehnende Gruppen hinzu, die zuvor generell für eine Reform waren: jene, denen der konkrete Vorschlag nicht weit genug ging, sowie jene, denen er zu weit ging. Als Präsident Obama das Gesetz am 23. März 2010 mit seiner Unterschrift in Kraft setzte, waren in einer Rasmussen-Umfrage 40 Prozent der Amerikaner dafür und 50 Prozent dagegen. Bei der Einführung der einzelnen Reformschritte in den Alltag folgten Computerprobleme und andere technische Pannen. Kurz vor Obamas letztem Amtsjahr hatte sich das Meinungsbild kaum gebessert. Im Sommer 2015 maß CBS 47 Prozent Zustimmung und 44 Prozent Ablehnung der Gesundheitsreform.

Demokraten sehen ein staatlich organisiertes Gesundheitssystem tendenziell mit mehr Wohlwollen, Republikaner betrachten es mit Skepsis und bevorzugen eine privatwirtschaftliche Lösung. In beiden Lagern ist das Wissen, wie andere Länder es halten und wie die USA im Vergleich mit ihnen dastehen, sehr begrenzt. Es gehört zur politischen Folklore in Amerika, dass Amtsträger in Reden gerne behaupten, ihr Land habe das beste System überhaupt: das beste Militär der Welt, die effizienteste Wirtschaft der Welt, die besten Autos der Welt usw. Das sagen sie folglich auch über das Gesundheitswesen, obwohl das nach den meisten internationalen Statistiken nicht stimmt. Im Ranking der Weltgesundheitsorganisation WHO kommen die USA nur auf Platz 37, den schlechtesten der westlichen Industrieländer. Deutschland belegt Platz 25. Nach mehreren Jahren Praxistest ziehe ich das deutsche System vor. Viele Details haben mir im US-Gesundheitswesen aber gefallen. Jeder Patient erfährt, was die einzelnen Leistungen kosten. Die Versicherung schickt nach jedem Arztbesuch oder Krankenhausaufenthalt eine Aufstellung, wie viel Geld der Arzt oder das Krankenhaus wofür verlangt haben. In der Regel reduziert die Versicherung die jeweiligen Beträge auf die mit den Dienstleistern ausgehandelten Pauschalen für eine bestimmte Leistung. Sie teilt mit, was sie übernommen hat und welche Summe der Patient zahlen muss. Beides hat sowohl eine erzieherische als auch eine kostendämpfende Wirkung: erstens wegen der Transparenz – jeder weiß, was ein Arztbesuch kostet; und weil, zweitens, stets ein Eigenanteil zu tragen ist, und darum weniger Menschen unnötig zum Arzt gehen.

Nach meiner Erfahrung haben die Menschen in den USA eine größere Auswahl zwischen Leistungsumfängen und Preisklassen bei den Ärzten. Ob Heilung eines Bruchs, Vorsorgeuntersuchung, Operation oder Zahnprobleme: Die meisten Beschwerden kann man einfacher und billiger oder eben aufwändiger und teurer behandeln lassen. Zahnärzte in Wohnvierteln mit Besserverdienenden bieten oft nur hochwertigen Zahnersatz an, auf den Rechnungen stehen vierstellige Dollarbeträge. Dort, wo Menschen mit mittleren oder niedrigen Einkommen leben, werden meist billigere Lösungen angeboten – für dreistellige Dollarbeträge. Je nach Lage können auch Krankenhäuser unterschiedliche Preisskalen haben. Das darf, wer will, als Mehr-Klassen-Medizin ablehnen. Es ist aber überhaupt nicht von vorneherein gesagt, dass die preiswertere Variante die schlechtere sein muss, wie ja auch in Deutschland die Betreuung durch den Chefarzt nicht unbedingt bessere Ergebnisse erzielt als die durch den Oberarzt. Sowohl das Abrechnungssystem als auch die Auswahl in Amerika erfordern freilich mündigere Patienten als die gesetzliche Krankenversicherung in Deutschland.

Vertrauenskrise durch die Geheimdienste

Gerade umgekehrt fällt die Abwägung zwischen Sicherheit und Freiheit auf den beiden Seiten des Atlantiks beim Nachdenken über die Arbeit der Geheimdienste aus. Die Deutschen misstrauen den Diensten und pochen auf die digitale Unantastbarkeit der Bürger. Amerika hingegen, das Pionier bei der politischen wie juristischen Verteidigung der Privatsphäre und der informationellen Selbstbestimmung war, lässt seinen Spionen eine erstaunlich lange Leine. Das ist spätestens seit Juni 2013 durch die Enthüllungen des früheren NSA-Mitarbeiters Edward Snowden öffentlich bekannt. Um Missverständnissen vorzubeugen: Auch ich halte die Methoden und das Ausmaß der NSA-Versuche, die europäischen Verbündeten auszuforschen, für einen Skandal. Zugleich empfinde ich den hohen moralischen Ton vieler deutscher Medienberichte über die NSA-Affäre als fragwürdig. Mir stößt zudem auf, dass viele in Deutschland gerne so tun, als stehe auch hier – ähnlich wie beim Unverständnis über die Haltung der US-

Bürger zur Krankenversicherung – ganz Europa im Gegensatz zu den USA. In Wahrheit haben die Europäer keine einheitliche Meinung zur Kooperation der Geheimdienste. Und innerhalb Europas befinden sich die Deutschen mit ihrer Haltung nicht in einer Mehrheits-, sondern in einer Minderheitsposition. Das scheint den meisten freilich nicht bewusst zu sein.

Lässt man das leicht durchschaubare Eigeninteresse gewisser politischer Gruppierungen und mancher Medien an der Skandalisierung beiseite, zwingt das Ausmaß der NSA-Affäre jede Gesellschaft zur Abwägung: Wo ziehen wir die Grenze zwischen Sicherheit und Freiheit? Wie viel Überwachung von Kommunikation ist nötig, um die Bürger bestmöglich vor Anschlägen zu schützen? Wo hat der Schutz der persönlichen Daten und der Privatsphäre Vorrang? Und welche richterlichen Genehmigungsverfahren, gesetzlichen Auflagen und demokratischen Kontrollinstanzen sind erforderlich, um die Bürger vor Willkür der Dienste zu bewahren?

Amerikaner geben darauf andere Antworten als Deutsche, sie gewähren dem Staat und seinen Diensten mehr Handlungsfreiheit. Aber das tun nicht nur Amerikaner, sondern auch Franzosen und Briten. Die restriktiven deutschen Vorstellungen über die nötigen Auflagen für die Vorratsdatenspeicherung, zum Beispiel, sind in Europa nicht mehrheitsfähig.

Auch da spielen historische Erfahrungen eine Rolle. Die Deutschen haben zwei Diktaturen mit Gestapo und Stasi erlebt. In den USA ist es in den letzten 200 Jahren nie zu solchen totalitären Verirrungen gekommen, in Großbritannien und Frankreich auch nicht. Umgekehrt haben diese drei Staaten in jüngerer Zeit blutige Terroranschläge mit vielen Toten erlebt, die die ganze Gesellschaft erschüttert haben: 9/11 in den USA, Attentate auf das Londoner Nahverkehrssystem im Juli 2005 und auf britische

Urlauber am Strand in Tunesien 2015, der Anschlag auf das französische Satiremagazin Charlie Hebdo im Januar 2015 und auf mehrere Ziele in Paris im November 2015. Deutschland ist von solchen Einschnitten verschont geblieben – wenn auch nur dank viel Glück, weil zum Beispiel die Rohrbomben in Nahverkehrszügen in Köln 2006 nicht explodierten. Auch ein Rohrbombenattentat auf den Bonner Hauptbahnhof 2012 misslang.

Das soll die Übergriffe der US-Dienste nicht rechtfertigen. Aber es setzt sie in Perspektive. Im Rückblick wird klar: Die USA haben auf den Angriff an 9/11 überreagiert (siehe dazu auch das Kapitel „Die Welt nach 9/11"). Die Regierung Bush gab sich und den Diensten viel zu weitgehende Vollmachten zur Terrorabwehr mit viel zu geringen demokratischen und juristischen Kontrollmechanismen. Unter dem Schock der rund 3000 Toten stimmte der Kongress nahezu widerspruchslos zu. Zudem missbrauchten die Dienste ihre neuen, weitgehend kontrollfreien Spielräume über das genehmigte Maß hinaus.

Die Snowden-Dokumente belegen Spionage-Taktiken, die unter engen Verbündeten befremdlich wirken: Abhörangriffe auf das Mobiltelefon der CDU-Vorsitzenden – es ging nach den bisher zugänglichen Unterlagen nicht um die Nummer des Dienst-Handys der Kanzlerin, wie oft behauptet wird –, auf die Anschlüsse von Regierungsmitgliedern und EU-Vertretungen. Das alles ist peinlich und belastend für die USA. Der politische Schaden übersteigt bei weitem jeden denkbaren Nutzen an zusätzlichem Informationsgewinn. Viele in Deutschland empfinden dieses Vorgehen zudem als verletzend, als Vertrauensbruch. Das ist die eine Seite: die emotionale und politische.

Die andere, nüchtern-pragmatische Seite: Welche Konsequenzen sind daraus zu ziehen – über die Ausdrucksformen politischer Missbilligung hinaus wie das Einbestellen des US-Botschafters, das unter Verbündeten eine harte Reaktion bedeutet? Die Kooperation der deutschen Dienste mit den US-Kollegen einschränken? Damit würden die Deutschen sich selbst wohl mehr schaden als den Amerikanern. Dank Hinweisen der US-Dienste, das betonen deutsche Insider immer wieder, sind Anschläge in Deutschland verhindert worden.

Doch die Einsicht, wie abhängig die Deutschen von der Kooperation mit den Amerikanern sind, weil deren Dienste dank der um Dimensionen besseren technischen und finanziellen Ausstattung so viel können und die eigenen so wenig, mindert den Ärger über diese Amis nicht. Zumal ja auch die Kette immer neuer Meldungen aus den Recherchebüros nicht so rasch abbrechen wird. Die Abhöraffäre wirkt wie ein schleichendes Gift, das in immer mehr Bereiche der transatlantischen Beziehungen eindringt und sie kontaminiert.

Den Regierenden, wie auch immer sie heißen mögen, hilft, dass sie genug andere Probleme zu lösen haben – was nur gemeinsam geht. Sie telefonieren regelmäßig miteinander: In den Jahren 2013 bis 2016, als sie Angela Merkel und Barack Obama heißen, im Schnitt zwei bis drei Mal im Monat, manchmal auch öfter, wenn sich die Lage in der Ukraine, im Gazakonflikt, im Irak oder anderswo gerade zuspitzte. Die Dimension solcher Konflikte relativiert die Bedeutung der NSA-Affäre. Die gemeinsame Suche nach Strategien, um die von diesen Kriegen ausgehenden Gefahren abzuwenden, macht den Vertrauensbruch durch das mutmaßliche Abhören des Merkel-Handys zwar nicht ungeschehen. Aber mit der Zeit kann der enge Austausch zwischen Präsident und Kanzlerin eine neue Basis für das Gefühl schaffen, dass man sich dennoch aufeinander verlassen kann.

Den Bürgern stehen solche Auswege nicht offen. Wie sollte so eine kollektive Therapie durch die gemeinsame Beschäftigung mit größeren Problemen denn aussehen? Wer mag andererseits darauf setzen, dass die Zeit Wunden heilt, wenn viele Medien selbst zweieinhalb Jahre nach den ersten Enthüllungen durch Edward Snowden noch immer angeblich neue Erkenntnisse verbreiten – wobei oft nicht klar wird, was daran neu sein soll? Sie scheinen zu glauben, dass ihre Leser und Hörer ein emotionales Bedürfnis danach haben. In einer derart aufgeheizten Stimmung werden die transatlantischen Beziehungen kaum genesen.

Deutsche und Amerikaner können sich ja nicht einmal über die Dimension des Geschehens einigen. Vielen Deutschen bleibt rätselhaft, warum der Aufschrei über die NSA in den USA sich auf eine Minderheit der Gesellschaft beschränkt. Sieht die Mehrheit dort nicht, dass die Massenerfassung von E-Mails und Telefonaten – selbst wenn sie, wie behauptet wird, nicht die Inhalte, sondern nur die Verbindungsdaten beträfe – die elementaren Grundrechte in einer freien Gesellschaft tangiert? Auf viele Amerikaner wirkt wiederum der deutsche Umgang mit der NSA-Affäre obsessiv. Muss man denn gleich den Untergang der Freiheit heraufbeschwören? Es gehe um eine pragmatische Abwägung zwischen zwei Grundrechten: Schutz vor Gefahr für Leib und Leben durch Terror einerseits, Datenschutz andererseits.

Tatsächlich erleben wir auf beiden Seiten des Atlantiks ein Versagen der politischen Eliten. Sie beschränken sich darauf, diese Krise zu verwalten, anstatt die „checks and balances", die die parlamentarischen Systeme und Gerichte bieten, zu ihrer Lösung zu nutzen. Viele Medien scheinen mehr Lust am Spektakel als an sachlicher Aufklärung zu haben. Das gilt beileibe nicht für alle, aber doch für erschreckend viele. Alles in allem sind die Medien gewiss nicht die Ursache des Problems. Aber sie verschärfen es, indem sie die Selbstgerechtigkeit multiplizieren, mit der Amerikaner und Deutsche den jeweiligen Umgang mit der Abhöraffäre betrachten. Im deutschen Narrativ sind die Amerikaner dickfellig und leugnen die Gefahren, die von ihren Geheimdiensten für die Demokratie ausgehen. Im amerikanischen Narrativ sind die Deutschen scheinheilig, wollen sich nicht dazu bekennen, dass jeder Staat Geheimdienste braucht und alle Dienste im Großen und Ganzen dasselbe machen, auch der BND.

Der beste Weg zur Annäherung ist zugleich der schwerste: Jede Seite müsste sich ernsthaft mit den eigenen Versäumnissen auseinandersetzen, statt mit dem Finger auf den Partner zu zeigen.

Der Ursprung des Skandals liegt eindeutig in den USA. Nach dem Terrorangriff an 9/11 erhielt die Regierung samt ihren Geheimdiensten Rechte, die aus der Not des Augenblicks nachvollziehbar erschienen, aber auf Dauer die Idee einer freien Gesellschaft unterminieren. Diese Verführung des Denkens, dass man nur ein paar Freiheiten einschränken müsse, um den Schutz vor Terror zu erhöhen, wirkte lange nach.

In der Regel ist auf die Selbstkorrekturmechanismen der amerikanischen Gesellschaft Verlass, auch wenn es manchmal Jahre dauert, bis sie greifen. Gegenüber der NSA und anderen Diensten haben Parlament und Gerichte als Kontrollinstanzen jedoch mehr als ein Jahrzehnt lang versagt. Erst 2014, als sich das Ausmaß der NSA-Affäre nicht mehr leugnen ließ, besannen sich der Kongress und die Gerichte auf ihre Überprüfungsrechte. Das Geheimdienstimperium wollte die inoffiziellen Gewohnheitsrechte, die es nach 9/11 weitgehend widerspruchslos ausweiten konnte, freilich nicht kampflos preisgeben. Es nutzte seine Pressionsmöglichkeiten, suchte und fand politische Verbündete, die Kritikern unterstellen, sie nähmen das berechtigte Anliegen des Schutzes vor Terror nicht ernst genug.

In der Bevölkerung dominiert vor der Präsidentschaftswahl 2016 die Devise: In all den Jahren seit 2001 hat es keinen weiteren großen Terrorangriff auf die USA gegeben, also machen die Dienste ihre Sache offenbar richtig. Die Frage, ob man das gleiche Maß an Sicherheit mit weniger Eingriffen erreichen könnte, wird nicht ernsthaft gestellt. Früher galt kompromisslos: Wenn ein öffentlich Bediensteter den Kongress belügt, muss er gehen. Ein Präsident, der das wagt, riskiert die Amtsenthebung. NSA-Chef Keith Alexander und Geheimdienstkoordinator James Clapper haben den Kongress über die NSA-Aktivitäten belogen. Dennoch mussten sie nicht zurücktreten. Die Rücktrittsforderung wurde nicht einmal breit erhoben! In ihrer Hybris wagte es die NSA sogar, wie 2014 herauskam, den Kongressausschuss zu bespitzeln, der sie kontrollieren soll.

Wenn man sich etwas wünschen dürfte, sollten Präsident und Kongress den Druck, der sich aus der internationalen Empörung, dem außenpolitischen Schaden und dem – bisher begrenzten – innenpolitischen Unbehagen ergibt, viel offensiver nutzen, um die Dienste in die Schranken zu weisen und die politische Hoheit über sie wiederherzustellen. Eine nüchterne Kosten-Nutzen-Abwägung würde zudem dafür sprechen, alle US-Spione aus Deutschland abzuziehen. Das Risiko, dass weitere durch die anhaltenden Medienrecherchen auffliegen, ist groß; der Schaden wäre beträchtlich. Solche Einsichten und Korrekturen müssen aus den USA kommen. Man kann sie dem Land nicht von außen aufzwingen.

Im Übrigen ist Amerika nicht untätig geblieben. Präsident Obama hat in mehreren Reden die Übergriffe beklagt, hat eine Expertenkommission einberufen mit dem Auftrag, Vorschläge zur Eingrenzung der Dienste zu machen; er hat die Empfehlungen zum Großteil übernommen, darunter die Einführung eines „Bürgeranwalts", der vor den Gerichten, die über Überwachungsmaßnahmen entscheiden, die Interessen der Betroffenen vertritt.

Und im September 2015 gab seine Regierung europäischen Bürgern dieselben Informationsrechte wie US-Bürgern, welche Daten US-Behörden über sie speichern, sowie ein Klagerecht gegen den Missbrauch ihrer Daten in den USA. Das alles kam freilich zu spät und war zu wenig, um die Empörung in Deutschland zu dämpfen.

Abhören geht gar nicht? Geht doch!

Die Bilanz des deutschen Umgangs mit der NSA-Affäre fällt nicht viel besser aus. Was hat der Bundestagsuntersuchungsausschuss herausgefunden? Welche Änderungen hat er erzwungen? Auch er wirkt zahm. Die erste Aufgabe des Parlaments – aber auch der Medien, wenn sie sich als „vierte Gewalt" verstehen – sollte sein, die eigene Regierung und die eigenen Dienste zu kontrollieren. Stattdessen arbeiten sie sich hauptsächlich an den Aktivitäten der Amerikaner ab, als gehöre es zu den Aufgaben der Deutschen, die Amerikaner zu kontrollieren, und als stünde dies in ihrer Macht. Auch da ist Hybris am Werk. Zudem wirkt es wie eine Flucht aus der Verantwortung für die eigenen Instanzen.

Zudem kam im Herbst 2014 ans Licht, dass der BND die Außenminister Kerry und Clinton abgehört hat. Abhören unter Verbündeten geht gar nicht? Geht offenbar doch! Solche Erkenntnisse sind freilich nicht Ergebnis einer systematischen Untersuchung der deutschen Aktivitäten durch deutsche Kontrolleure. Sie waren ein Zufallsfund, der auf die Aufdeckung eines deutschen CIA-Spions folgte. Es ist bemerkenswert, dass die Deutschen mehr als zwei Jahre nach Edward Snowdens Flucht aus den USA mehr über die mutmaßlichen Aktivitäten der US-Dienste als über das Handeln der eigenen Abteilungen wissen. Müsste es nicht umgekehrt sein?

Lange kreiste die Arbeit des Untersuchungsausschusses um die Frage, wann, wo und wie seine Mitglieder Edward Snowden befragen. Das zu versuchen, ist nicht falsch. Man sollte sich allerdings nicht zu viel davon versprechen. Snowden hat die Unterlagen von NSA-Datenbanken heruntergeladen und ins Ausland geschmuggelt. Das bedeutet nicht automatisch, dass er die Inhalte kennt und richtig einordnen kann. Das ergibt sich schon aus einer simplen Plausibilitätsprüfung. Edward Snowden war kein Geheimdienstmitarbeiter im engeren Sinn. Er hat technische Dienstleitungen als Leiharbeiter, der die Computersysteme wartete, ausgeführt. Rund vier Jahre arbeitete er in wechselnden Positionen und an wechselnden Orten als „Contractor" – ein von einer Privatfirma vermittelter Leiharbeiter – für die NSA. Nach Ergebnissen der Untersuchung durch den US-Kongress fielen darunter die letzten vier Monate vor seiner Flucht im NSA-Posten in Hawaii und insgesamt 15 Monate in Positionen, die es ihm ermöglichten, die einschlägigen Dokumente herunterzuladen. Insgesamt sollen es 1,7 Millionen Dokumente sein. Unter der Annahme, dass der ausgeschriebene Inhalt eines Dokuments im Schnitt nicht mehr als zwei Manuskriptseiten umfasst, bräuchte ein Mensch, der weder am Wochenende pausiert noch Urlaub nimmt und zwölf Stunden pro Tag liest, 26 Jahre, um 1,7 Millionen Dokumente durchzulesen – vom Verstehen, Überprüfen und Einordnen in Zusammenhänge nicht zu reden.

Snowdens persönlicher Mut und sein aufklärerischer Impetus sollen gar nicht angezweifelt werden. Warum aber argumentieren manche deutsche Politiker und manche Medien so, als sei er ein quasi allwissender Zeuge in der Affäre? Er kann über seine Motive berichten und darlegen, welche Erkenntnisse er in seiner Arbeit für die NSA gewann. Seine Befragung durch das Europaparlament brachte allerdings wenig Neues oder Überraschendes zutage.

Auch ohne Snowdens Hilfe hätten Untersuchungsausschuss und Medien schon lange den Kernfragen nachgehen können: Welche Methoden haben die diversen Bundesregierungen seit 2001 zur Terrorabwehr eingesetzt? Inwieweit haben sie die Kooperation mit US-Diensten gebilligt? Immerhin haben fast alle Parteien in diesen Jahren mitregiert: Union, SPD, Grüne, FDP. Nur die Linke nicht. Da dürfte man doch erwarten, dass die Fachleute dieser Parteien, die im Parlamentarischen Kontrollgremium (PKG) für die Geheimdienste sitzen oder saßen, sowie die aktuellen oder ehemaligen Fachminister für Inneres, Auswärtiges und Justiz erklären, was sie für notwendig oder unangemessen halten, was für richtig oder falsch. Wenn sie das endlich täten, würden sie zugleich der Öffentlichkeit einen Maßstab geben, an dem man die Handlungen der Amerikaner bewerten kann: was davon zulässig, was sinnvoll oder zumindest hinnehmbar ist. Und was jenseits des Tolerierbaren liegt. Allesamt weichen sie einer öffentlichen Festlegung aus: die Kanzlerin, die SPD-Minister, die Spitzenleute der Opposition.

Beklagen statt aufklären

Ähnlich verhalten sich die deutschen Medien. Anders als in den USA oder auch Großbritannien haben sie es der Regierung und der Opposition nicht abverlangt, zu erklären, was das eigene Land tun und lassen sollte. Auch sie beschäftigten sich vornehmlich mit den Untaten der NSA und richteten keine vergleichbaren Energien auf die Recherche, was die deutschen oder, zum Vergleich, die russischen und chinesischen Dienste tun.

Es wirkt paradox: Deutschland empört sich über die Dominanz der USA – und unterwirft sich ihr zugleich. Neugier und Emotionen richten sich auf Amerika, nicht auf das eigene Handeln. Die Medien, die für sich in Anspruch nehmen, die NSA-Affäre mit investigativen Methoden aufzuklären, stützen sich auf Unterlagen, die sie von Amerikanern erhalten haben. Diese Ausrichtung des Denkens auf die USA dürfte zu manchen Fehlern bei der Auswertung der Snowden-Unterlagen beigetragen haben, weil sie andere Akteure übersieht oder ihnen bestenfalls Nebenrollen zuweist.

Kurz nach Beginn der Affäre hatte sich im Juli 2013 der Glaube verbreitet, dass die NSA in Deutschland täglich millionenfach E-Mails mitlese und Telefonate mithöre. Auch da hätte eine Plausibilitätsprüfung falsche Schlussfolgerungen verhindern können. Die angeblich 500 Millionen in Deutschland abgefangenen Kommunikationen in vier Wochen entsprechen rund 18 Millionen pro Tag. Selbst wenn man für die inhaltliche Überwachung einer E-Mail oder eines Gesprächs in einer Fremdsprache nur fünf Minuten ansetzt, von einem Acht-Stunden-Arbeitstag ausgeht und Wochenenden und Feiertage außer Acht lässt, müsste die NSA, um das leisten zu können, 186.000 Mitarbeiter haben, die sich allein mit Deutschland befassen und die deutsche Sprache beherrschen. Deutschland ist aber nur einer von derzeit 194 Staaten und gehört als Verbündeter nicht zu den wichtigsten Zielen der US-Aufklärung. Es zählt zu Stufe drei, die mittlere von fünf. Die tatsächliche Zahl aller NSA-Mitarbeiter wird auf 40.000 geschätzt.

Wie es zu der Fehlinterpretation kam, lässt sich erklären. Das dem Verdacht zugrunde liegende Dokument bezog sich auf Daten, die der BND in Afghanistan zum Schutz des Bundeswehreinsatzes dort sammelte, im Stützpunkt Bad Aibling auswertete und mit den US-Diensten teilte. In den NSA-Unterlagen wurden diese Daten mit der Quellenangabe Deutschland gelistet, weil sie aus der Datensammelstelle in Bad Aibling zur NSA kamen. Das verleitete die Rechercheure zu dem Schluss, die NSA habe massenhaft deutsche Kommunikation in Deutschland überwacht. Die Urheber haben ihren Irrtum bald erkannt und korrigiert. Dennoch verbreiten manche Medien die revidierte These von der bewiesenen Massenüberwachung Deutscher durch die NSA bis heute.

Warum die Plausibilitätsprüfung unterblieb und warum manche Medien bis heute der NSA inhaltliche Überwachungsfähigkeiten unterstellen, die sie realistischerweise gar nicht haben kann, lässt sich wohl allein tiefenpsychologisch deuten. Menschen glauben, was sie glauben wollen.

Auch hier müssen Einsicht und Umdenken von innen kommen. Nur die Deutschen können sich ihre Souveränität zurückgeben. Gegen die NSA zu sein, reicht nicht. Sie müssen selbst festlegen, wie sie ihre Sicherheit gewährleisten, welche Rolle dabei Geheimdienste und elektronische Überwachungstechniken spielen dürfen.

Der deutsche Umgang mit der NSA-Affäre repräsentiert jedenfalls nicht eine überall in Europa anzutreffende Norm. Deutschland ist ein nationaler Sonderfall. Das wird klar, wenn man sich vergegenwärtigt, wie andere europäische Mittelmächte reagieren, zum Beispiel Frankreich: Als sich im Juni 2015 bestätigte, dass die NSA auch Telefonnummern des Präsidenten François Hollande sowie seiner zwei Vorgänger Nicolas Sarkozy und Jacques Chirac in den Abhörlisten führte, inszenierte zwar auch Hollande Empörungstheater. Er ließ den Nationalen Sicherheitsrat zusammentreten und bestellte die US-Botschafterin Jane Hartley ein. In derselben Woche legte er dem Parlament jedoch ein Abhörgesetz vor, das den eigenen Geheimdiensten freie

Hand bei Lauschangriffen, Internetüberwachung und einer bis zu vierjährigen Vorratsdatenspeicherung gibt. In Umfragen unterstützten zwei Drittel der Franzosen diese Überwachungsmaßnahmen. Das britische Parlament hatte im Juli 2014 alle Anbieter von Kommunikationsdienstleistungen verpflichtet, die Verbindungsdaten ein Jahr zu speichern. Die Geheimdienste agieren unbehelligter als in Deutschland.

Man darf darüber hinaus durchaus fragen, ob die deutschen Kritiker der amerikanischen, britischen und französischen Praktiken die Meinung der deutschen Bevölkerung repräsentieren? Oder eher einer Minderheit – einer Minderheit, die freilich die veröffentlichte Meinung dominiert? Seit Beginn der Snowden-Enthüllungen weisen Umfragen kontinuierlich aus, dass die Mehrheit der Deutschen staatliche Überwachungsmaßnahmen nicht für eine vordringliche Sorge hält. Drei Viertel geben an, dass sie ihren eigenen Umgang mit dem Internet nicht geändert haben. Die große Mehrheit sagt, sie sei sich bewusst, dass Daten im Internet nicht sicher seien. Sie fürchte aber keine persönlichen Nachteile. Nach einer Allensbach-Umfrage, die die FAZ im Juni 2015 publizierte, halten 78 Prozent die Geheimdienstarbeit für wichtig oder sehr wichtig, bei der Frage nach der Terrorabwehr sagen das sogar 84 Prozent. Und 70 Prozent befürworten ausdrücklich eine deutsche Kooperation mit den US-Diensten. Nur 13 Prozent wollen sie auf ein Minimum begrenzen.

Diese rationalen Einsichten über die praktischen Grenzen des theoretisch gewünschten Datenschutzes und die Notwendigkeit der Kooperation mit den USA zur Terrorabwehr sind allerdings kein Heilmittel gegen die emotionale Enttäuschung über den Vertrauensbruch, den viele Deutsche angesichts der NSA-Spionage empfinden. Die Empörung über die Übergriffe der US-Dienste ist genuin – auch wenn viele Deutschen sich zugleich genauso nach dem Schutz vor Terror durch die Dienste sehnen wie die meisten Amerikaner.

Der NSA-Skandal diskreditiert den Freihandel

Sichtbar wird der emotionale und politische Schaden durch die NSA-Affäre zum Beispiel in der Dynamik der Proteste gegen das geplante transatlantische Handels- und Investitionsabkommen TTIP (nach den Anfangsbuchstaben von Transatlantic Trade and Investment Partnership). Wann hat je zuvor ein Handelsabkommen eine öffentliche Debatte ausgelöst? Und wann wurde eine Debatte über die Kooperation mit einem Partnerland je zuvor von so viel negativen Emotionen, Unterstellungen und fast karikaturenhaften Desinformationskampagnen begleitet?

Der Verhandlungsbeginn im Juli 2013 war mit der öffentlichen Erregung über die NSA-Abhörpraktiken zusammengefallen. Erstmals in der Geschichte der Bundesrepublik wurde Freihandel zum Thema einer breiten gesellschaftlichen Debatte. Sie verlief zunächst ziemlich einseitig. Globalisierungskritiker, Freihandelsskeptiker und traditionelle Antiamerikaner fanden angesichts der durch die NSA-Affäre verstärkten Vorbehalte gegen die USA allgemein Gehör. TTIP-Befürworter gerieten rasch in die Defensive. Den Amis sei nicht zu trauen, wurde ihnen entgegengehalten. Die angebliche Wertegemeinschaft sei leeres Gerede. Der wahre Charakter der Beziehung zeige sich in der Abhöraffäre.

Diese Struktur der Debatte traf Politik und Wirtschaft unvorbereitet. Sie hatten, wenn überhaupt, eine Diskussion mit wirtschaftlichen und wissenschaftlichen Argumenten erwartet. Und da meinten sie im Vorteil zu sein. Die EU ist schließlich ein allen Bürgern vertrautes Beispiel, wie der Abbau von Zöllen und Handelsbarrieren bis zur Bildung eines Binnenmarkts den Menschen zugutekommt. Den Binnenmarkt wollen auch die TTIP-Gegner nicht rückgängig machen.

Der Atlantische Markt ist heute das Rückgrat der Weltwirtschaft. In der EU und den USA leben circa elf Prozent der Weltbevölkerung. Sie produzieren aber – je nachdem, ob man in absoluten Zahlen oder in Kaufkraftparität rechnet – 47 bzw. gut 40 Prozent der globalen Wirtschaftsleistung. 70 Prozent aller Finanzdienstleistungen spielen sich in Amerika und Europa ab. EU und USA sind auch das Ziel der meisten ausländischen Direktinvestitionen, nämlich 60 Prozent. Auslandsinvestitionen sind zugleich Aussagen über Zukunftserwartungen. Diese Zahlen widersprechen der häufig zu hörenden These, dass der Westen unumkehrbar im Abstieg sei und die Zukunft China und anderen Schwellenländern gehöre.

Freilich nimmt der prozentuale Anteil der USA und der EU an der Weltwirtschaft kontinuierlich ab, und der Anteil anderer Regionen nimmt relativ zu. TTIP-Befürworter argumentieren, es liege im gemeinsamen Interesse der Europäer und Amerikaner, ihre Vormachtstellung möglichst lange zu verteidigen. Sie mögen im Einzelfall darüber streiten, ob europäische oder amerikanische Normen und Standards für Verbraucherschutz, Sicherheit am Arbeitsplatz, Nachhaltigkeit und Umwelt die besseren sind – in jedem Fall sind es höhere Standards als in China, Korea, Russland, Brasilien, Südafrika. Und ist es dann nicht für alle Menschen besser, wenn diese höheren Standards sich durchsetzen?

Weder die EU noch die USA alleine können der ganzen Welt die Normen und Regeln vorgeben. Wenn sie sich aber zusammentun, wird kaum ein Land es für sinnvoll halten, eigene Normen und Regeln dagegenzusetzen.

Außerdem soll TTIP die letzten Zölle zwischen den USA und der EU beseitigen und durch eine Angleichung oder gegenseitige

Anerkennung von Regeln und Standards viele Milliarden beim gegenseitigen Marktzugang sparen. Bisher entstehen hohe Kosten, weil zum Beispiel jedes Teil eines Autos, das auf beiden Seiten des Atlantiks verkauft werden soll, doppelt zugelassen werden muss, einmal nach EU-Vorschriften und einmal nach US-Vorschriften. Es gibt unterschiedliche Vorgaben für die Farbe des Blinkerglases, für den Brandschutz rund um den Tank, für den Crash-Test, für Kindersitze. Dabei hat kaum jemand die Sorge, dass das amerikanische oder europäische Automodell unsicher sei. Jeder Reisende akzeptiert bedenkenlos einen Mietwagen in den USA oder in Europa. Die Beispiele lassen sich durch viele Branchen fortsetzen: den Maschinenbau, die Medizintechnik. Und selbst da, wo die Herangehensweisen so unterschiedlich sind, dass wohl weder Harmonisierung noch gegenseitige Anerkennung auf die Schnelle funktionieren wird, zum Beispiel in der Chemieindustrie, ließe sich zumindest über einen Abbau mancher Hemmnisse reden.

Chlorhühnchen und gierige US-Anwälte

Statt einer solchen Sachdiskussion erlebte Deutschland 2013/14 eine emotionale Auseinandersetzung um Chlorhühnchen und nicht staatliche Schiedsgerichte im Fall von Streitigkeiten um ausländische Investitionen. Beunruhigend daran war nicht, dass gestritten wurde, sondern wie gestritten wurde. TTIP-Gegner stellten die Sachverhalte, um die es ging, auf den Kopf, um antiamerikanische Klischees zu schüren – und hatten damit in vielen Medien zunächst Erfolg. Das Chlorhühnchen wurde als ein gesundheitlich bedenkliches Produkt diffamiert. Dabei tötet das in den USA nach dem Schlachten übliche kurze Chlorbad Keime zuverlässiger ab als die deutsche Methode. Hierzulande gab es einige Salmonellenskandale, nicht in den USA. Amerika hätte mit dem Schlachtruf gegen europäische Salmonellen-Hähnchen kontern können, tat das aber nicht. Generell ist von einer Häufung gesundheitlicher Beschwerden nach Geflügel-Verzehr in den USA oder nach dem Besuch in den bei Kindern so beliebten Kentucky-Fried-Chicken-Lokalen nichts bekannt. Zudem ist die Behandlung von Lebensmitteln mit Chlorlösung zur Desinfizierung auch in Europa üblich, etwa bei Salat – ohne dass dieselben Bedenkenträger zum Boykott aufgerufen hätten.

Sind nicht staatliche Schiedsgerichte der richtige Ort zur Klärung potenzieller Schadensersatzansprüche privater Investoren, die sich durch staatliches Handeln beeinträchtigt sehen? Darüber kann man diskutieren. Erstens generell: ob sie noch zeitgemäß sind. Zweitens, ob sie bei Streit in den USA oder in EU-Staaten nötig sind. Schließlich sind das Rechtsstaaten, in denen ein Investor seine Ansprüche auch vor ordentlichen Gerichten klären lassen kann. Nicht streiten kann man jedoch, wenn der Eindruck erweckt wird, diese Schiedsgerichte wollten geldgierige US-Anwälte den Europäern gegen deren Willen aufzwingen. Das verdreht die Tatsachen. Deutsche Konzerne waren seit den 1960er-Jahren die Haupttriebkraft für solche Schiedsgerichte, um internationale Absatzmärkte auszubauen und Investitionen dort gegen Enteignung zu schützen. Von allen Staaten hat Deutschland die meisten Verträge mit einer solchen Schutzklausel geschlossen, 2015 waren 129 in Kraft. Die ersten schloss die Bundesrepublik mit Staaten wie Pakistan (1959), Malaysia (1963) und der Türkei (1966), bei denen damals nicht sicher war, ob ein ausländischer Investor vor den dortigen Gerichten zuverlässig Rechtsschutz bekäme. Also vereinbarte man vertraglich, etwaige Streitigkeiten vor einem internationalen Schiedsgericht zu klären. Das hat seit 50 Jahren so gut funktioniert, dass sich die Praxis international verbreitet hat.

Ähnlich falsch ist die zur Diskreditierung dieser Schiedsgerichte verbreitete Behauptung, US-Firmen klagten am häufigsten. Firmen aus EU-Staaten reichten 53 Prozent der 568 Klagen ein, die es weltweit bis Ende 2013 gab; US-Firmen 22 Prozent; Firmen aus anderen Ländern 25 Prozent. Auch gemessen am Anteil an den ausländischen Direktinvestitionen klagen europäische Firmen weit häufiger als US-Firmen. In Europa liegen Niederländer und Briten an der Spitze.

Ähnlich wie bei der NSA-Affäre ist auch der deutsche Umgang mit TTIP nicht repräsentativ für die europäische Debatte über das Thema. Das zeigte die EU-weite Umfrage Eurobarometer Ende 2014. EU-weit sind demnach 58 Prozent der Bürger für ein Handels- und Investitionsabkommen mit den USA, nur 25 Prozent sind dagegen. In 25 der 28 EU-Staaten gibt es zum Teil überwältigende Mehrheiten dafür. Nur drei Staaten sehen TTIP skeptisch: Deutschland (39 Prozent dafür, 41 dagegen), Luxemburg (40 dafür, 43 dagegen) und Österreich, das einzige Land mit einer klaren ablehnenden Mehrheit (39 dafür, 53 dagegen).

Der Fall Deutschland ist auch deshalb so interessant, weil die Betrachtung von außen und die Selbstsicht so stark kontrastieren. Beobachter im EU-Ausland nehmen gemeinhin an, den Deutschen sei bewusst, dass sie als Exportnation den größten Nutzen von mehr Freihandel haben. Die Erwartung, dass die Deutschen ökonomisch denken, hatte sich freilich schon bei der Osterweiterung der EU als irrig erwiesen. Auch damals war die Skepsis in Deutschland mit am größten. Das änderte freilich nichts daran, dass die Deutschen zu den großen Gewinnern der Erweiterung wurden. Und, ob sie das wollen oder nicht, auch die großen

Nutznießer des Abbaus von transatlantischen Handelsbarrieren wären.

Fragt man diese Beobachter, woran es ihrer Meinung nach liege, dass viele Deutschen entgegen ihren ökonomischen Interessen skeptisch auf TTIP blicken, geben die meisten zwei Hinweise. Erstens gehörten die Deutschen nicht zu den klassischen Seefahrernationen wie Niederländer, Briten, Iren, Dänen, Schweden, Spanier, Portugiesen, die generell merkantilistischer denken. Zweitens zeige sich auch bei anderen Anlässen wie der NSA-Affäre, dass die Deutschen empfänglicher für antiamerikanische Aufwallungen seien als andere Nationen in Europa.

Was stimmt, was stimmt nicht?

Das muss den Ausgang der Debatten um TTIP aber nicht entscheiden. 2014 schien es durchaus möglich, dass die öffentliche Stimmung kippt und TTIP an den deutschen Bedenken im Bundestag oder im Europäischen Parlament scheitern könnte. 2015 sah das schon wieder anders aus. Der öffentliche Druck zwang die TTIP-Befürworter in der EU-Kommission, der Bundesregierung, den Wirtschaftsverbänden und anderen Organisationen, eine bessere Öffentlichkeitsarbeit zu entwickeln, die in nachvollziehbaren Beispielen zeigt, wer welchen Nutzen erwarten darf. Nachzulesen zum Beispiel in den Broschüren der EU „Zehn Mythen über TTIP. Was stimmt, was stimmt nicht?" oder des BDI „Wir wollen TTIP".

Außerdem schärfte die hitzige Debatte den Blick auf die Kritiker, Skeptiker und Gegner. Anfangs wirkten sie wie eine große einige Front. Dann differenzierte sich das Bild. Auf der einen

Seite stehen Kampagnen von Attac, Campact und Foodwatch, die prinzipiell und oft aus ideologischen Gründen gegen die USA und gegen Freihandel sind, auch wenn sie das von sich weisen. Ihre vordergründigen Behauptungen, sie seien nicht gegen Freihandel, sondern nur gegen dieses Abkommen, erweisen sich als Lippenbekenntnisse, wenn man sie fragt, ob sie von den vielen Freihandelsabkommen auch nur drei, vier nennen könnten, die sie für gut befinden. Auf der anderen Seite stehen Organisationen wie die Verbraucherzentrale, der BUND und ein Gutteil der Gewerkschaften, die Vorbehalte gegen Einzelbereiche von TTIP haben, aber auch Vorteile des Abkommens sehen und Korrekturen anstreben. Die Verbraucherzentrale Bundesverband hat sich dem Bündnis „Stop TTIP" nicht angeschlossen.

Beide Gruppen haben auf ihre Weise die inhaltliche Klärung vorangebracht. Die Ideologen haben es mit ihren schrillen Kampagnen so übertrieben, dass sie Glaubwürdigkeit einbüßten. Die Chlorhühnchen deuteten sie um als amerikanischen Versuch, den Deutschen gesundheitsschädliches Essen aufzuzwingen. Den jahrzehntealten Vertragsschutz von Investitionen im Ausland samt der Klärung von Streitfällen vor Schiedsgerichten interpretierten sie als Neuerfindung geldgieriger US-Rechtsanwälte. Aus der sinnvollen Absprache, dass Europäer und Amerikaner sich über geplante Festlegungen neuer technischer Standards vorab informieren sollten, leiteten sie die Behauptung ab, deutsche Parlamente sollten ihre Gesetzgebungsrechte an die Amerikaner abtreten. Wer derart auf Krawall aus ist, unter Missachtung argumentativer Redlichkeit, macht eine Zeitlang Schlagzeilen, nimmt sich aber schließlich selbst aus der Debatte.

Einfluss gewonnen haben hingegen die Verbraucherzentrale und andere Organisationen, die TTIP nicht verhindern, sondern durch konstruktive Kritik ein besseres Abkommen erreichen wollen. Die offen darüber reden, dass Standards und Verbraucherschutz auf manchen Gebieten wie Arzneimittelzulassung, Finanzmarktregelungen und Kinderspielzeug in den USA besser sind – und auf anderen Gebieten in Europa.

So haben alle drei Debatten – um Obamas Gesundheitsreform, um den NSA-Skandal, um TTIP – eindrücklich vor Augen geführt, wie unterschiedlich Deutsche und Amerikaner ticken. Weil sie nämlich auf die Frage nach dem Stellenwert von Sicherheit, Freiheit, staatlichem Schutz und ökonomischem Nutzen in ihrer Prioritätenliste nicht sagen können: Das will ich alles zugleich! Sondern abwägen müssen.

Berg- und Talfahrt mit Obama

„How can 59.054.087 people be so DUMB?" – Die Schlagzeile im britischen Boulevardblatt Daily Mirror zu George W. Bushs Wiederwahl im November 2004 sprach den meisten Europäern aus der Seele. Wie können mehr als 59 Millionen Amerikaner so dumm sein, für eine zweite Amtszeit dieses Mannes zu stimmen – nach allem, was er in den ersten vier Jahren getan hatte? Hätte Europa mitwählen dürfen, dann wäre der Demokrat John F. Kerry 2004 Präsident geworden. Ein bisschen verrückt sind sie eben schon, diese Amerikaner. Wie von einem anderen Stern!

Die Amerikaner könnten die Frage zurückgeben: Warum hatten die Europäer so große Erwartungen an den Wechsel im Weißen Haus von Bush zu Obama – und warum irrten sie sich so gewaltig? Das gilt speziell für die Deutschen. „Transatlantic Trends", die jährliche Umfrage des German Marshall Fund (GMF) zu der Frage, was Europäer von den USA und ihren Präsidenten halten, zeigt: Deutschland weist die markantesten Meinungsumschwünge auf. 12 Prozent Zustimmung der Deutschen zur US-Außenpolitik maß der GMF in Bushs letztem Amtsjahr 2008. Ein Jahr später, Obama war erst wenige Monate im Amt, schnellte der Wert auf 92 Prozent Zustimmung. Eine Veränderung um 80 Prozentpunkte! So etwas hatte der GMF nie zuvor gemessen. Damals, 2009, setzten die Deutschen sogar bei der Bekämpfung des Terrorismus mehr Vertrauen in Obama (76 Prozent) als in die EU (52 Prozent). Ebenso bei der Bewältigung der globalen Wirtschaftskrise (76 zu 60 Prozent). Und der Stabilisierung Afghanistans (74 zu 33 Prozent). Daran erinnern sich Deutsche kurz vor dem Ende der Amtszeit Obama ungern. In ihrer Selbstsicht behaupten viele, sie seien ja nicht so naiv wie diese idealistischen Amerikaner, die sich von ein paar schönen Reden und geschickten Wahlkampfslogans wie „Hope" und „Yes, we can" beeindrucken ließen. In Wahrheit war es gerade umgekehrt. Die knappe Hälfte der US-Wähler fand Obama nicht überzeugend. Er erhielt im November 2008 52,9 Prozent der Stimmen. 47 Prozent der Wähler stimmten gegen ihn. Im Herbst 2015 waren noch etwa 45 Prozent der Amerikaner mit seiner Amtsführung zufrieden, 49 Prozent unzufrieden. Im Verlauf der sieben Jahre hatten die Zustimmungswerte zu ihm zwischen 60 und 40 Prozent geschwankt, die Ablehnungswerte zwischen 30 und 55 Prozent. Tatsächlich waren also die Deutschen weit sprunghafter in ihrer Einschätzung dieses Präsidenten als die US-Bürger.

Den Wahlkampf 2008 hatten die Deutschen mit Begeisterung verfolgt. Nach den enttäuschenden Bush-Jahren versöhnte er viele Europäer mit den USA. Er brachte gleich zwei demokratische Spitzenpolitiker nach vorne, für die sie sich begeistern konnten: Hillary Clinton und Barack Obama. Sie wäre die erste Frau an der Spitze der Supermacht gewesen, er wurde der erste schwarze Hausherr im Weißen Haus. Hillary belebte die Nostalgie für die guten alten Zeiten, als ihr Mann Bill Präsident war und es auf seinen Europareisen schon mal passieren konnte, dass er spätabends in den hippsten Szenelokalen der Nach-Wende-Ära in Prag und Ostberlin auftauchte und auf seinem Saxophon spielte. Der Kalte Krieg war vorbei, der islamische Terror noch nicht allgegenwärtig. In dieser glücklichen Übergangszeit zwischen den kreuzweisen

Symboldaten 9.11. (Tag des Mauerfalls 1989) und 11.9. (Tag des Terrorangriffs auf New York 2001) waren die USA „cool" und „in".

Barack Obama löste noch größere Gefühle aus. Er stand für eine neue Generation und für ein neues Zeitalter, in dem – so wurde behauptet – Unterschiede in Hautfarbe und Herkunft keine Rolle mehr spielten. Je öfter die Deutschen ihn damals im Fernsehen sahen und je mehr sie über seinen exotischen Lebensweg erfuhren, desto liebenswerter erschien er ihnen. Ein wandelnder Beweis für die Erneuerungskraft der USA: schwarzer Vater aus Kenia, weiße Mutter aus Kansas, aufgewachsen in Hawaii mit Wellensurfen in Waikiki, dazu mehrere Kindheitsjahre in Indonesien, und später der Dienst als „Community Organizer" in einem Armenviertel von Chicago. Mit einem Amerika, das solche Menschen ganz nach oben brachte, konnte man sich identifizieren. Dazu diese Stimme. Sein sympathisches Auftreten. Und die Rhetorik! „Yes, we can!", „Hope" und „Change" eroberten die Welt. Auch deutsche Politiker übernahmen die Slogans. Das allein reichte natürlich nicht, um die Sehnsucht ihrer Wähler nach einem Popidol in der heimischen Politik zu erfüllen. Das Imitat machte die Lücke nur noch sichtbarer. Die Klage „Wo sind die deutschen Obamas?" ertönte immer wieder. Dann kam ER höchstpersönlich nach Berlin. Mehr als 200.000 Menschen strömten zu seinem Auftritt an der Siegessäule im Juli 2008. In den USA hat Obama niemals eine so große Menge bei einer einzelnen Veranstaltung angezogen.

Doch bald wurde Amerika den Deutschen wieder fremder. Erst wunderten sie sich über den Ansehensverfall, den Obama in seinem eigenen Land erlebte. Das nahmen sie den Amerikanern übel. 2010/2011 lag die Zustimmung zu ihm in Deutschland immer noch über 80 Prozent; in den USA bei 45 Prozent. Da hatten die USA endlich einen herausragenden Präsidenten, wie die

Deutschen fanden; doch die Bürger dort schienen das ganz anders zu sehen. Im Fernsehen hatten Europäer schon im Sommer 2009 wütende Amerikaner gesehen, die ihren neuen Präsidenten als „Sozialisten" beschimpften oder sein Porträt mit einem Hitler-Schnurrbart verschandelten. Dann folgte im November 2010 die sogenannte Mid Term Election, die Kongresswahl nach der Hälfte der ersten vierjährigen Amtszeit des Präsidenten. Nur 24 Monate nach Obamas triumphalem Sieg 2008 verpassten die Bürger seiner Demokratischen Partei eine drastische Niederlage. Mit der NSA-Affäre schlug die anfängliche Obama-Begeisterung nach 2013 auch in Deutschland vollends in Obama-Enttäuschung um.

Dieses Auseinanderfallen der Sympathiekurven ist eine natürliche Folge der unterschiedlichen Perspektiven: Amerikaner bewerten ihre Präsidenten vor allem nach den Auswirkungen auf die amerikanische Innenpolitik, auf ihren Alltag. Für Ausländer wie die Deutschen ist der Maßstab eher, wie sich Amerikas Außenpolitik und das Bild von der Rolle der USA in der Welt entwickeln. Die US-Wähler haben alle zwei Jahre Gelegenheit, ihre Meinung über die nationale Regierung auf dem Stimmzettel auszudrücken. Alle zwei Jahre wird das Abgeordnetenhaus (435 Sitze) neu gewählt sowie ein Drittel des Senats (100 Sitze). Wie Deutschland haben auch die USA ein Parlament mit zwei Kammern. Das Abgeordnetenhaus entspricht dem Deutschen Bundestag; seine 435 direkt gewählten Repräsentanten vertreten 435 Wahlkreise, von denen jeder eine annähernd gleiche Bevölkerungszahl hat. Die zweite Kammer, der Senat, ist dem Bundesrat als deutscher Länderkammer vergleichbar. Im Senat ist jeder der 50 Bundesstaaten freilich, unabhängig von der Bevölkerungszahl, mit zwei Senatoren vertreten. Sie haben eine sechsjährige Amtszeit. Bei der Kongresswahl alle zwei Jahre wird das komplette

Abgeordnetenhaus, aber nur ein Drittel der Senatoren neu gewählt. Zwei Jahre später folgt die Neuwahl des nächsten Drittels und wieder zwei Jahre später die Neuwahl des verbliebenen Drittels.

Wie in Deutschland müssen Gesetzesvorlagen von beiden Kammern verabschiedet werden, ehe sie geltendes Recht werden. Können die Kammern sich nicht einigen, wird ein Vermittlungsverfahren nötig. Die höhere Hürde für neue Gesetze ist der Senat. Dort müssen 60 der 100 Senatoren ihre Zustimmung erteilen, damit die Kammer überhaupt über die Vorlage abstimmen darf. Nur ganz selten hat eine der beiden Parteien eine so große Mehrheit. Häufig kommt es vor, dass die eine Partei die Mehrheit im Abgeordnetenhaus, die andere die Mehrheit im Senat hat. Deshalb kann in der Regel nur Gesetz werden, was vorher in einem Kompromiss zwischen Demokraten und Republikanern ausgehandelt wurde. Wenn das nicht gelingt, ist der Gesetzgebungsprozess blockiert. Dann ärgern sich viele Bürger und beschimpfen ihr Parlament als „Do nothing Congress". Trotz des Ärgers über den Kongress, der angeblich nichts zustande bringt, loben viele Amerikaner dieses System als Beleg für die Weisheit der Verfassungsväter. Die hatten nämlich ein noch wichtigeres Ziel als die reibungslose Produktion immer neuer Gesetze im Kopf. Sie wollten eine Diktatur der Mehrheit gegen die Interessen der Minderheit verhindern. Deshalb haben sie es schwer gemacht, das geltende Recht durch neue Gesetze zu verändern.

Auch Präsident Obamas Ehrgeiz wurde rasch durch diese Mechanismen gebremst. Nach der Kongresswahl 2010 war Amerika für viele Deutsche plötzlich wieder ein gefühlsmäßig weit entfernter und schwer verständlicher Kontinent. So schnell kann das gehen. Obamas Name hatte zwar gar nicht auf dem Stimmzettel gestanden, aber das Ergebnis wirkte wie eine Ohrfeige für ihn und seine Politik. Und was wurde als Ursache seiner Niederlage angegeben? Dass Obama zu viel verändern wolle. Dass er so „unamerikanische" Dinge wie eine Krankenversicherung für alle eingeführt und die staatliche Aufsicht über die Finanzkonzerne verschärft habe. Dass er auch in der Energiepolitik eine Wende anstrebe, in deren Folge Strom und Benzin wohl noch teurer würden.

Aus Sicht der meisten Deutschen verhielt es sich gerade umgekehrt: Wenn sie etwas an Obama auszusetzen haben, dann doch vor allem dieses: dass er zu wenig verändert gegenüber den Bush-Jahren. Guantanamo wurde nicht geschlossen. Er schickte noch mehr Soldaten in Kriege, nach Afghanistan und Libyen. Er übte nicht genug Druck auf Israel aus, endlich Frieden mit den Palästinensern zu schließen. Schwarzen und Latinos ging es kaum besser als vor seinem Amtsantritt. Auch das versprochene Einwanderungsgesetz kam nicht voran. Es sollte den Migrationsdruck aus Mittel- und Südamerika auf doppelte Weise auffangen: indem es mehr Latinos die Gelegenheit zur legalen Einwanderung in die USA eröffnete und indem es den schätzungsweise zwölf Millionen illegalen Migranten aus dem Süden, die heimlich über die mexikanische Grenze gekommen waren und ohne gültige Aufenthaltsgenehmigung mit Schwarzarbeit ihr Geld verdienten, einen Weg in die Legalität wies. Ernüchterung kehrte also rechts wie links des Atlantiks ein. Doch diese doppelte Enttäuschung hatte gegensätzliche Ursachen.

Ein Name, zwei Präsidentschaften

Wer wie ich in Obamas ersten Amtsjahren regelmäßig zwischen Amerika und Deutschland hin- und herflog, der konnte leicht den Eindruck gewinnen, es gebe zwei Länder, die zufälligerweise beide USA heißen und einen Präsidenten namens Barack Obama haben. So unterschiedlich waren die Erwartungen an ihn und die Bilder, die sich Deutsche und Amerikaner von seiner Regierung machten. Amerikaner sahen in Obama in erster Linie einen innenpolitischen Präsidenten. Als er ins Amt kam, erlebte die Nation die tiefste Wirtschaftskrise seit der „Großen Depression" in den 1930er-Jahren. Der Alltag vieler Bürger war bestimmt von der Angst um den Arbeitsplatz; von der Furcht, die monatlichen Raten für den Immobilienkredit nicht mehr bezahlen zu können und die eigenen vier Wände durch Zwangsversteigerung zu verlieren. Der Präsident sollte gefälligst Abhilfe schaffen, dafür hatten sie ihn gewählt. Anfangs hielten die meisten Amerikaner ihm noch zugute: Er hatte sie nicht in diese Krise geführt. Er hatte die Rezession von George W. Bush geerbt. Aber je länger er im Weißen Haus regierte, desto mehr wurde daraus die Obama-Rezession.

Für die meisten Deutschen und Europäer war Obama dagegen zuallererst ein weltpolitischer Präsident. Sie hofften auf einen klaren Gegenkurs zu allem, was Bush aus ihrer Sicht falsch gemacht hatte. Er würde den „falschen Krieg" im Irak beenden und sich wieder auf den „richtigen Konflikt" in Afghanistan konzentrieren; von dort kamen die Terroristen, die den Angriff auf das World Trade Center an 9/11 verübt hatten. Er würde die juristische Abrechnung mit den Attentätern auf rechtsstaatliche Weise führen, und dazu gehörte zuallererst sein Versprechen, das Gefangenenlager Guantanamo zu schließen. Er würde einen neuen Anlauf zum Frieden im Nahen Osten nehmen – und hoffentlich mehr Erfolg haben; denn er war, wie es schien, bereit, mehr Druck auf Israel auszuüben. Im Verhältnis zu Russland wollte er den „Reset Button", den Neustart-Knopf, drücken und einen weniger konfliktreichen Umgang anstreben, von der umstrittenen Raketenabwehr bis zur Frage der NATO-Mitgliedschaft ehemaliger Sowjetrepubliken wie Georgien und der Ukraine. Die Verbündeten in Europa würde er nach ihrer Meinung fragen, statt sie vor vollendete Tatsachen zu stellen. Eine Eskalation im Konflikt mit dem Iran wegen dessen Atomprogramm wollte er vermeiden; Bush hatte immer wieder mit Krieg gedroht. Obama setzte auf Diplomatie. Das versprach er auch gegenüber Nordkorea. Und er strebte ein neues Abkommen über die Reduzierung strategischer Atomwaffen an. Da war vieles dabei, was deutsche und europäische Herzen erfreute.

Manche dieser außenpolitischen Themen waren auch für Amerikaner von Bedeutung – doch beileibe nicht so wichtig wie die innenpolitische Agenda. Und die war umgekehrt für Deutsche von geringerem Belang. Was wussten Europäer schon von der Arbeitslosenquote in Michigan oder der Zahl zwangsversteigerter Häuser in Florida? Und selbst wenn, welchen Einfluss hatte das auf ihr Leben? Die Kriege im Irak und in Afghanistan interessierten US-Bürger vor allem unter drei Aspekten: Sie wollten dort keine amerikanischen Soldaten mehr sterben sehen. Die vielen Milliarden Steuergelder sollten nicht im Ausland verschwendet, sondern in den USA ausgegeben werden, um das eigene Land in Ordnung zu bringen. Freilich wollten sie nicht geschlagen abziehen, sondern mit einem Erfolg, der die Opfer einigermaßen rechtfertigte. Guantanamo? Das Schicksal der einzelnen Gefangenen war den meisten US-Bürgern herzlich egal. Wer dort gelandet war, konnte wohl kaum völlig unschuldig sein, oder? Wenn das Lager das Ansehen ihres Landes belastete, durfte die Regierung gerne versuchen, andere Länder zu finden, die die Gefangenen aufnahmen. Hauptsache, sie blieben den Amerikanern weit vom Leibe.

Reformerfolg und Ansehensverfall

Bereits nach zwei Jahren im Weißen Haus konnte Obama mehr Gesetzgebungs- und Reformerfolge vorweisen als viele Vorgänger nach einer kompletten Amtszeit. Nach nur drei Wochen hatte er Mitte Februar 2009 ein 787 Milliarden Dollar teures „Stimulus"-Paket zur Ankurbelung der Konjunktur durch den Kongress gebracht. Im Sommer folgte die Rettung der Autokonzerne General Motors und Chrysler. Parallel setzte er die wichtigsten Reformvorhaben auf die Schiene: die Gesundheitsreform, die Verschärfung der Finanzaufsicht sowie ein neues Energiegesetz. Gleichzeitig musste er Sorge tragen, mehrere hundert Kandidatinnen und Kandidaten für höhere Posten in der Regierung durch die Anhörungsverfahren im Senat zu schleusen. Solche Ernennungen bedürfen der Zustimmung der zweiten Kongresskammer. Gleich zwei Sitze am Supreme Court waren in den ersten anderthalb Jahren neu zu besetzen. Im August 2009 wurde Sonia Sotomayor als erste US-Latina Richterin am Obersten Gericht, nachdem David Souter im Alter von 69 Jahren zurückgetreten war. Im August 2010 folgte Elena Kagan für John Paul Stevens, der mit 90 Jahren aus dem Amt schied. Erstmals in der US-Geschichte waren drei der neun Mitglieder des Verfassungsgerichts Frauen. Kurz vor Weihnachten 2010 gelang auch noch die Reform der Vorgaben zum Umgang mit Homosexuellen im Militär. Der verdruckste Kompromiss aus der Clinton-Zeit „Don't ask, don't tell" – sie durften in den Streitkräften dienen, solange sie ihre sexuelle Orientierung verschwiegen – wurde beendet. Von nun an durften auch Uniformträger offen damit umgehen. Das war ein wichtiges Anliegen progressiver Obama-Wähler gewesen.

Doch wie entwickelten sich parallel zu diesen Erfolgen seine Umfragewerte? Sie sanken: auf 49 Prozent am Ende des ersten Amtsjahres. Den meisten Vorgängern war das nicht anders gegangen. Ronald Reagan lag am Ende seines ersten Amtsjahres 1981 bei 48 Prozent, Bill Clinton war bereits nach vier Monaten im Mai 1993 auf 37 Prozent abgestürzt und hatte sich am Ende des ersten Amtsjahres auf etwas über 50 Prozent erholt. Die beiden Bushs standen besser da, wozu jedoch historische Ausnahmesituationen beitrugen. Der Senior profitierte Ende 1989 von der Euphorie über den Fall der Berliner Mauer und den Sturz der kommunistischen Diktaturen in Ostmitteleuropa; er kam auf nahezu 80 Prozent Zustimmung. Der Sohn erlebte seinen Höhenflug in der Wertschätzung nach dem Terroranschlag vom 11. September 2001 und lag im Dezember bei 85 Prozent. Danach ging es nur noch bergab. Der leichte Verfall der Zustimmung zu Obama wirkt im historischen Vergleich ziemlich normal. Mehr Sorge musste ihm der rasche und steile Anstieg der Negativwerte bereiten. Nach nur sechs Monaten im Amt lag sie bei 41 Prozent, am Jahresende bei 46 Prozent. Im März 2010 bewerteten ihn erstmals mehr Bürger negativ als positiv, wenn auch nur kurzzeitig. Der Erfolg bei der Gesundheitsreform und der Abrüstung brachten ihn bis zum Sommer wieder in die Zone überwiegender Sympathie. Doch die gesamte zweite Jahreshälfte 2010 fiel er zurück in die Ablehnungszone.

Für dieses Obama-Paradox – Ansehensverfall trotz belegbarer politischer Erfolge – bieten sich zwei Deutungen an. Das Problem dabei ist nur: Sie widersprechen sich fundamental. Amerikas Linke sagt: Es sei ja kein Wunder, dass sich so viele Menschen abwenden. Obama habe große Hoffnungen geweckt, sie aber nicht erfüllen können. Die meisten Versprechen habe er nicht verwirklicht. Und bei den beiden Vorzeigeprojekten, der Gesundheits- und der Finanzreform, habe er zugelassen, dass sie auf Druck der Republikaner und der Lobbygruppen verwässert werden. Er habe zu wenig erreicht, daher die schlechten Umfragewerte. Auch in Europa hingen viele dieser Interpretation an: Obama, der Weichling, der das Richtige will, aber zu wenig liefert. In Europa und speziell in Deutschland kam noch ein zweites Paradox hinzu: Viele waren unzufrieden mit seiner Bilanz – doch zugleich blieb die Zustimmung zu ihm wesentlich höher als in Amerika. Sie lebten ja auch weit weg und waren von Amerikas Wirtschaftskrise nicht unmittelbar betroffen.

Die klare Mehrheit in den USA und die maßgeblichen Medien sahen es damals anders: Obama habe zu viel verändert. Er mochte gute Gründe haben, die Finanzkrise und die daraus resultierende Rezession zwangen ihn zu handeln. Aber damit mutete er den Bürgern einiges zu. Sie waren bereits verunsichert durch die hohe Arbeitslosigkeit und den Verfall der Hauspreise. In dieser Lage suchten sie Halt und Orientierung in der gewohnten Ordnung. Er aber machte Anstalten, das Regelwerk, das ihren Alltag bestimmte, auf den Kopf zu stellen. Das ging zu weit, und er konnte noch von Glück sagen, dass er so glimpflich davongekommen war, weil konservative Kräfte ihn bremsten. So richtig in den Keller gestürzt wären die Zustimmungsraten, wenn er noch viel mehr verändert hätte, so wie er das geplant hatte.

Mogeln bei den Treibhausgasen

Was Obama gelang und woran er scheitert, lohnt auch nach einigen Jahren Abstand nähere Betrachtung. Denn die Beispiele sind typisch für verbreitete Grundhaltungen in den USA – und auch typisch für falsche Erwartungen Europas an die USA. Zum Beispiel brachten ihn die Republikaner mit ihren Abwehrstrategien aus dem Tritt, als er versuchte, ein neues Energiegesetz vor der Klimakonferenz 2009 in Kopenhagen zu verabschieden. Mehr erneuerbare Energien, eine Begrenzung der Treibhausgase und die Beteiligung der USA am internationalen Emissionshandel hatte er im Wahlkampf in Aussicht gestellt – auch das trug zu seiner Beliebtheit in Deutschland und Skandinavien bei. Doch damit überforderte Obama seine eigene Nation. Am 26. Juni 2009 verabschiedete das Abgeordnetenhaus ein Gesetz über saubere Energie mit 219 zu 212 Stimmen. 44 Demokraten und die meisten Republikaner stimmten dagegen. In Wahlkreisen, deren Wirtschaft von Kohle, Ölförderung, Raffinerien oder großen Energieversorgern abhängt, ist Öko nicht gerade populär.

Um diese knappe Mehrheit sicherzustellen, war der Inhalt des Gesetzesentwurfs nach und nach entschärft worden. Er enthielt eine Emissionsbegrenzung, die nach europäischen Maßstäben lächerlich war. Das Angebot der EU für die Konferenz in Kopenhagen war eine Reduzierung der Treibhausgase um 20 Prozent bis 2020, gemessen am Ausgangsjahr 1990. Japan bot sogar eine Verringerung um 25 Prozent an. Das US-Gesetz bediente sich einer Mogelei, um optisch in die Nähe dieser Werte zu rücken: Es benutzte ein anderes Vergleichsjahr für die Berechnung der

Reduzierung – das hatte auch schon Bush so gehandhabt. Der Entwurf sah eine Reduzierung der Emissionen um 17 Prozent bis 2020 vor, gemessen am Jahr 2005. In Relation zu 1990 bedeutete das nur eine Verringerung von drei bis vier Prozent. Zudem sollte sie nicht verbindlich sein, sondern nur ein Ziel, um das man sich bemüht. Selbst dieser kastrierte Entwurf wurde im Senat nie zur Beratung angenommen. Obama fuhr im Dezember mit leeren Händen zu den Abschlussberatungen in Kopenhagen.

In Deutschland hatten selbst da noch viele die Illusion, der Präsident werde am Ende unter internationalem Druck einlenken, so wie Bill Clintons Unterhändler in Kyoto 1997. Wer in Amerika lebte, wusste: Das ist Traumtänzerei. Bill Clinton hatte das Kyoto-Protokoll im vollen Wissen unterzeichnet, dass er im Kongress keine Mehrheit für diese Klimapolitik finden würde. Diesen Trick konnte Obama nicht wiederholen. Von vornherein war klar: Er durfte in Kopenhagen nur Verpflichtungen zustimmen, die er in den USA durchsetzen kann. Zwei Dinge waren dabei unverzichtbar. Amerika würde erstens nur Auflagen akzeptieren, die ebenso für China und andere Schwellenländer gelten. Denn von dort würde der Löwenanteil des Zuwachses an Treibhausgasen in den nächsten Jahrzehnten kommen, nicht aus den USA, Europa und den anderen traditionellen Industriestaaten. Zweitens durften die Reduktionsziele entweder ehrgeizig sein, dann aber bitte nicht verbindlich – oder verbindlich, doch dann bitte bescheiden. Es kam am Ende noch schlimmer für die ehrgeizigen Klimaschützer aus Europa. Sie wurden in der dramatischen Schlussphase an den Rand gedrängt. China spielte den Part des Totalverweigerers. Und Obama schlug sich nicht auf die Seite der Europäer, sondern „rettete" die Konferenz vor dem völligen Scheitern, indem er sich mit China, Brasilien, Indien und Südafrika auf einen unverbindlichen Minimalkompromiss einigte.

Obamas Weihnachtsgeschenk

Zuvor hatten die Republikaner auch die Beratung der Gesundheitsreform im Kongress verschleppt. Obama wollte den Gesetzesentwurf vor der Sommerpause 2009 durch das Abgeordnetenhaus bringen und im Herbst durch den Senat. Doch selbst bei zentralen Details brachte die demokratische Führung nicht alle Abgeordneten hinter sich, die sie für die Mehrheit brauchte. Das amerikanische Parlament kennt keinen Fraktionszwang. Die Abgeordneten sind direkt gewählt, eine Absicherung über Parteilisten wie in Deutschland gibt es nicht. Also richten sich Abgeordnete in erster Linie danach, was die Wähler in ihrem Wahlkreis wollen oder nicht wollen. Davon hängt ihre Wiederwahl ab. Umstritten war zum Beispiel, ob der Staat den Abschluss einer Versicherung vorschreiben dürfe (siehe voriges Kapitel). Und ob er für jene Bürger, die ein hohes Krankheitsrisiko haben und deshalb bei privaten Versicherern abgelehnt werden, eine staatliche Versicherung als Alternative anbieten dürfe. Auch das betrachten Demokraten aus konservativen Staaten oft mit Skepsis, denn es bedeutet, selbst wenn ihnen die Gründe einleuchten, eine Einmischung des Staats in den freien Markt.

Die Debatten um solche Einzelfragen verzögerten die Beratungen in den Ausschüssen. Erst Ende Oktober 2009 kam ein abstimmungsreifer Vorschlag ins Plenum – mit vielen Abstrichen von Obamas ursprünglichem Entwurf. Am 7. November verabschiedete das Abgeordnetenhaus diese Fassung der Gesundheitsreform. Am 24. Dezember beschloss der Senat eine davon abweichende Version der Gesundheitsreform. Schon das Datum macht die Dramatik deutlich. Am Tag, an dem die christliche Welt den Heiligen Abend feiert, hatten amerikanische Volksvertreter zuletzt 1963 getagt. Das lag annähernd so viele Jahre zurück wie Obamas Geburt.

Auch im Senat gibt es viele Möglichkeiten zur Blockade. Die wichtigste: Nach der Geschäftsordnung sind mindestens 60 der 100 Stimmen nötig, um die Debatte über ein Gesetzesprojekt zu beenden und zur Abstimmung zu kommen. Beim Votum über die Sache selbst genügt dann die normale Mehrheit. Doch die Gegner können durch den sogenannten „Filibuster" eine Abstimmung blockieren. Ursprünglich bedeutete „filibustern", dass man die Debatte durch endlose Reden in Gang halten muss. Früher haben Volksvertreter seitenlang aus dem Telefonbuch vorgelesen. Dieses Filibustern kann man nur beenden, wenn 60 Senatoren dem Antrag auf Ende der Debatte zustimmen. In jüngerer Zeit hat man sich darauf geeinigt, dass die Ankündigung des Filibusters genügt. Die Senatoren müssen das unbegrenzte Reden nicht mehr tatsächlich auf sich nehmen. Den Gegnern eines Vorhabens genügen also 41 Stimmen, um es zu Fall zu bringen. Die Befürworter benötigen dagegen 60 Stimmen, um es durchzusetzen.

Nach der Wahl 2008 hatten die Demokraten die 60-Stimmen-Mehrheit, eine seltene Ausnahmesituation im Senat. Genau genommen waren es 58 demokratische und zwei parteilose Senatoren, die aber in der Regel mit den Demokraten stimmten. Doch auch Senatoren haben ihre eigenen inhaltlichen Vorstellungen, sie wollen wiedergewählt werden und unterwerfen sich nicht automatisch der Parteidisziplin. Den einen passte dieses Detail des Entwurfs nicht, den anderen jenes. Es gab noch weitere Gründe dafür, dass Präsident Obama sich nur in seltenen Fällen darauf verlassen konnte, dass ihm diese 60-Stimmen-Mehrheit für seine Politik zur Verfügung steht. Erst im Juli 2009, acht Monate nach der Kongresswahl 2008, wurde der Sieg des Demokraten Al Franken bei der Senatswahl in Minnesota vom Gericht bestätigt. Auf dem Papier bescherte erst dieses Urteil den Demokraten die 60. Stimme. Aus gesundheitlichen Gründen fielen zwei andere Senatoren die meiste Zeit aus. Ted Kennedy hatte einen Gehirntumor. Und Robert Byrd, Senator aus West Virginia und mit 91 Jahren der Senior im Kongress, verpasste den Großteil der Abstimmungen aus Altersschwäche.

Nachdem Abgeordnetenhaus und Senat voneinander abweichende Versionen des Reformgesetzes beschlossen hatten, hätten diese nun in einem Vermittlungsverfahren zu einer Kompromissfassung zusammengeführt und in beiden Kammern erneut zur Abstimmung gestellt werden müssen. Doch im Januar 2010 verloren die Demokraten ihre 60-Stimmen-Mehrheit im Senat wieder. Bei der Nachwahl für den verstorbenen Ted Kennedy in Massachusetts wurde der Republikaner Scott Brown gewählt, ein Überraschungserfolg für die damals noch weitgehend unbekannte „Tea Party". Damit schien das Scheitern der Gesundheitsreform besiegelt. Obamas Team fand jedoch einen Ausweg. Wenn das Abgeordnetenhaus die Senatsfassung annehmen würde, ohne auch nur ein Jota zu ändern, dann galt diese Version als beschlossen. Damit würde das Vermittlungsverfahren überflüssig. Der Senat würde nicht erneut abstimmen müssen, also auch keine Gelegenheit zum Filibustern bekommen.

Es bedurfte hoher Überredungskünste, die demokratische Mehrheit im Abgeordnetenhaus zu dieser Lösung zu bringen. Die Abgeordneten hatten wichtige Gründe, warum sie eine andere Fassung als der Senat beschlossen hatten. Viele empfanden es als Demütigung, die Kompromisssuche im Vermittlungsverfahren fallen zu lassen und die Senatsversion zu übernehmen. Nur eines erschien noch schlimmer: erneut mit einer Gesundheitsreform zu scheitern, wie schon der letzte demokratische Präsident vor Obama, Bill Clinton. Es half auch der Hinweis, wie energisch Ted Kennedy bis zu seinem Tod für die Reform gekämpft hatte. Am 21. März 2010 stimmte das Abgeordnetenhaus für den Senatsentwurf. Am 30. März setzte Präsident Obama die Reform mit seiner Unterschrift in Kraft.

Es war ein Wendepunkt – für die USA und für Obamas Präsidentschaft. Die überwältigende Mehrheit der Amerikaner wird künftig eine Krankenversicherung haben. Das Risiko, in den Bankrott zu schlittern und das Haus zu verlieren, weil ein Angehöriger schwer erkrankt, wird drastisch sinken. Der Versicherungsschutz ist zwar geringer als in Europa und der private Zuzahlungsanteil für Gesundheitsleistungen bleibt höher. Aber viele diskriminierende Ausschlussklauseln der Versicherer sind nun verboten. Obama feierte nach 14 Monaten im Amt einen historischen Sieg. Den brauchte er auch dringend. Die Gesundheitsreform kann sich von ihrer Symbolkraft mit den großen Sozialgesetzen in Amerikas Geschichte wie Social Security, der Einführung einer Altersabsicherung 1935, oder Medicare, der staatlichen Krankenversorgung für Senioren 1965, messen.

Bis dahin stand Obama für Hope und Change: ein Politiker, der mitreißend redet und Hoffnung auf Wandel weckt. Der 21. März 2010 machte ihn zu einem Mann der Tat. Einer, der tut, was er gesagt hat, und es auch durchzusetzen vermag gegen Widerstände. Das konnte man bald in der Außenpolitik sehen. Wenige Tage nach dem innenpolitischen Triumph folgte ein außenpolitischer Erfolg: die Einigung mit Moskau auf den Start-Vertrag. Er reduzierte die strategischen Atomwaffen um nahezu ein Drittel. Monatelang hatten die Russen den US-Präsidenten hingehalten und mit immer neuen Forderungen konfrontiert. Es war auch ein Test seines Nervenkostüms und seiner Entschlossenheit. Die Russen spekulierten, dass er einen vorzeigbaren Erfolg brauche und deshalb immer weiter nachgeben werde. Doch den Erfolg hatte Obama nun in der Innenpolitik erzielt und war plötzlich in einer Position der Stärke. Folglich pokerte der Kreml nicht mehr weiter, sondern akzeptierte, dass die USA nicht auf den Aufbau einer Raketenabwehr in Europa verzichten und es kein Vetorecht Russlands gegen die Aufnahme neuer NATO-Mitglieder gibt. Vielleicht hatte Barack Obama den Friedensnobelpreis 2009 ein Jahr zu früh erhalten. Mit dem Abrüstungsvertrag 2010 hatte er ihn sich verdient. Die Reduzierung gefährlicher Waffen gehörte zu den Hauptanliegen des Stifters Alfred Nobel.

Jedem Anfang wohnt ein Zauber inne

Im ersten Halbjahr 2010 war Obama womöglich auf dem Zenit seiner Macht. Zum Teil war dies die Folge der Kämpfe, die er 2009 ausgetragen hatte. Am 30. Juni 2010 verabschiedete das Abgeordnetenhaus die Finanzreform, am 15. Juli folgte der Senat. Das Gesetz verschärft die Trennung zwischen Geschäfts- und Investmentbanken sowie die staatliche Aufsicht über alle Finanzinstitute. Es führt eine Verbraucherschutzbehörde für Finanzprodukte ein und erlaubt der Regierung, Banken aufzuspalten, deren Größe bei einem Scheitern die ganze Volkswirtschaft gefährden könnte.

In diesen ersten 18 Monaten seiner Amtszeit schien Obama wie mit Sieben-Meilen-Stiefeln durch seine Präsidentschaft zu stürmen. Jedem Anfang wohnt ein Zauber inne – gerade auch für die Beobachter aus der Ferne, zum Beispiel Deutschland. Doch wie schnell können diese Gefühle kippen! Das sollte eine Warnung sein, wenn Deutschland und Europa ihre Erwartungen an Obamas Nachfolger kalibrieren. Mit Genugtuung notierte man, dass Obamas erste Auslandsreisen ganz überwiegend nach Europa führten. Als er 2011, nach zweieinhalb Jahren, nach Australien fuhr und dort daran erinnerte, dass die USA immer auch eine pazifische Macht gewesen seien, klagten viele Kommentatoren, unter Obama kehre Amerika den Europäern den Rücken zu. Vier Auslandsreisen hatte er in den ersten 150 Tagen absolviert: erstens nach Kanada, zweitens nach Europa (samt einem Abstecher in den Irak), drittens nach Lateinamerika und viertens nach Ägypten, wo er die Rede an die Muslime hielt; direkt daran schloss sich der zweite Besuch in Deutschland an, das Treffen mit Angela Merkel in Dresden sowie der Besuch des Konzentrationslagers Buchenwald. Ein Großonkel Obamas, Charles Payne, war 1945 als US-Soldat an der Befreiung einer Außenstelle in Ohrdruf beteiligt gewesen. Der Präsident nahm in den ersten Monaten seiner Amtszeit an vier internationalen Gipfeln teil: dem Treffen der G 20 in London sowie der NATO zu deren 60. Geburtstag in Straßburg und Kehl, dem EU-USA-Gipfel in Prag und der Versammlung der Organisation Amerikanischer Staaten (OAS) in Trinidad und Tobago.

Derweil hielt die First Family Amerika und die Welt über Wochen mit der Auswahl eines Hunds und der Anlage eines Gemüsegartens vor dem Weißen Haus in Atem. Und amüsierte manche Beobachter, als First Lady Michelle Obama beim Besuch im Buckingham Palace Queen Elizabeth II. protokollwidrig den Arm um die Schulter legte. Atemlos, liebenswert und humorvoll ließen sich die Zeiten mit dieser jungen First Family im Weißen Haus an – jedenfalls, wenn man sie aus der Ferne betrachtete. Aus der Nähe standen immer wieder die schlechten Nachrichten im Vordergrund: Die Arbeitslosenzahlen stiegen und stiegen. Vier bis fünf Prozent gelten in den USA als normal. Acht Prozent hatten die Fachleute bei Obamas Amtsantritt im Januar für den Mai und Juni prognostiziert. Tatsächlich lag die Quote da bereits bei 9,4 Prozent. Und sie stieg weiter, im Winter 2009/2010 sogar auf über zehn Prozent.

Färbt der Präsident die Haare?

Es waren Zeiten, in denen Präsidentensprecher Robert Gibbs für Zeitungsenten schon fast dankbar war – zum Beispiel das Gerücht, dass der Präsident seine Haare färbe. Im Zweifel war es für Gibbs angenehmer, sich mit solchen Falschmeldungen herumzuschlagen, als neue Hiobsbotschaften vom Arbeitsmarkt oder von Konzernen, die der Pleite entgegentaumelten, zu kommentieren. In Obamas Fall behaupteten die Gerüchte das Gegenteil des Gewohnten. Üblicherweise heißt es, Politiker färbten ihr ergrautes Haar dunkel, um jünger zu erscheinen. Doch diesem Präsidenten wurde 2009 nachgesagt, er färbe in sein natürlich schwarzes Haar graue Einsprengsel hinein, um älter, krisengemäßer und erfahrener auszusehen, als es seinen 47 Jahren entsprach. Schließlich wurde der Chicagoer Friseur Zariff als Kronzeuge bemüht, der sich seit 17 Jahren alle zwei Wochen um Obamas Haarschnitt kümmert. „Noch nie" habe dieser Kunde sein Haar gefärbt, „ich bin zu 100 Prozent sicher."

Schon fast vergessen sind im Rückblick Momente besonderer Anspannung, die damals die Schlagzeilen beherrschten und politische Energie kosteten, aber glimpflich endeten. Da hat Obama schlicht Glück gehabt. Wer erinnert sich heute noch an die Kaperung des US-Schiffes „Maersk Alabama" durch somalische Piraten und die Geiselnahme des Kapitäns Richard Phillips im April 2009? Er wurde durch Spezialkräfte befreit. Was wäre gewesen, wenn die Scharfschützen nicht getroffen hätten und Phillips als Leiche heimgekommen wäre? Zur Bekämpfung der Schweinegrippe orderte die Regierung Unmengen Impfstoff und arbeitete Seuchenabwehrpläne aus. Die Epidemie stellte sich als weniger bedrohlich heraus als befürchtet. Von der Börse gab es im Spätsommer 2009 immerhin Erfreuliches zu vermelden: Der Aktienindex Dow Jones war seit Mitte März um 35 Prozent gestiegen. Nur: Wann würde das endlich auf den Arbeitsmarkt durchschlagen?

Doppelte Enttäuschung, verschiedene Ursachen

Obama-Anhänger im Ausland lernten bald: Er ist kein linker Gegenentwurf zu Bush. Obama strebt eine Position in der Mitte des politischen Spektrums der USA an – und Amerikas Mitte liegt rechts der politischen Mitte in Deutschland. Er ist kein Konterrevolutionär, der Bush in allem korrigiert. Er ist Amerikas Präsident und vertritt US-Interessen, wie er sie versteht. In Teilbereichen kann das ganz schön unbequem für Deutschland sein. Er wollte Guantanamo schließen, wich aber zurück, als sich Widerstand gegen ein Ersatzgefängnis auf dem amerikanischen Festland regte. Er kämpfte nicht für seine angebliche Überzeugung, dass Terroristen der Prozess vor zivilen Strafgerichten gemacht werden solle, sondern gab klein bei, als der Kongress verbot, Guantanamo-Insassen zu diesem Zweck in die USA zu bringen. Im Nahen Osten wollte er Israel zu Zugeständnissen an die Palästinenser zwingen. Doch als Premier Benjamin Netanjahu sich wehrte und Unterstützung bei den Republikanern gegen Obamas Forderung suchte, den Siedlungsbau im Westjordanland und Ostjerusalem zu beenden, scheute der Präsident vor dem offenen Konflikt zurück. Auch die Reform des Einwanderungsrechts, die er den Latinos unter seinen Wählern versprochen hatte, kam vor der Kongresswahl 2010 nicht mehr zustande – und danach fehlte die politische Mehrheit im Parlament. Wenn eine politische Fraktion in den USA allen Grund hat, von Obama enttäuscht zu sein, dann der linke Flügel der Demokraten. Sie hatten ihn gewählt als Gegenentwurf zu seinem Vorgänger. Doch was machte er wirklich anders? Bald kursierte mit Blick auf die Kontinuität seiner Anti-Terror-Politik der Vorwurf, er sei womöglich ein „George W. Obama".

Auch im Ausland legte sich die anfängliche Obama-Euphorie. Wer kontinuierlich mit deutschen Regierungsmitgliedern und den Fachbeamten der verschiedenen Ministerien sprach, die die deutsch-amerikanischen Beziehungen im Alltag managen, stieß bald auf eine auffällige Kluft: Die öffentliche Meinung in Deutschland hatte George W. Bush verachtet. Aber sie liebte Obama, jedenfalls zunächst. Die tatsächlichen Macher der bilateralen Kooperation hatten Bush nie so verteufelt. Und nun sprachen sie über Obamas Amerika mit unüberhörbarer Reserve. Das hat sowohl praktische als auch psychologische Gründe. Deutschland und die USA haben unterschiedliche Ziele und unterschiedliche Vorstellungen von internationaler Politik. Die ändern sich auch dann nicht radikal, wenn der Präsident oder der Kanzler wechselt. Beide Seiten hatten sich da übertriebene Hoffnungen gemacht – und jeweils erwartet, dass der Partner auf der anderen Seite des Atlantiks sich künftig freundlicher verhält. Die Amerikaner sagten: Wir verstehen ja, dass die Deutschen zurückhaltend waren, solange George W. regierte. Da war es für die Kanzlerin schwer, öffentliche Zustimmung für eine engere Zusammenarbeit zu mobilisieren: mehr Soldaten für Afghanistan, mehr Druck auf den Iran, ein forscherer Umgang mit China, mehr Rücksicht auf amerikanische Handelsinteressen. Doch nachdem der populäre Obama ins Weiße Haus eingezogen ist, wird Deutschland gewiss mehr Entgegenkommen zeigen.

Die Deutschen erwarteten umgekehrt, dass nicht sie sich bewegen müssen, sondern Amerikas Politik sich ändern werde. Das hatte Obama doch in Aussicht gestellt. Es geschah aber wenig. Fundamentale Schwenks auf Deutschland zu gab es weder in der Klima- noch der Nahost- oder Afghanistanpolitik. Und bei der Suche nach einer gemeinsamen Antwort auf die Finanzkrise erwiesen sich die verschiedenartigen nationalen Interessen als stärker. Amerika wollte seine eigenen Probleme durch eine Ausweitung der Geldmenge, billige Kredite und die Ankurbelung amerikanischer Exporte lösen – wofür im Gegenzug die beiden Exportweltmeister Deutschland und China ihre Handelsüberschüsse hätten drosseln sollen. Deutschland sah es anders. Es setzte auf Einsparungen in den öffentlichen Ausgaben, um die Haushaltsdefizite abzubauen – sowohl in Europa als auch in den USA sollen die Regierungen nicht weiter so ungeniert über ihre Verhältnisse leben. Und: Handelsüberschüsse verschwinden nicht durch Anordnung von oben, sondern nur, wenn ein Land attraktive Produkte zu attraktiven Preisen anbieten kann. In dem bereits zitierten Interview mit mir betonte Obama im Juni 2011, dass ihn eine „Freundschaft mit Kanzlerin Merkel" verbinde, sie aber in der Sache nicht immer einer Meinung seien. Die persönliche Beziehung schilderte er als eng. Bei Merkels Besuch im Weißen Haus konnten die beiden „zum zehnten Mal seit meinem Amtsantritt als Präsident von Angesicht zu Angesicht miteinander diskutieren. Darüber hinaus sprechen wir häufig am Telefon und in Videokonferenzen miteinander." Die Hintergründe mancher Meinungsverschiedenheiten mit der Kanzlerin sprach Obama an: „Mir ist bewusst, dass wir ganz unterschiedliche historische Erfahrungen haben, aus denen wir unsere Politik ableiten. Amerika ist geprägt von der Erinnerung an die hohe Arbeitslosigkeit während der Depression in den 1930er-Jahren, in Deutschland hat die hohe Inflation Narben hinterlassen. Unsere grundlegenden Ziele sind aber dieselben: Wir sind uns einig, dass die Märkte verlässlich funktionieren müssen und dass Deutschland und die USA im Zentrum der Bemühungen um ein nachhaltiges und global ausgeglichenes Wachstum stehen müssen."

Im Rückblick scheint der Wechsel von Bush zu Obama nur begrenzten Einfluss auf das zwischenstaatliche Verhältnis zu haben. Stark verändert hat sich das Stimmungsbild. Vor Bushs Wahl im Jahr 2000 hatten 78 Prozent der Deutschen ein positives Bild der USA. 2008, Bushs letztes Amtsjahr, war der Wert auf 31 Prozent gefallen. In keinem anderen Land maß das Pew-Meinungsforschungsinstitut einen größeren Absturz als in Deutschland. Mit Obamas Wahl schnellte Amerikas Ansehen in Deutschland wieder auf über 80 Prozent empor. Beim Ausmaß der Zusammenarbeit gibt es keine solchen Ausschläge, der Grad der Kooperation blieb nahezu unverändert. Amerika und Deutschland sind mächtige Staaten und haben klare nationale Interessen. Deshalb gibt es eine kontinuierliche und verlässliche Partnerschaft der Regierungen und Behörden, unabhängig vom Parteibuch der Kanzler und Präsidenten. In den Bush-Jahren war die tatsächliche Zusammenarbeit weit besser, als es die schlechte öffentliche Meinung über Amerika vermuten ließ. Unter Obama war es anfangs umgekehrt: Die Stimmung war prima und damit herzlicher als die Kooperation; die war gleichbleibend gut, bis die NSA-Affäre das Verhältnis belastete

Wünscht sich Amerika die Republikaner zurück?

Einige Monate vor der Präsidentschaftswahl 2016 finden nur 30 Prozent der Amerikaner, ihr Land sei auf dem richtigen Kurs. Über 60 Prozent sagen, die Entwicklung gehe in die falsche Richtung. Was ist es denn nur, was den Amerikanern nicht passt an ihrem Präsidenten und seinem Kurs? Mehr noch: Was wollen sie stattdessen – etwa die Republikaner zurück mit ihren aus deutscher Sicht katastrophalen Rezepten für die Weltpolitik und für eine ungezügelte kapitalistische Wirtschaft? Als sie das letzte Mal den Präsidenten stellten, haben sie Amerika in Kriege geführt und die halbe Welt an den Rand des ökonomischen Absturzes gebracht! Aus Sicht der Amerikaner stellt sich die Lage etwas anders dar als aus deutscher Perspektive. Sie blicken vor allem auf den aktuellen Präsidenten. Er hat die Macht und steht deshalb unter größerem Rechtfertigungsdruck als die Partei seines abgetretenen Vorgängers. Die Opposition kann mit mehr Nachsicht rechnen. In Deutschland ist das ja auch nicht anders. So gesehen haben sich die Republikaner nach Obamas Wahlsieg durchaus geschickt verhalten. Sie haben nicht sofort die Konfrontation gesucht, sondern waren darauf bedacht, ihren Anteil an dem Schlamassel, den Bush hinterlassen hat, vergessen zu machen. Sie traten als die besorgte Opposition auf, die vor Überreaktionen warnt: Gewiss doch, man kann nicht einfach alle Banken und Autokonzerne Pleite gehen lassen, aber ein paar vielleicht doch, schon um klarzumachen: Wer Fehler begeht, wird bestraft. Viele republikanische Abgeordnete stimmten gegen die Rettungspakete für Banken, Versicherungen und Autokonzerne.

Obama mochte noch so oft die Geldgier der Wall Street und die Unvernunft der Bosse beklagen, vom Abstimmungsverhalten her wirkten die Republikaner glaubwürdiger als Schutzpatrone des kleinen Mannes. Auch bei der Gesundheitsreform lagen sie mit ihrer Abwehrkampagne psychologisch richtig: Sie schürten die Furcht, dass alles noch teurer wird, wenn Millionen Unversicherte zusätzlich ins System kommen. Und sie trafen auch einen Nerv mit der Behauptung, noch mehr Regulierung setze eine anonyme Bürokratie zwischen den Patienten und den Arzt seines Vertrauens. Amerikaner wollen keine Vollkasko-Mentalität. Sie betrachten den Staat mit mehr Argwohn als die Deutschen und setzen weit größeres Vertrauen in die Privatinitiative.

Der Staat ist für Amerikaner das Problem, für Deutsche die Lösung

Alle paar Jahre erleben die USA Stimmungswellen, die in Deutschland undenkbar wären: Habt Erbarmen mit Millionären und Milliardären! Mutet ihnen keine höheren Steuern zu! Selbst wenn die öffentlichen Haushalte beträchtliche Defizite aufweisen – wie zum Beispiel in Folge der globalen Finanzkrise, die die Staatseinnahmen einbrechen ließ –, ist auf eines Verlass: Eine klare Mehrheit der Amerikaner ist gegen Steuererhöhungen. Budgets, die aus der Balance geraten, sollen vor allem durch Ausgabenkürzungen saniert werden. Das weisen Umfragen seit Jahrzehnten kontinuierlich aus. Als Barack Obama Ende 2010 plante, die Steuervergünstigungen zu beenden, mit denen sein Vorgänger George W. Bush den Konjunktureinbruch nach dem Terrorangriff an 9/11 bekämpft hatte, meinten zwei Drittel der Amerikaner in einer Gallup-Umfrage, es sei richtig, die Einkommensteuersätze nicht wieder zu erhöhen, auch nicht für die reichsten zwei Prozent der Gesellschaft. Die Deutschen zeigen den umgekehrten Reflex. Wenn der Staat meint, mehr Geld zu benötigen – und gute Gründe finden sich stets, zum Beispiel, um die Sozial- und die Bildungsausgaben zu erhöhen –, sollen „die Reichen" zur Kasse gebeten werden. 75 bis über 80 Prozent der Deutschen sprechen sich verlässlich dafür aus. Diese unterschiedliche Einstellung zur Besteuerung der Reichen lässt sich nicht mit objektivierbaren Umständen erklären. Es ist ja nicht so, dass die Höherverdiener in Deutschland so viel geringer zur Kasse gebeten würden als in den USA, dass da ein verständlicher Nachholbedarf bestünde. Es ist auch nicht so, dass die soziale und ökonomische Ungleichheit in Deutschland gravierender wäre als in den USA, weshalb der Staat für Ausgleich sorgen müsse. Tatsächlich sind die Abstände zwischen Reichen und Armen in den USA größer als in Deutschland. Und im Zweifel lässt der amerikanische Staat den Besserverdienern mehr Geld in der Tasche als der deutsche Staat.

Solidarität mit den Reichen

Unter dem Demokraten Bill Clinton hatte der Höchststeuersatz 39,6 Prozent betragen. In der Praxis zahlen viele Spitzenverdiener diesen gar nicht, wegen der umfassenden Abschreibungsmöglichkeiten. Doch selbst wenn sie es täten, blieben immer noch 604.000 Dollar von jeder verdienten Million im Portemonnaie. George W. Bush senkte den Spitzensatz auf 35 Prozent. Barack Obama wollte zurück zu den 39,6 Prozent für Ehepaare, die gemeinsam über 250.000 Dollar im Jahr zu versteuern haben, und für Singles mit mehr als 200.000 Dollar im Jahr. Die öffentliche Meinung in den USA war jedoch dagegen. Bevor der Staat die Reichen schröpfe, solle er erst mal sparen. Kann man sich eine vergleichbare Solidarisierung mit den Reichen gegen die Staatskasse für Deutschland vorstellen? Diese Steuersätze, das muss man hinzufügen, lassen sich nicht direkt mit denen in Deutschland vergleichen. Dort gibt es nur die bundesstaatliche

Einkommensteuer. Der Höchststeuersatz greift ab einem Einkommen von mehr als 500.000 Euro für Ehepaare und 250.000 Euro für Singles; darauf sind 45 Prozent zu entrichten. Im darunterliegenden Bereich ab rund 104.000 Euro für Ehepaare und rund 52.000 Euro für Singles fallen 42 Prozent an.

In den USA zieht aber nicht nur der Bund Einkommensteuer ein. Auch die meisten Einzelstaaten tun das, der Prozentsatz variiert. Im Hauptstadtbezirk, dem District of Columbia, kommen auf die Federal Income Tax je nach Einkommenshöhe vier bis 8,5 Prozent obendrauf, in Maryland zwei bis 6,25 Prozent, in Virginia zwei bis 5,75 Prozent. In der Summe aus dem föderalen und dem regionalen Steuersatz ergibt sich dann eine leicht höhere Belastung als in Deutschland. Es gibt freilich auch Einzelstaaten, die keinen Zuschlag auf die Einkommensteuer erheben, wie Florida, Nevada, South Dakota, Texas und Wyoming. Die US-Bürger dort behalten spürbar mehr von ihrem Verdienst in der Tasche. Auch wenn sich die Steuersysteme nicht direkt vergleichen lassen, so unterscheiden sich die Steuersätze in den USA und Deutschland nicht so krass, dass sie die ganz andere Haltung der Amerikaner zu Staat und Steuern erklären könnten.

Was ist es dann? Mitgefühl für die Reichen? Misstrauen gegenüber einer Regierung, die nicht mit Geld umgehen kann? Oder ein tieferes Verständnis, was der gesamten Volkswirtschaft nutzt und was ihr schadet? Von allem ein bisschen. Als Obama Ende 2010 seine – aus deutscher Sicht moderate und zudem sozial gerechte – Steuererhöhung für Reiche plante, litten die USA erneut unter einem Wirtschaftseinbruch – genau wie nach dem Terroranschlag 2001, der Bush zur befristeten Steuersenkung bewogen hatte. Diesmal war dies die Folge der weltweiten Finanzkrise von 2008. Diese Rezession war gravierender als der 9/11-Schock. Für eine Mehrheit der US-Politiker in beiden Parteien stand deshalb fest: Höhere Steuern für alle wären jetzt Gift, weil sie der Gesellschaft Kaufkraft entziehen. In der Praxis würde sich das Auslaufen einer befristeten Steuererleichterung genau so auswirken wie eine Steuererhöhung. Ein Single mit 46.000 Dollar Jahresverdienst hätte 400 Dollar mehr Steuern pro Jahr bezahlen müssen und ein Ehepaar mit einem Einkommen von 440.000 Dollar rund 20.000 Dollar mehr. Dieses Geld würde dem privaten Konsum fehlen.

Demokraten und Republikaner stimmten überein, dass sie die Einkommensteuer für 98 Prozent der Bürger nicht anheben wollten. Strittig war allein der Umgang mit den Bürgern in der allerhöchsten Steuerklasse. Obama und die meisten Demokraten wollten die Steuererleichterung für die reichsten zwei Prozent beenden; das hätte im Verlauf der nächsten zehn Jahre, 2011 bis 2020, eine Billion Dollar mehr Steuern eingebracht. Doch die Republikaner pokerten hoch: Alles oder nichts! Sie würden nur bei einer Verlängerung der Steuererleichterung für alle mitmachen. Kurz zuvor hatten sie bei der Kongresswahl die Mehrheit im Abgeordnetenhaus erobert. So kam es dann auch. Der Kongress verlängerte die ermäßigten Sätze für alle Steuerklassen. Als Zeichen des sozialen Ausgleichs stimmte das Parlament parallel für die weitere Zahlung der Arbeitslosenhilfe, die in den USA jeweils nur für einige Monate bewilligt wird. Zwei Drittel der Bürger befürworteten dieses riesige Geschenk an die Reichsten – in der Hoffnung, dass ihr Konsum die Konjunktur antreibt.

Ein bemerkenswerter Vorgang für deutsche Beobachter. Man kann sich leicht vorstellen, wie eine solche Debatte in Deutschland verlaufen und wie sie ausgegangen wäre. Eine breite Mehrheit hätte sich dafür ausgesprochen, die Reichen zu belasten und die weniger Verdienenden zu schonen. Niemand zahlt gerne Steuern. Aber alle erwarten staatliche Leistungen. So ist das im Zweifel überall auf der Welt. Die nationalen Unterschiede treten erst zutage, wenn die Bürger sich zwischen den beiden Zielen entscheiden müssen. Was soll der Staat tun, wenn die Einnahmen nicht mehr ausreichen, um die Ausgaben zu decken: Steuern erhöhen oder Leistungen streichen? Natürlich sind da weder alle Amerikaner geschlossen einer Meinung, noch sind es alle Deutschen. Doch die Mehrheiten in beiden Ländern entscheiden sich im Zweifel genau gegensätzlich. In Amerika ist der überwiegende Reflex: Bloß keine Steuern erhöhen, lieber staatliche Leistungen streichen! In Deutschland ist es umgekehrt: Bloß keine staatlichen Transfers an die Bürger reduzieren, lieber die Steuern erhöhen – jedoch mit einer Einschränkung. In Deutschland soll eine Steuererhöhung nur die Reichen treffen. Über die Jahre zeigen Umfragen in den USA die immer gleiche Tendenz. Im Januar 2011 sagten 62 Prozent in einer Gallup-Erhebung, es sei besser, die Staatsausgaben zu senken – und zwar auch für Leistungen, von denen sie selbst profitieren; nur 29 Prozent erklärten eine Präferenz für höhere Steuern. Unter Republikanern war die Neigung zum Sparen deutlich höher (81 Prozent). Demokraten zeigten eine größere Akzeptanz für höhere Steuern (42 Prozent), aber auch die Mehrheit unter ihnen zog das Sparen vor (49 Prozent). In einer Rasmussen-Umfrage während der Budgetberatungen im Februar 2015 verlangten 54 Prozent, staatliche Leistungen zu reduzieren. Nur 16 Prozent wollten Steuererhöhungen zur Finanzierung höherer Ausgaben akzeptieren. 21 Prozent sprachen sich dafür aus, das Ausgabenniveau beizubehalten.

Woher kommt das? Erstens sind solche Begriffe wie „die Reichen" oder „die Besserverdiener" in den USA nicht negativ besetzt, sondern positiv. Der in Deutschland verbreitete Sozialneid wird kaum artikuliert. Der Mercedes, BMW oder Porsche bzw. der Cadillac, Ford Mustang oder Chevrolet Corvette vor der Tür und der Umzug in ein schöneres Haus sind nicht Auslöser von Missgunst. Die Wohlhabenden gelten als Vorbild und als Ansporn, es dem erfolgreichen Nachbarn nachzumachen. (Dazu mehr im Abschnitt über die Gesellschaft.) Zweitens halten Amerikaner wenig vom Staat. Sie betrachten ihn mit Argwohn, weil er die individuellen Freiheitsrechte einschränke. Das „Orwell-Motiv" in der Staatsablehnung trifft man auf beiden Seiten des Atlantiks: die Furcht, der Staat könne zum Überwachungsmonster entarten und die Freiheit bedrohen, wie das George Orwell in seinem Roman „1984" ausgemalt hat. Freilich bilden die Menschen, die im Staat in erster Linie einen gefährlichen „Big Brother" sehen, sowohl in den USA als auch in Deutschland eine Minderheit.

Interessanter als diese kleine Gemeinsamkeit sind die Gegensätze im Bild vom Staat. In den USA ist nämlich die Überzeugung weit verbreitet, dass der Staat unfähig sei und im Zweifel ohnehin nichts Vernünftiges zustande bringe. Deutsche denken dagegen in den Kategorien eines nahezu allmächtigen Staats. Entweder in der furchterregenden Variante à la Orwell oder in der positiven Erwartungshaltung, dass der Staat die Gesellschaft erziehen und durch Gesetze und Auflagen zum Guten zwingen solle. Zum Beispiel gehört es zu den Glaubenssätzen vieler Deutscher, dass es Aufgabe des Staats sei, soziale Gerechtigkeit herzustellen und die Menschen vor Krisen zu bewahren sowie die Bürger, wenn die Krisen dennoch eintreten, vor den Folgen zu schützen und sie aus der misslichen Lage zu befreien.

Soziale Gerechtigkeit als Ziel staatlichen Handelns? Für die meisten Amerikaner ist das eine absurde Vorstellung. Woher soll der Staat – also Regierung, Parlament und Behörden – wissen, was gerecht ist? Darüber sind sich doch nicht einmal die Bürger, die gemeinsam den eigentlichen Souverän bilden, einig. Der Anspruch klingt für Amerikaner verdächtig nach Ideologie. Der

Staat ist in ihren Augen nicht gut, und mit Geld umgehen kann er schon gar nicht. Joe Average, der typische Durchschnittsamerikaner, ist überzeugt: Jeder Dollar, den die Regierung wegsteuere und nach ihren Maßstäben umverteile, habe weniger positive Effekte für das Gemeinwohl als ein privat ausgegebener Dollar. Denn jeder Mensch wisse doch besser, was er kaufen möchte und was zu seinem Wohlbefinden beitrage, als ein anonymer Staat.

Weg mit dem Bildungsministerium

Gewiss, auch Amerikaner benötigen den Staat für manche Zwecke. Aber schweren Herzens. Und im Grunde nur als Notlösung. Wer sonst soll die Sicherheit von Leib, Leben und Besitz garantieren? Im Notfall tut das jeder erst mal selber, deshalb ist die Freiheit des Waffenbesitzes auch unumgänglich. Zum Schutz vor bewaffneten Banden und Unruhen braucht man die Polizei und die Gerichte. So gewährleistet der Staat ein Minimum an innerer Sicherheit. Durch die Aufstellung von Streitkräften verteidigt er die Nation vor einem Angriff von außen und setzt ihre Interessen in der Welt durch. Folglich darf er auch Geld fürs Militär ausgeben. Im besten Fall sichert er Amerikas Interessen bereits präventiv, durch Verträge, internationale Beziehungen und Bündnisse. Also darf er auch ein Außenministerium unterhalten. Unter dem Strich bleibt es jedoch bei der Überzeugung: Der Staat ist nicht per se gut. Er ist halt leider unverzichtbar. Und deshalb muss er so klein wie möglich gehalten werden.

Eine erstaunlich große Zahl von Amerikanern teilt die Forderung, ein Großteil der Bundesministerien gehöre abgeschafft. Diese Auffassung ist bei Republikanern stärker verbreitet, aber es gibt auch Demokraten, die so denken. Geradezu vehement wird diese Überzeugung von der Tea Party und von sogenannten Libertären vertreten. In den Fernsehdebatten der konservativen Präsidentschaftskandidaten 2015 warb ihre Galionsfigur Rand Paul für dieses Denken, genauso wie sein Vater Ron Paul das 2011 getan hatte. Beide sind Parteimitglieder der Republikaner und finden großen Zulauf unter Jungwählern. Vater Ron Paul erklärte das Bildungsministerium für überflüssig. Die Erziehung sei Sache der Eltern und der Schule, allenfalls noch Sache der Kommune und des Bundesstaats, in dem man wohnt. Auch die verhasste IRS solle gestrichen werden: Das ist das Kürzel für die Bundesfinanzämter (Internal Revenue Service), die die föderalen Steuern einziehen. Immer wieder gibt es Bomben- und Brandanschläge auf IRS-Filialen. 2010 verübte ein US-Bürger ein Selbstmordattentat, indem er sein Kleinflugzeug in das IRS-Gebäude in Austin, Texas, steuerte.

IRS-Gegner möchten, dass die Bürger nur lokale und regionale Steuern entrichten. Aus diesen Einnahmen sollen die einzelnen Bundesstaaten dann einen fairen Anteil an den Bund abführen, damit der die nationalen Aufgaben finanzieren kann. Die müssten freilich viel enger gefasst werden, als es heute der Fall sei. Vernünftig haushalten kann der Staat nach Auffassung der meisten US-Bürger schon gar nicht. Er wacht zwar über das Geld, druckt die Banknoten und prägt die Münzen, aber er überschuldet sich regelmäßig in einer Weise, wie das verantwortungsbewusste Bürgerinnen und Bürger angeblich nie tun würden. Das liege auch daran, dass der Staat sich immer neue Aufgaben anmaße, die viel besser der Selbstverantwortung der Bürger überlassen blieben oder allenfalls in kommunale Verantwortung gehören. Die Selbstregierung der Bürger – „government of the people, by the people, for the people" – ist das Ideal.

Dieses Grundmisstrauen gegenüber dem Staat ist tief verwurzelt. Nach dem Geschichtsverständnis der meisten Amerikaner reicht diese Haltung bis in die Gründungsjahre der USA zurück. Genau genommen sogar bis in die Kolonisierung Nordamerikas durch europäische Einwanderer. Dem Geschichtsmythos zufolge waren die ersten Siedler keine Abenteurer und Glücksritter auf der Suche nach Exotik und raschem Reichtum. Sondern sie waren Überzeugungstäter, die vor der Unterdrückung durch einen allmächtigen Obrigkeitsstaat in Europa flohen. Sie suchten Freiheit – vor allem die Freiheit von staatlicher Bevormundung.

Das ist zwar ein stark idealisiertes – um nicht zu sagen: ideologisches – Geschichtsbild. Es lässt sich auch nur bedingt mit den tatsächlichen Abläufen der Kolonisierung Nordamerikas in Einklang bringen. Die war in hohem Maße getrieben vom Wunsch der europäischen Monarchen nach neuen Einkünften aus Übersee. Die ersten Kolonisten fanden nicht individuelle Freiheit, sondern waren über viele Jahrzehnte ebenso strengen oder noch strengeren Regeln und Disziplinierungsmaßnahmen unterworfen, als sie in Europa galten.

Doch maßgeblich für die kollektiven Geschichtsbilder sind nicht die historischen Abläufe, sondern die Interpretation, die sich am Ende durchsetzt. Nach dem heutzutage in den USA gültigen Narrativ flohen die Siedler aus Europas autoritären Monarchien nach Nordamerika, um hier ihre individuelle Freiheit auszuleben. Den Kolonisten der Virginia Company, die 1607 und in den Folgejahren in Jamestown landeten, ging es um die Wirtschaftsfreiheit. Den Pilgrim Fathers, die 1620 in Plymouth ankamen, um die Religionsfreiheit. Und den vielen Millionen Einwanderern seither um das amerikanische Versprechen, dass jeder in den USA sein individuelles Glück schmieden dürfe – bei einem Minimum an staatlicher Gängelung.

Das Erbe der Tea Party

Dieses Motiv wiederholt sich in der gängigen Erzählung von der Gründung der USA. Auch die Abspaltung der 13 Kolonien vom britischen Mutterland 1776 war demnach nichts anderes als Notwehr gegen eine Obrigkeit, die ungerechte Steuern auferlegte und ihren Bürgern die Mitbestimmung und Selbstvertretung in frei gewählten Parlamenten vorenthielt. Ergo: Zu viel Staat ist schlecht. Die konservative Tea-Party-Bewegung griff gerne auf diese historische Staffage zurück, als sie in den Jahren 2010 und 2011 vor dem Kongress gegen staatliche Machtanmaßung, wachsende Budgetdefizite und Schuldenberge protestierte. Viele Demonstranten kleideten sich wie die Kolonisten, die bei der Boston Tea Party im Dezember 1773 applaudierten. Damals hatten als Indianer verkleidete Bürger aus Protest gegen zu hohe britische Steuern, denen keine Mitbestimmung durch parlamentarische Vertretung gegenüberstand, Teeballen über Bord geworfen. Die Herren der modernen Tea Party tragen gerne Dreispitz und goldbetresste Gehröcke, die Damen Strohhut, Schürze und Rüschenbluse. Sie schwenkten die gelbe Fahne der Bewegung mit einer Klapperschlange und der Aufschrift „Don't Tread On Me!" – „Nicht auf mich treten!" Andere hielten Plakate hoch, die eine drastische Verkleinerung der Regierung und Verwaltung forderten. „Cut it – or shut it!" Um die „Cuts", also die Kürzungspläne im Haushalt, durchzusetzen, sollten die Republikaner einfach die Mittel für die laufenden Geschäfte verweigern und so eine Zwangsschließung der Regierung herbeiführen, den Government Shutdown.

Die meisten Europäer haben kein so abschreckendes Bild vom Staat. Sie scheuen eher die Verantwortung, die ihnen das amerikanische Ideal der Selbstregierung auferlegen würde. Dann müssten sie sich nämlich viel aktiver an der Kommunal-, Regional- und Bundespolitik beteiligen. Insbesondere die Deutschen erwarten vom Staat, dass er sie beschützt. Viele Bürger möchten geradezu, dass er ihnen einen Großteil der Verantwortung für das eigene Schicksal abnimmt. Auch das hat mit dem Geschichtsbild zu tun, nur eben dem der Deutschen. Demnach war das Individuum den Zumutungen der Zeitläufe weitgehend schutzlos ausgeliefert: Kriege, Hungersnöte, Epidemien, Geldentwertung. Auch die Obrigkeit in den lange zersplitterten deutschen Landen war im Laufe der Jahrhunderte keine gute, schützende Herrschaft. Weder im Mittelalter noch in der Epoche der Religionskriege; weder zu den Zeiten, als die Fürsten ihre Landeskinder als Söldner verkauften, unter anderem nach Amerika, noch während der Napoleonischen Kriege samt der „Befreiungskriege" zur Vertreibung Bonapartes. Als die Deutschen im letzten Drittel des 19. Jahrhunderts mit der Reichsgründung ihren Nationalstaat bekamen, wurden sie nicht zu selbstbewussten Bürgern wie in Großbritannien und den USA und auch nicht zu Citoyens wie in Frankreich. Sie entwickelten im Kaiserreich den Geist des „Untertanen", den Heinrich Mann beschrieben hat. Im 20. Jahrhundert folgten auf das Ende des Kaiserreichs eine schwache Republik, die Weltwirtschaftskrise, die Hyperinflation und das Nazireich. Erst aus den Trümmern des Zweiten Weltkriegs wuchs ein guter Staat, der das „Nie wieder!" zu seiner Maxime erhob. Der Bundesrepublik und ihrem Grundgesetz huldigen die meisten Deutschen. Es ist die beste Staatsform, die sie je hatten. Das bedeutet freilich noch lange nicht, dass Deutsche die Autorität der Staatsdiener einfach so respektieren. Deutsche lieben es geradezu, Polizisten oder Behördenvertreter in Diskussionen zu verwickeln und so deren Autorität in Frage zu stellen. Amerikaner tun das viel seltener. Uniformierten widerspricht man in den USA nur, wenn es absolut nötig erscheint. In der Regel folgt man ihren Anweisungen.

Konsumlust versus schlechtes Gewissen

Dieser gute Staat soll die Deutschen beschützen und vor eigenem Fehlverhalten schützen. Beschützen vor Krieg, Terror, Gewalt, aber auch vor Wirtschaftskrisen und sozialer Ungerechtigkeit. Er darf sie sogar erziehen – und das ist etwas, was die meisten Amerikaner ihrem Staat niemals erlauben würden. Der Staat der Deutschen darf mit Steuern ihr Verhalten steuern – ein Wortspiel, das in den Sprachen anderer westlicher Industrieländer nicht funktioniert. Der deutsche Staat darf, so würden es die Amerikaner ausdrücken, Energie durch hohe Steuern künstlich verteuern, damit die Deutschen sich unter diesem Zwang für sparsamere Autos und die Wärmedämmung entscheiden. Er nimmt ihnen also die Entscheidungsfreiheit weg – würden Amerikaner sagen. Er darf Wind- und Solarkraft durch Subventionen künstlich verbilligen. Und wenn die Deutschen wegen der hohen Benzinpreise davon Abstand nehmen, wie früher mit dem Auto nach Italien oder Spanien in den Urlaub zu fahren, und sich für das Flugzeug entscheiden, dann muss auch hier eine neue Steuer den Elan bremsen. Die Deutschen sollen bewusst kaufen, gedankenloser Konsum soll wehtun. Die Exportnation lebt zwar davon, dass möglichst viele Menschen auf der Welt ihre Produkte gerne kaufen. Aber für die Deutschen selbst gilt das nicht. Sie sollen zumindest ein bisschen schlechtes Gewissen haben, wenn sie konsumieren.

In den USA ist es gerade umgekehrt. Einkaufen und Konsumieren wird zum Dienst an der Nation erhoben. Wenn das Geschäft brummt, geht es allen gut. Und der Staat ist mal wieder der Böse, wenn er die freie Wirtschaft und die freien Bürger durch höhere Abgaben oder bürokratische Auflagen in ihrer Produktion und Konsumlust bremst. Ronald Reagan, der republikanische Präsident von 1981 bis 1989, gilt bis heute als nationale Ikone. Nicht nur, weil der Zusammenbruch des Kommunismus und der Fall der Berliner Mauer mit seinem Namen verbunden sind. Sondern sein Verdikt über den Staat wird immer wieder zitiert, besonders gerne in Krisenzeiten. „In unserer gegenwärtigen Krise", sagte er in seiner Rede zum Amtsantritt 1981, „ist der Staat keine Lösung für unser Problem. Der Staat ist das Problem." Als Reagan ins Weiße Haus einzog, war diese Klage einsichtig. Damals regulierte der Staat sehr vieles, zum Beispiel die Energiepreise. Und der Höchststeuersatz betrug 70 Prozent. Reagan senkte die Steuern in zwei Schritten, 1981 und 1986. Der Höchststeuersatz sank auf 28 Prozent. Sein demokratischer Nachfolger Bill Clinton hob ihn dann wieder an, auf 39,6 Prozent, behielt aber die ermäßigten Unternehmenssteuern von 35 Prozent bei und setzte auch die Deregulierung fort. Auf ihn folgte erneut ein Republikaner. Bush setzte noch eins drauf bei der Deregulierung. Sein Motto war, überspitzt ausgedrückt: Die Selbstkontrolle der Wirtschaft ist besser als die Regulierung durch staatliche Behörden, die von der Sache nichts verstehen und nur den Betrieb behindern. Die Steuersätze wurden erneut gesenkt. Das hatte Bush schon vor dem Terrorangriff vom 11. September 2001 versprochen. Der Wirtschaftseinbruch nach 9/11 bot ihm den aktuellen Anlass.

Dann kam 2008: das Jahr des Präsidentschaftswahlkampfs, der Barack Obama ins Weiße Haus brachte. Und das Jahr des Finanzkollapses. Der Untergang der Investmentbank Bear Stearns im Mai war ein Vorbote, im September folgte Lehman Brothers. Bushs Wirtschaftspolitik war dadurch in Misskredit geraten. Auf ihn wollten sich die Republikaner nicht mehr berufen. Aufgeben wollen sie ihre Wirtschaftstheorie aber keineswegs. Ihnen bleibt Reagan als Kronzeuge für das Vorhaben, die Steuern zu senken und den Staat zurückzuschneiden, um so die Ökonomie anzukurbeln. Die Demokraten heben Clinton als Gegenbeispiel hervor: ein Pragmatiker, der die Balance gewahrt hatte, der Verständnis für die Wirtschaftsinteressen zeigte, aber auch dem Staat sein Recht ließ und so beides erreicht hatte: eine brummende Konjunktur und ein ausgeglichenes Budget ohne Defizit. Am Schluss seiner Amtszeit, das betonen Demokraten gerne, habe Clinton sogar einen Überschuss im Staatshaushalt hinterlassen. Republikaner bestreiten diese Darstellung. Da beide Behauptungen auf Hochrechnungen beruhen, in die nur ausgewählte Daten einfließen, ist das eine Interpretationsfrage.

In den USA hat der Reagan-Mythos einen gewissen Vorsprung vor dem Clinton-Mythos. Auch Barack Obama, der angebliche „Linke", hielt es für klug, Reagan Respekt zu zollen. In Amerika ist Reagan längst eine Legende. Er gilt als einer der größten Präsidenten, die die USA je hatten, wenn nicht überhaupt als der größte. In einer Gallup-Umfrage 2009 landete Reagan auf Platz 1, knapp vor John F. Kennedy und Abraham Lincoln. 2015 hatte sich die Reihenfolge in einer Umfrage der „Washington Post" leicht gedreht: Lincoln war an die Spitze gerückt, gefolgt von Washington. Reagan lag auf Platz elf, weiter klar vor Kennedy. Reagans Heiligenbild tut es keinen Abbruch, dass es nicht so ganz mit den historischen Fakten in Einklang steht. Die bei

Republikanern beliebte Darstellung, Reagan habe die USA mit niedrigen Steuern und schlankem Staat aus der Rezession geholt und ohne Schuldenaufnahme zu blühendem Wachstum geführt, ist ein Märchen. Die Arbeitslosenrate stieg zunächst weiter an und erreichte Anfang 1983 10,4 Prozent, mehr als je unter Obama. Die Ausgaben für die bei Konservativen so verhassten Sozialprogramme verdoppelten sich in Reagans zwei Amtszeiten. Die Staatsverschuldung verdreifachte sich. Erst der Demokrat Bill Clinton hat sie reduziert. Entscheidend war jedoch: Reagan gab den Amerikanern die Zuversicht zurück, dass sie die Krise meistern können. Die Wirtschaftsdaten besserten sich gerade noch rechtzeitig vor seiner Wiederwahl. Zu Jahresbeginn 1983 genoss Reagan nur 32 Prozent Zustimmung. Im November 1984 gewann er 59 Prozent der Stimmen, siegte in 49 von 50 Staaten gegen den Demokraten Walter Mondale und erhielt 525 Wahlmännerstimmen. Das ist Rekord in der US-Geschichte.

Die Dämonisierung des Staats und die Verherrlichung der Freiheit von Wirtschaft und Bürgern ist auch der Grund, warum Amerikaner und Deutsche am Ende doch wieder unterschiedliche praktische Lehren aus der Finanzkrise zogen. Eine Zeit lang mochte es so scheinen, als wären die Gegensätze in dieser Hinsicht vielleicht doch nicht so groß. Alle großen Industrieländer waren sich auf dem gefühlten Höhepunkt der Krise zwischen Herbst 2008 und Sommer 2009 einig: Wenn man es zulasse, dass systemtragende Banken Konkurs anmelden, dann bestehe die Gefahr, dass das globale Finanzsystem kollabiere. Also müsse man zumindest die international agierenden Großbanken staatlicherseits retten.

Nachdem sie das getan hatten, drohte aber immer noch eine weltweite Depression wie in den 1930er-Jahren. Als größter Fehler der damals Regierenden galt nun: Der Staat habe eine Politik des knappen Geldes betrieben und so die Krise ungewollt noch verschärft. Deshalb wurde 2008/2009 zunächst der gegenteilige Kurs eingeschlagen: Der Staat muss viel Geld bereitstellen – auch das geschah einvernehmlich. Die wichtigsten Schwellenländer zogen ebenfalls mit, darunter Brasilien, China, Indien. Das neue Format der G 20 wurde zum inoffiziellen neuen Abstimmungsmechanismus der Weltwirtschaft; zuvor hatten die G 7 dominiert. Die Notenbanken weiteten die Geldmenge aus und ermöglichten niedrige Zinsen. Und sie beschlossen umfangreiche staatliche Konjunkturprogramme, um die Gefahr einer globalen Depression zu vermeiden. In der Folge wuchs die öffentliche Verschuldung in allen Ländern. In dieser Phase sah es so aus, als gelte das deutsche Bild vom guten Staat und Retter international. Doch das währte nicht lange.

Der Retter und sein Dämon

Die Amerikaner fügten sich, weil die Lage es verlangte. Doch der Mehrheit ging diese Politik in ihrem Innersten gegen den Strich. Bald zeigte sich: Der Zorn der Bürger war groß und ihr Rachebedürfnis fürchterlich. Die Wut der Wähler traf am Ende mehrheitlich Barack Obama und die Demokraten. Das ist weder gerecht noch logisch. Jedenfalls wenn man die Entwicklung mit deutschen Augen betrachtet. Andererseits ist dieser Ausgang nicht ganz so überraschend, sofern man die Geschichte mit etwas Empathie für amerikanische Reflexe und Ideologien erzählt. Die Finanzkrise, ihre Folgen und machtpolitischen Konsequenzen sind jedenfalls ein lehrreiches Beispiel, wie unterschiedlich Deutsche und Amerikaner ticken. Staatliche Rettungsprogramme sind in den USA selten populär. Im besten Fall werden sie als unvermeidlich hingenommen und mit zusammengebissenen Zähnen ertragen. Die dreistelligen Milliardenbeträge zur Rettung von Banken und Versicherungskonzernen in den Jahren 2008 und 2009 waren besonders verhasst. Den Bossen an der Wall Street hilft der Staat, empörte sich Joe Average, aber wer hilft mir, wenn die Zwangsversteigerung meines Eigenheims droht? Obama konnte von Glück sagen, dass die erste Phase dieser Politik, das sogenannte TARP (Trouble Asset Relief Program), noch von George W. Bush stammte. Es erlaubte dem Staat, bis zu 700 Milliarden Dollar auszugeben, um „toxische" Wertpapiere aufzukaufen und so die Bilanzen der pleitebedrohten Banken, Versicherungs- und Immobilienkonzerne zu entlasten. Im Februar 2009 folgte der American Recovery and Reinvestment Act, im Volksmund kurz „Stimulus" genannt. Dieses Konjunkturprogramm für die nächsten zwei Jahre im Wert von 787 Milliarden Dollar umfasste Steuerermäßigungen für Bürger und Betriebe; eine Ausweitung der Arbeitslosenhilfe; direkte Finanzzuschüsse an die Bundesstaaten, damit die nicht aus Budgetnöten Lehrer, Polizisten und andere Angestellte entlassen; und Investitionen in die Infrastruktur wie Straßen, Brücken, Flugplätze, Pipelines sowie Subventionen für eine modernere Energiepolitik, darunter Anreize für die Wärmedämmung von Gebäuden, Solarzellen und Windkraft.

Parallel standen zwei der drei großen Autokonzerne Amerikas vor dem Konkurs: General Motors (GM) und Chrysler. Nur Ford hatte eine einigermaßen vorausschauende Modellpolitik mit populären Kleinwagen und Mittelklasseautos sowie eine solide Finanzplanung betrieben und kam aus eigener Kraft durch die Krise. Abermals griff der Staat ein und rettete zwei Firmen, die nach den Gesetzen der Marktwirtschaft hätten untergehen müssen, mit Milliarden aus der Steuerkasse vor dem Aus. Auch diese Leidensgeschichte hatte bereits unter Bush begonnen. Er segnete persönlich den ersten Schritt des sogenannten „Bailout" ab: 9,4 Milliarden Dollar für GM und vier Milliarden Dollar für Chrysler kurz vor Weihnachten 2008. Im Februar 2009, inzwischen war Obama Präsident, folgte ein neuer Überbrückungskredit von 21,6 Milliarden Dollar, davon 16,6 Milliarden an GM und fünf Milliarden an Chrysler. Am 30. April ging Chrysler in den geordneten Konkurs, am 1. Juni folgte GM. Zum dritten Mal innerhalb eines halben Jahres gab der Staat zweistellige Milliardenbeträge. Im Gegenzug mussten beide Konzerne ein Restrukturierungskonzept vorlegen, wie sie wieder dauerhaft profitabel werden wollen. In Amerika bedeutet dieses Verfahren nach Kapitel 11 des Konkursrechts, dass die betroffenen Firmen die Chance zum Neustart bekommen und dabei vor den Gläubigern ihrer aufgelaufenen Altschulden geschützt werden. Die verlieren einen Großteil des eingesetzten Geldes. Sofern sie frisches Kapital bereitstellen, erhalten sie für diese neuen Investitionen und für einen Teil der Altschulden Aktien des wiedergeborenen Konzerns. So wurde der amerikanische Staat zum Hauptaktionär bei GM und Chrysler. Nur etwa 40 Prozent der US-Bürger fanden diese Entwicklung richtig.

Aus deutscher Sicht hatte die Privatwirtschaft oder hatten zumindest ihre gierigen Manager versagt. Darin zeigten sich die Gefahren und die Grenzen des Kapitalismus. Reiner Kapitalismus ist bedrohlich, grausam, rücksichtslos. Der Staat muss diese Gefahren eindämmen, die Kapitalisten überwachen und kontrollieren und der Marktwirtschaft soziale Mäßigung aufzwingen. Und aus deutscher Sicht war es richtig, dass der Staat Banken rettet – und ebenso Autokonzerne: In Europa ging es um die GM-Töchter, in der Bundesrepublik um das Schicksal von Opel und seinen Angestellten. In Deutschland gibt es eine lange Tradition, dass der Staat mit Steuergeldern aushilft, um Arbeitsplätze zu retten, vom abgefederten Schrumpfungsprozess der Kohle- und Stahlindustrie über Baukonzerne bis zur Autobranche. Gewöhnlich waren die Steuermittel, die dafür aufgewendet werden, am Ende verlorene Zuschüsse. Der Staat kaufte sich damit eine Gnadenfrist für eine gewisse Zahl von Arbeitsplätzen. Die gedankliche Logik verschob sich dabei weitgehend zugunsten der finanziellen Interessen der Konzerne. Die Begründung für den Ruf nach Staatshilfe: Wenn so wenigstens ein paar hundert oder tausend Jobs gerettet werden, dann spare die Steuerkasse in entsprechender Höhe Zuschüsse zur Arbeitslosenversicherung und nehme zudem Lohnsteuer ein. Also sei es sinnvoll, konkursbedrohten Konzernen eine entsprechende Summe zur Rettung zu geben. Folgerichtig stellen es manche Manager in den Verhandlungen fast so dar, als hätten sie einen Anspruch auf diese verlorenen Subventionen aus der Staatskasse.

In diesem Stil warben, zum Beispiel, die Holzmann-Manager, als Kanzler Gerhard Schröder 1999 zur Rettung des Baukonzerns schritt. Am Ende misslang diese freilich. Auch 2009 argumentierten die Manager von GM und ihrer deutschen Tochter Opel, bzw. die Kollegen der Rettungskonsortien, die Opel übernehmen wollten: Der Staat solle einen Großteil der Kosten tragen, um Arbeitsplätze zu retten.

Die Regierung als guter Kapitalist

Das entspricht der traditionellen deutschen Logik: Gewinne werden privatisiert. Verluste werden nach Möglichkeit sozi-

111

alisiert – und wenn es um Arbeitsplätze geht, ist der Staat im Zweifel erpressbar. Warum wird eigentlich nie das Umgekehrte gefordert: Sollte ein Staat, der sich als Investor in einem krisengeschüttelten Unternehmen betätigt, nicht mit einer Rendite belohnt werden? Die Rettungspraxis in Deutschland folgt der Logik der verlorenen Zuschüsse aus Steuergeldern immer seltener. Das freilich nicht, weil Manager, Politiker und Bürger umgedacht hätten, sondern weil die Regeln des Binnenmarktes solche nationalen Subventionen nicht mehr erlauben. Die EU-Kommission muss staatliche Zuschüsse zu Firmenrettungen genehmigen. Das war der Grund, warum Kanzler Schröder Holzmann am Ende nur einen Kredit mit Bürgschaft anbieten konnte und warum die Bundeswirtschaftsminister Guttenberg und Brüderle die teils ziemlich dreisten Forderungen der GM- und der Magna-Manager ablehnten. Die öffentliche Meinung in Deutschland war gespalten: Ungefähr je die Hälfte war für bzw. gegen die Opel-Rettung. Hauptargument der Kritiker war aber nicht, dass die staatliche Hilfe prinzipiell falsch sei, sondern dass die Subventionen aus deutschem Steuergeld ausländischen Firmen zugutekämen. Anders gesagt: Für Subventionen an deutsche Konzerne hätten die Deutschen ein offenes Herz gehabt.

Das amerikanische Narrativ entwickelte sich ganz anders, zwar nicht sofort, aber im Verlauf der Monate, die auf die staatlichen Rettungsmissionen folgten. Der Grundimpetus war: Es ist schlicht falsch, wenn der Staat Großbanken und Autokonzerne besitzt und dirigiert. Das sei erstens nicht seine Aufgabe, und selbst wenn, dann könnte er sie zweitens doch gar nicht erfüllen. Denn der Staat, das sind am Ende die Bürokraten in seinen Behörden. Und die haben gar keine Ahnung, wie ein Privatunternehmen funktioniert. Für Amerikaner ist es eine Horrorvorstellung, dass Bürokraten und nicht Manager Unternehmensentscheidungen treffen. Sie verbinden damit nicht die gutherzige deutsche Hoffnung, auf diesem Wege werde ein böser, gieriger und egoistischer Kapitalismus gemeinnützig gemäßigt und sozialverträglich zivilisiert. Sondern sie assoziieren damit den abschreckenden Gedanken der Inkompetenz. Und die schade am Ende der gesamten Volkswirtschaft, also allen. An die Schäden, die sich aus Inkompetenz und Fehlentscheidungen der Manager ergeben, denken in den USA bei dieser Abwägung viel weniger Menschen. Sie wissen, dass auch Manager Fehler machen. Aber die werden ja durch Verluste oder Bankrott bestraft. Für Fehler der Bürokraten haften dagegen die Steuerzahler.

Im Verlauf des Winterhalbjahres 2008/2009 machte sich dieser Ablehnungsreflex immer deutlicher bemerkbar. Anfangs war er noch gedämpft. Als sich im Herbst die Pleiten häuften, fürchteten auch viele US-Bürger den kompletten Zusammenbruch des gewohnten Wirtschaftsalltags. In einer Gallup-Umfrage vom Oktober 2008 äußerte genau die Hälfte der Befragten Verständnis für den Plan, Banken mit Steuermilliarden zu retten. Dabei ging es um Kredite, die mit Zins zurückzuzahlen waren, und nicht um verlorene Zuschüsse. 41 Prozent lehnten das bereits damals ab. Anfang Dezember hatten sich die Mehrheitsverhältnisse gedreht. Nun waren 47 Prozent dagegen und 46 Prozent dafür. Im Februar 2009 war die Ablehnung auf 59 Prozent gestiegen. Kurz zuvor hatte der Staat den Autofirmen GM und Chrysler zum zweiten Mal mit Milliardenkrediten geholfen. Dagegen opponierten bei Gallup 58 Prozent, in einer anderen Erhebung waren es sogar 72 Prozent. Ungeachtet dieser Stimmungslage trieb die Regierung Obama 2009 die Gesundheitsreform voran und nach deren Verabschiedung 2010 die Reform der Aufsicht über die Finanzmärkte.

Sie ließ sich auch nicht davon abbringen, als der öffentliche Zorn über einen Staat, der sich angeblich zu sehr in Wirtschaftsbelange einmische, immer lauter wurde. Die Republikaner trugen natürlich das Ihre zu dieser Interpretation bei. Obama sei ein typischer „Big Government"-Demokrat, der den Staat immer weiter aufblähe und ihm Aufgaben übertragen wolle, die ihm gar nicht zustehen. Schlimmer noch, eigentlich sei er ein Sozialist, der den Bürgern Zwangsbeglückungen aufdränge wie die Pflicht zur Krankenversicherung für alle, statt es jedem Amerikaner zu überlassen, gegen welche Risiken er sich versichern und welche er lieber selbst tragen wolle. Ganz unamerikanisch sei dieser Mann eben. Damit war der Boden bereitet für die Tea Party. Ihren Aufstieg und ihren großen Erfolg bei der Kongresswahl 2010 verdankt sie dem für Amerikaner so typischen und für viele Deutsche so fremden Reflex: Zu viel Staat ist schlecht. Wenn die Regierung zu viel Macht an sich reißt, müssen die Bürger für ihr Recht kämpfen, die Lebensrisiken selbst zu tragen, statt sie an die Obrigkeit abzugeben.

Selbstverständlich ist eine ganze Menge Ideologie dabei. Aber das gilt ja auch für den deutschen Glauben an die Segnungen eines starken Staates, der der Wirtschaft und den Bürgern vieles vorschreibt, statt auf mündige Selbstverantwortung zu vertrauen. Diese faktenblinde Ideologie zeigt sich in beiden Ländern auch an der geringen Neigung, die politischen Urteile über den Nutzen und den Schaden mit der tatsächlichen Bilanz des Regierungshandelns in der Krise abzugleichen.

Der Staat als Krisengewinnler

Die in den USA verbreitete These, die Rettung der Banken und Autokonzerne durch den Staat habe die Steuerzahler dreistellige Milliardenbeträge gekostet, stimmt nicht. Der größte Segen des unter Bush aufgespannten Rettungsschirms für die Banken (TARP) war, dass bereits die Verkündung des Programms den Markt so weit stabilisierte, dass viele Geldinstitute die Hilfe gar nicht mehr in Anspruch nehmen mussten. Statt der veranschlagten 700 Milliarden wurden nur etwa 380 Milliarden Dollar ausgereicht. Davon gingen 245 Milliarden Dollar an Banken. Sie bemühten sich, diese Kredite möglichst rasch zurückzuzahlen, um die damit verbundene Gehaltsobergrenze für ihr Führungspersonal – 500.000 Dollar im Jahr – wieder loszuwerden.

Bis Ende 2010 hatten die Banken nach einem Bericht des parteiunabhängigen Congressional Budget Office 169 Milliarden an den Staat zurückgezahlt, der dabei einen Dividenden- und Zinsgewinn von 13,7 Milliarden erzielte. Im Juli 2011 kam die Washington Post zu dem Ergebnis, der Staat habe bei der Bankenrettung mindestens 40 Milliarden Dollar Gewinn gemacht. Auch bei der Bilanz des „Bailout" der Autokonzerne steht die US-Regierung nicht schlecht da. 79,68 Milliarden Dollar Rettungskredite hatte die Regierung 2008 an GM und Chrysler ausgereicht und zur Absicherung Aktien dieser Firmen erhalten. Laut der Abschlussbilanz vom Jahresende 2014 hat der spätere sukzessive Verkauf dieser Aktien – unter anderem übernahm Fiat durch eine schrittweise Mehrheitsbeteiligung den Chrysler-Konzern – 70,42 Milliarden Dollar für das Staatsbudget erbracht. Unter dem Strich verbleiben 9,26 Milliarden Dollar Rettungskosten. Das ist weit weniger, als Experten auf dem Höhepunkt der Krise prophezeit hatten. Mehr als eine Million Menschen wurde vor Arbeitslosigkeit bewahrt. Generell haben die USA die globale Krise besser gemeistert als Europa. Seit 2010 wächst die US-Wirtschaft kontinuierlich, in manchen Quartalen um bis zu vier Prozent, im jährlichen Schnitt um 2,25 Prozent. Die EU und die

Eurozone erlitten 2012 eine weitere Rezession und erreichten in den positiven Jahren nicht einmal halb so hohe Wachstumsraten. Die Amerikaner müssten also den angeblichen „Sozialisten" Obama feiern. Wieder einmal hat sich gezeigt, dass die Steuerzahler bei der Rettung pleitebedrohter Firmen nicht unbegrenzt draufzahlen müssen – sofern ihre Regierenden es richtig anstellen. In Einzelfällen kann die Staatskasse dabei sogar Gewinn machen.

Dieser Maßstab bedeutet freilich für die Mehrheit auf beiden Seiten des Atlantiks eine Zumutung. Für die Amerikaner, weil sie dann akzeptieren müssten, dass der Staat nicht immer nur dumm und unfähig ist. Und für die Deutschen, weil der Staat dann keine Blankovollmacht mehr hat, Steuergeld als verlorene Zuschüsse auszugeben, um Arbeitsplätze in strategisch wichtigen Wahlkreisen oder kurz vor einer entscheidenden Landtagswahl zu retten. Die Verantwortlichen müssten sich vielmehr daran messen lassen, ob die Firmen das Geld zurückzahlen. Und zwar mit Zinsgewinn.

It's the Economy, Stupid

Wer an den guten Staat und die Segnungen seiner Gesetzgebung nicht glauben mag, braucht andere Vertrauensinstanzen. Für Amerikaner ist das die Privatwirtschaft. Daran hat weder die globale Finanzkrise, die ihren Ursprung in den USA hatte und zur schwersten Rezession seit Jahrzehnten führte, etwas geändert, noch die Ölpest im Golf von Mexiko 2010, die die schlimmste Umweltkatastrophe in der Geschichte der USA war. Als der Kongress die Bankenaufsicht zwei Jahre nach dem Beinahe-Zusammenbruch des Finanzsystems verschärfte, waren diese staatlichen Eingriffe unter US-Bürgern schon wieder ziemlich unpopulär. Einzelne Firmen oder sogar ganze Branchen mögen Unwillen und sogar Zorn auf sich gezogen haben – ganz voran die Investmentbanker an der Wall Street, die Immobilienfonds und die Autokonzerne sowie der Ölkonzern BP nach der folgenreichen Explosion auf seiner Bohrinsel „Deepwater Horizon" 2010. Unter dem Strich haben Amerikaner jedoch auch heute noch mehr Vertrauen in die Chefs der größeren und kleineren Unternehmen als in die Politiker und ihre Politik.

„Was ist die Alternative, wenn Washington versagt?", fragt Grover Norquist gerne, der Kopf der Organisation Americans for Tax Reform. Die Alternative seien „Menschen mit realer Lebenserfahrung, die im wahren Leben etwas erreicht haben". Die

Sympathien im Kräftedreieck zwischen Regierung, Privatwirtschaft und Bürgergesellschaft sind in den USA anders verteilt als in Deutschland. Der durchschnittliche Amerikaner hat Vertrauen in die Kräfte der Marktwirtschaft. Wenn es nicht läuft wie geschmiert, dann ist die erste Vermutung, dass die Regierung die privaten Betriebe durch zu viel Regulierung, Bürokratie und Auflagen an der dynamischen Entfaltung ihres Potenzials hindere. Deutschland ist eine Arbeitnehmergesellschaft, Amerika eine Unternehmergesellschaft. Die USA sehen sich als „Land of Opportunity", das jedem die Möglichkeit gibt, seines Glückes Schmied zu sein. Den Deutschen ist ihre ökonomische und soziale Sicherheit wichtiger. Viele lassen eine Gelegenheit zum Karrieresprung lieber sausen, wenn sie mit Risiko verbunden ist.

Die meisten Amerikaner halten es gerade umgekehrt: Die Aufstiegschance – und an der Börse die Gewinnchance – hat Vorrang. Dafür nehmen sie Risiken in Kauf. Die unterschiedlichen Einstellungen schlagen sich auf vielfältige Weise im Alltag und der persönlichen Lebensgestaltung nieder. Wer Zeitungsleser in den USA beobachtet, wird weit öfter als in Deutschland feststellen: Sie lesen nicht nur den Lokalteil und die politischen Seiten, sondern auch den Wirtschaftsteil. Im US-Fernsehen sind Sendungen mit ökonomischen Ratschlägen populär. Gespräche unter Normalbürgern drehen sich oft um die Börse, Anlagetipps und den „IRA", den „Individual Retirement Account", das persönliche Rentenkonto. Jahr für Jahr zahlen sie steuerabzugsfähige Summen ein und betätigen sich als ihre eigenen Rentenabsicherungsmanager, indem sie Aktien kaufen und verkaufen oder zwischendurch mal in Rentenfonds, Gold- und Ölzertifikate oder Staatsanleihen umschichten. In Deutschland wäre das schwer vorstellbar. Auch dort darf zwar jeder zusätzlich privat vorsorgen. Aber der Staat lässt nicht zu, dass die Bürger mit den Beiträgen, die sie – staatlich gefördert – in die Altersabsicherung stecken, völlig eigenmächtig investieren und spekulieren, wozu das Risiko zählt, alles zu verlieren. In den USA erwarten die Bürger, dass der Staat die Entscheidungsfreiheit der Bürger schützt, weil er ihnen vertraut. In Deutschland soll er die Bürger vor sich selbst schützen, weil er es nicht allen Menschen zutraut, weise Entscheidungen zu treffen.

Der Klempner kennt den Hypothekenzins

In beiden Ländern gibt es ein staatliches Rentensystem. Amerikaner wissen schon lange, dass die Auszahlungen nicht reichen werden, um den gewohnten Lebensstandard im Alter zu halten, und dass sie auch nie so gedacht waren. In Deutschland hat sich diese Einsicht erst in der jüngeren Zeit durchgesetzt. Ältere erinnern sich noch an das in hessischem Tonfall mit Pathos vorgetragene Versprechen des langjährigen Arbeitsministers Norbert Blüm: „Die Rente ist sicher!"

Amerikanern ist bewusst, dass die Rente keineswegs sicher ist, dass sie privat vorsorgen müssen und dennoch das Risiko besteht, das Ersparte zu verlieren. Die verbreitete Art, Rücklagen für das Alter zu bilden, sind der selbstverwaltete „IRA" und das Eigenheim. Annähernd 70 Prozent wohnen in der eigenen Immobilie, in Deutschland sind es nur gut 40 Prozent. In der Folge muss sich in den USA ein fast doppelt so hoher Anteil der Gesellschaft regelmäßig mit Hypothekenzinsen und Geldmärkten beschäftigen. Daneben führt die hohe Bedeutung der Aktien für den eigenen Ruhestand automatisch zu einer höheren Identifizierung mit börsennotierten Unternehmen: Deren Interessen werden indirekt zu den eigenen Interessen. Erfolge in der Privatwirtschaft erregen nicht Neid oder Argwohn wie in Deutschland. Sondern sie flößen Amerikanern Vertrauen ein. Als Präsident Obama nach zwei Jahren im Weißen Haus mit starkem Rückgang der Zustimmungsraten zu seiner Politik den Stabschef austauschte, suchte er ganz gezielt einen Nachfolger mit mehrjähriger Managementerfahrung in der Privatwirtschaft. Er fand William Daley, zuvor Vorstandsmitglied der Investmentbank JP Morgan Stanley. Und er erntete allgemeinen Applaus für diese Entscheidung – nur zweieinhalb Jahre nach der Pleite von Lehman Brothers und dem Niedergang der Wall Street. Wenn dem Kanzler in Deutschland der Ruf vorausgeht, er sei ein „Genosse der Bosse", dann ist das als Hinweis gemeint, da sei Misstrauen angebracht. In den USA hält man es umgekehrt. Es ruft Argwohn hervor, wenn der Präsident keine guten Beziehungen zur Wirtschaftselite unterhält. Für die erdrückende Mehrheit der Amerikaner ist die Privatwirtschaft keine Milchkuh, die man immer nur melken dürfe, und auch kein gefährlicher Tiger, den man zum Schutz der Menschen einsperren oder ihm zumindest Fesseln anlegen müsse, sondern sie ist der Ausgangspunkt des allgemeinen Wohlstands.

Welche Bewerber setzten sich in den Umfragen rasch an die Spitze des Feldes, als die Republikaner ihre Spitzenkandidaten für die Präsidentschaftswahl 2012 und 2016 suchten? 2012 Mitt Romney und Donald Trump, 2016 erneut Donald Trump. Beide warben mit ihrer Erfolgsbilanz als Unternehmer. Wäre das in Deutschland bei der Suche nach dem Kanzlerkandidaten denkbar, dass zum Beispiel die Vorstandsvorsitzenden von VW, Siemens, einer Bank oder eines Vorzeige-Startups automatisch zum engeren Kandidatenkreis zählen und man ihnen wegen ihres wirtschaftlichen Erfolgs zutraut, auch politische Aufgaben besser zu meistern?

Die Kandidatur eines Mitt Romney hätte in Deutschland negative Reflexe ausgelöst: ein Investmentbanker, also eine „Heuschrecke", die mit dem Aufkauf kriselnder Unternehmen und deren Restrukturierung dreistellige Millionenbeträge verdient hat – durch harte Sanierung, bei der Jobs verloren gingen, und Aufteilung in rentable Einzelbereiche, die sich dann mit Gewinn verkaufen ließen. Romney wurde 2012 tatsächlich der Präsidentschaftskandidat, der gegen Amtsinhaber Obama antrat – weil er ökonomischen Erfolg gepaart mit Ernsthaftigkeit verkörperte. Freilich reicht der Ruf, es in der Privatwirtschaft zu viel Geld gebracht zu haben, alleine nicht aus, um politisches Ansehen zu gewinnen. Das zeigte das Beispiel des Immobilienlöwen Donald Trump, der 2015 seine Aussichten sondierte und über Monate in Umfragen an der Spitze des republikanischen Bewerberfelds stand. Auch 2011 hatte er vorübergehend solchen Erfolg in den Umfragen – was in Europa gleich wieder Spott über die naiven Amerikaner auslöste. In Wahrheit steht das Beispiel Trump gerade für den gegenteiligen Schluss: Ja, die Amerikaner sind offen für die Idee, Menschen in die Politik zu holen, die in der Wirtschaft Erfolg hatten. Sie geben ihnen dafür einen Vertrauensvorschuss. Wenn diese potenziellen Kandidaten dann aber politischen Unsinn erzählen, werden sie nach gewisser Zeit wieder aussortiert.

Reichtum hilft, reicht aber nicht

2011 währte Trumps Aufstieg einige Wochen, 2015 mehrere Monate. Sobald die ernste Phase der Kandidatenkür näher rückt, haben Typen wie er nur noch geringe Chancen. In den Vorwahlen wird er wohl keinen dauerhaften Erfolg haben – auf die in diesen Vorwahlen vergebenen Delegiertenstimmen kommt es aber für die Nominierung auf dem Parteitag im Sommer vor der Hauptwahl an. Das gute Abschneiden in Umfragen anderthalb Jahre vor der Wahl verdankt er einerseits dem Umstand, dass die meisten Amerikaner sich so früh noch überhaupt nicht ernsthaft mit der Wahl auseinandersetzen. Und andererseits seiner „Name Recognition" und seinem Unterhaltungswert. Ganz Amerika kennt seinen Namen, er hat ihn durch die Präsenz im Immobilien- und im Fernsehunterhaltungsgeschäft zu einer Marke aufgebaut. Außerdem ist er ein Tausendsassa und fantasievoller Selbstdarsteller. Er ist ein Baulöwe, ihm gehören mondäne Geschäftshäuser und Bürotürme in New York sowie Spielcasinos in Las Vegas, in Florida und an der nördlichen Atlantikküste. Die prominentesten Immobilien sind nach ihm benannt wie der Trump Tower in Manhattan. Und er moderiert seit Jahren eine populäre Unterhaltungsshow auf NBC, einem der größten TV-Sender: „The Apprentice" (Der Auszubildende). Trump sucht darin einen kaufmännischen Lehrling – oder besser: einen Vorstandsassistenten – für sein Firmenimperium. Dem Sieger winkt ein Vertrag mit 250.000 Dollar Jahresgehalt. Amerika schaute auf Trumps Kokettieren mit einer Präsidentschaftskandidatur, weil dies gutes Entertainment versprach und weil die meisten anderen republikanischen Bewerber zu jener Zeit farblos wirkten. Aber die schrillen Töne, mit denen Trump nach Aufmerksamkeit und Bildschirmpräsenz in den Nachrichtensendern gierte, disqualifizierten ihn mit der Zeit.

2011 zum Beispiel seine bis zum Überdruss strapazierte Verdächtigung, Barack Obama sei gar nicht in den USA geboren, also zu Unrecht Präsident. Nur Menschen, die seit der Geburt Amerikaner sind, dürfen laut Verfassung das Amt ausüben. Und 2015 seine Behauptung, die einwandernden Lateinamerikaner brächten Drogen und Kriminalität in die USA und wollten Amerikas Frauen vergewaltigen. Trumps allzu einfache Patentrezepte für den Umgang mit weltpolitischen Herausforderungen wie Libyen oder China klingen für die einen unterhaltsam, für die anderen atemberaubend unseriös, also gefährlich. Auf viele Fragen hat Trump eine kurze knappe Antwort: „It's so easy." Alles ganz einfach. Libyen? „Ich würde reingehen und mir das Öl holen. Ich würde mir das Öl holen und diesen ganzen Babykram stoppen." Der Interviewer unterbrach: „Wir sollen also Ölfelder stehlen?" – Trump reagierte sanft, wie man ein unverständiges Schulkind zurechtweist. „Ich bitte Sie, wir stehlen doch nicht. Wir holen uns nur die Kosten für unseren Militäreinsatz zurück." Mit China muss laut Trump nur endlich jemand Tacheles reden wegen der Währungsmanipulationen. „Ich würde die nicht zum Staatsdinner einladen – nicht wie Obama, der Hände schüttelt und Bücklinge macht. Ich würde ein sehr, sehr ernstes Gespräch mit Chinas Präsidenten führen."

Auch andere Kandidaten werben gerne mit ihrem ökonomischen Erfolg, ob als Unternehmer oder als Gouverneure von Einzelstaaten, zum Beispiel Jeb Bush in Florida und John Kasich in Ohio. Sie verweisen auf Wirtschaftswachstum und Reduzierung der Budgetdefizite in ihrer Regierungszeit. Ihre Bilanz wirkt langweiliger als Trumps Aufschneiderei, ist am Ende aber nachhaltiger. Der Erfolg als Manager, ob in der Politik oder der Wirtschaft, ist ein großes Plus.

Die Trägheit nach der Katastrophe

Generell zeigen die Bürger in den USA ein bemerkenswertes Verständnis für die Interessen der Wirtschaft, auch für die Forderung, Firmen von den Kosten für die Sozialsysteme zu entlasten. Ihr Glaube, dass unbeschränkte Wirtschaftsfreiheit der Gesellschaft unter dem Strich mehr dient als ihre Zügelung durch Aufsicht und Kontrolle, ist für Deutsche fast unbegreiflich groß. Genau deshalb haben Kontinentaleuropäer so oft falsche Erwartungen, welche politischen Auswirkungen einschneidende Ereignisse in den USA haben, und treffen irreführende Prognosen – zum Beispiel, dass die Amerikaner unter dem Schock der Ölpest von 2010 ihren Umgang mit Energie ändern werden. Oder dass die Finanzkrise sie nachhaltig überzeugt, dass die Finanzmärkte stärker kontrolliert werden müssen. Beides ist nicht eingetreten. Solche Entwicklungen werden in Europa gerne mit Hinweisen erklärt, die nach Korruption und mafiösen Strukturen klingen: Das habe mit den enormen Wahlspenden zu tun, die die Finanz- und die Ölkonzerne an Politiker zahlten, vorzugsweise an Republikaner. Diese Zuwendungen spielen gewiss eine Rolle. Entscheidend ist aber etwas anderes: das in der Bevölkerung weit verbreitete Grundverständnis für die Interessen der Wirtschaft. In beiden Fällen war es am Ende stärker als die Wut über die Fehler der Manager, die zur globalen Finanzkrise führten, und über die Rücksichtslosigkeit der Ölkonzerne, die Umweltkatastrophen auslösen. Gäbe es dieses Grundverständnis in der Gesellschaft nicht, könnten es die Republikaner gar nicht wagen, die Interessen der Finanzbranche und die Steuersubventionen für die Ölindustrie zu verteidigen. Denn dann würden die Bürger sie bei der nächsten Wahl dafür bestrafen.

Eines immerhin haben die USA durch die lange Rezession gelernt: Sie haben es beim Strukturwandel von der Industrieproduktion zu Dienstleistungen offenbar übertrieben. Überraschenderweise erholte sich Deutschland zunächst rascher von der globalen Weltfinanzkrise als Amerika – bis die Eurokrise diese Dynamik bremste. Doch selbst dieser zeitlich begrenzte Erfolg war ungewohnt. Wenn es vor dem Jahr 2000 zu Wirtschaftseinbrüchen auf beiden Seiten des Atlantiks kam, galt die Faustregel: In den USA beginnt die Erholung früher als in Deutschland und Amerikas Wachstumsraten sind annähernd doppelt so hoch. Die USA bilden den kaufkräftigsten Konsumentenmarkt der Erde und dienen deshalb als Konjunkturlokomotive. In den 1990er-Jahren hatten die Gurus der Wirtschaftspolitik in den USA gerne gepredigt, in modernen Gesellschaften komme es auf eine heimische Produktion von Industriegütern kaum noch an. Die könne man in den Schwellenländern mit ihren billigeren Löhnen preiswerter herstellen. Entscheidend für die Zukunft seien Dienstleistungen, in erster Linie Finanzdienstleistungen. Wer da die clevereren Produkte anbiete, erziele die höchsten Gewinne und steigere den nationalen Wohlstand am meisten.

Vorbild Deutschland

Doch die Erfahrungen mit der globalen Finanzkrise widerlegten diese These. Deutschland kam rascher aus dem Tal und mit nachhaltigeren Wachstumszahlen. Plötzlich galt die angeblich „altmodische" Wirtschaftsstruktur als entscheidender Vorteil. Deutschland hatte seine Industriebasis nicht vernachlässigt und radikal reduziert, sondern stetig modernisiert. Der Anteil des produzierenden Gewerbes lag 2010 in Deutschland bei rund 22 Prozent, in den USA bei nur 11 Prozent. Die deutsche Automobilindustrie mit ihren Zulieferern, der Maschinenbau, die Medizintechnik und die erneuerbaren Energien erwiesen sich als Trümpfe des langjährigen Exportweltmeisters und retteten auch die Binnenkonjunktur. Zudem war die Arbeitslosenrate in den USA plötzlich über mehrere Jahre höher als in Deutschland. So wurden die Amerikaner neugierig, was es mit solchen Zungenbrechern wie „Kurzarbeit" und „Arbeitszeitkonten" auf sich habe. Ganz allgemein begannen die USA nachzudenken, ob sie bei der De-Industrialisierung nicht zu weit gegangen waren. Sie freuten sich über jeden ausländischen Investor, der bei Amerikas Re-Industrialisierung half.

Zum Beispiel den Volkswagenkonzern, der die Produktion einer speziell auf die USA zugeschnittenen Version des Modells Passat in Chattanooga, Tennessee, aufnahm. Oder Siemens, das in Iowa Propellerflügel für Windturbinen baut. Doch die neue Bewunderung für das Erfolgsmodell Deutschland wird an den Grundeinstellungen der Amerikaner wenig ändern. Selbst die offenkundigen Fehleinschätzungen, welche Bedeutung das produzierende Gewerbe in einer modernen Volkswirtschaft noch immer hat und wo die Grenzen der Finanzdienstleister liegen, werden sie nicht von ihrer Bewunderung für amerikanische Wirtschaftsbosse abbringen. Und ebenso wenig von der Überzeugung, dass die amerikanische Version des Kapitalismus alles in allem die erfolgreichere Variante sei. Die USA werden vielmehr versuchen, die Erfolgsfaktoren des deutschen Modells, die sie als überzeugend betrachten, in ihr eigenes System zu übernehmen, und ansonsten mit ein paar kleinen Korrekturen weitermachen wie bisher.

Mehr Kontrolle heißt: mehr Kosten

Für Deutsche ist es erstaunlich: Warum werden die Finanzbranche und die Energiekonzerne selbst nach so katastrophalen Erfahrungen wie der globalen Finanzkrise und der Ölpest im Golf von Mexiko geschont? Es liegt nicht an der Vergesslichkeit der Politiker und Bürger. Lehman Brothers und die Folgen sind noch in frischer Erinnerung, ebenso die Bilder von verschmutzten Stränden und ölverschmierten Meeresvögeln. Gleichgültigkeit oder Verantwortungslosigkeit sind nicht die Ursachen. Wer damals in den USA wohnte, erlebte mit, wie breit und umfassend Amerikaner darüber stritten, wie viel Aufsicht und wie viele Eingriffe nötig seien.

Wieder einmal war unübersehbar, wie unterschiedlich Deutsche und Amerikaner so ein Thema diskutieren. Die deutsche Debatte konzentrierte sich fast ausschließlich auf die Gefahren zu geringer Kontrolle. Nahezu ausgeblendet blieb ein Argument, das in Amerika, aber auch in Großbritannien eine große Rolle spielte: Aufsicht, Kontrolle und Regulierung verursachen Kosten. Die muss am Ende jemand tragen. Sie sind eine Belastung der Volkswirtschaft. Folglich muss man ein Übermaß davon verhindern, im Interesse des Gemeinwohls. Außerdem gilt: Je mehr Regeln im Alltag zu beachten sind, desto mühsamer sind Geschäfte; auch das bremst die Wirtschaftsdynamik. Vereinfacht ausgedrückt: In Deutschland diskutierten viele so, als habe mehr Kontrolle eigentlich nur Vorteile. In den USA klang es mehr nach einer Abwägung: Zu viel Regulierung schade den Wachstumschancen. Zu wenig Regulierung erhöhe das Risiko gefährlicher Fehlentwicklungen. Man müsse eine goldene Mitte finden.

Die Finanzreform, die in den USA nach anderthalb Jahren Diskussion, Einflussnahmen der Lobbyisten und Machtgerangel in den Ausschüssen des Parlaments zustande kam, ging aus deutscher und französischer Sicht nicht weit genug. Angesichts der politischen Gesetzmäßigkeiten in Amerika ging sie gefährlich weit, jedenfalls wenn man es aus der Perspektive des Nutzens für das Ansehen von Präsident Obama betrachtet. Ihm liefen bei den

Kongresswahlen 2010 und 2014 die Wähler davon – aber nicht, weil Amerikaner den Eindruck hatten, er habe das Land und seine Wirtschaft nicht energisch genug reformiert. Der Vorwurf lautete umgekehrt, die Wirtschaft komme nicht schnell genug auf die Beine. Und daran trage der Präsident die Schuld, denn mit seinen Reformen verschärfe er die Unsicherheit nur.

Velma Hart ist eine dieser typischen Wählerinnen und Wähler, die 2008 begeistert für Obama gestimmt hatten, aber kurz vor der Kongresswahl zögerten, ob er und seine Partei weiter ihre Unterstützung verdienen. Beim Townhall-Meeting Obamas mit Kleinunternehmern in Washington bekam die Afroamerikanerin als Erste das Mikrofon. Sie bekundete ihre anhaltende Sympathie für den Mann, in den sie anfangs so große Hoffnungen gesetzt hatte. Ihre Frage war jedoch eine politische Anklage. Sie sei eine „Geschäftsführerin, Mutter und ehemalige Soldatin" und „habe eigentlich gedacht, dass die Zeit in meinem Leben, wo es nur für Hot Dogs und warme Bohnen reicht, längst vorüber ist". 2008 habe sie „für einen Mann gestimmt, der versprochen hatte, das Leben der Mittelklasse zu verbessern. Ich warte immer noch darauf. Ich kann den Wandel nicht fühlen." Sie wolle eine „ehrliche Antwort": Muss sie sich darauf einstellen, dass es auf Dauer nur für Hot Dogs und Bohnen reicht? Offiziell war die „große Rezession" damals längst vorüber. Statistisch endete sie im Juni 2009, gab das Federal Bureau of Economic Analysis, das Nationale Amt für Wirtschaftsdaten, bekannt. Seither wächst Amerikas Volkswirtschaft wieder.

Doch im Alltag vieler Bürger war die Erholung in den Folgejahren nicht zu spüren. Die Arbeitslosenrate stieg auch nach dem offiziellen Ende der Rezession zunächst weiter und lag zwischen Oktober 2009 und April 2010 um zehn Prozent – doppelt so hoch wie in normalen Zeiten. Deutlich mehr als zwei Prozent Wachstum wären nötig gewesen, um die Arbeitslosenrate wenigstens konstant zu halten, und deutlich über drei Prozent, um sie zu senken. Denn Amerikas Bevölkerung wächst durch Geburten und Zuwanderung kontinuierlich. Jobs suchen nicht nur die Arbeitslosen, sondern auch die Jahrgänge, die gerade ihre High School oder ihr Studium abgeschlossen haben. In der zweiten Jahreshälfte 2010 hatten die USA jedoch nur 2,4 Prozent Wachstum. So waren seit Beginn der Erholung paradoxerweise mehr Jobs verloren gegangen, als neu geschaffen wurden, rechnete die New York Times vor. 2011 setzte sich die Enttäuschung fort: Im ersten Quartal fiel die Wachstumsquote auf 0,4 Prozent zurück, im zweiten waren es enttäuschende 1,3 Prozent. Erst Ende 2011, rund drei Jahre nach Obamas Amtsantritt, sank die Arbeitslosenrate wieder unter neun Prozent und ging dann sukzessive weiter zurück: auf 5,3 Prozent im Herbst 2015, ein Jahr vor der Wahl seines Nachfolgers. Für Amerikas Mittelklasse ist die Wirtschaftsentwicklung des letzten Jahrzehnts eine prägende Erfahrung. Sie lebt weiter in Angst vor dem ökonomischen Absturz, ob Selbstständige oder abhängig Beschäftigte. Sie traut der moderaten Erholung nicht so ganz. Der Schock der Krisenjahre 2008 bis 2011 ist zu frisch im Gedächtnis. Die Haushaltseinkommen stagnieren. Viele Familien geben das vorhandene Geld nur zögerlich aus. Sie waren es gewohnt, über zwei Einkommen zu verfügen, haben nun aber Angst, dass ein Verdiener oder gar beide die Arbeit verlieren. Deshalb kommen auch die Geschäfte der meisten Kleinunternehmen nicht so schnell wieder in Gang.

Die verlorene Dekade für die Mittelschicht

In den Vorstädten der Hauptstadt Washington mit ihren typischen Einfamilienhaussiedlungen lässt sich der ökonomische Stress an den „Zu verkaufen"-Schildern in den Vorgärten ablesen. Seit 2012 ist eine Besserung zu erkennen. Der Zusatz „Zwangsversteigerung" auf den Schildern war auf dem Höhepunkt der Krise häufig zu sehen, ging bis 2011 langsam zurück und ist heute wieder so selten wie vor der Krise zu finden.

Leute wie die 27-jährige Leanna Harris und ihr Mann in Manassas hatten eigentlich nichts falsch gemacht, jedenfalls keine Kreditverträge abgeschlossen, die sie sich von vornherein nicht leisten konnten. Zunächst sahen sie wie Krisengewinnler aus. 2008 kauften sie ihr zweistöckiges Reihenendhaus mit Backsteinfassade für 289.000 Dollar. Das klang damals wie ein Schnäppchen. 2006, während der Spekulationsblase, hatte der Erstkäufer 400.000 Dollar bezahlt. Er verlor das Heim durch Zwangsversteigerung. 2010 mussten auch die Harris' verkaufen, weil das Einkommen aus der Bar, die sie betreiben, gesunken war und sie mit den Hypothekenzahlungen nicht mehr nachkamen.

Amerikas Mittelschicht leidet unter einer doppelt negativen Dynamik: Die Haushaltseinkommen sind heute, inflationsbereinigt, niedriger als vor zehn Jahren. Und die jüngste Rezession gehorcht nicht der Erfahrungsregel von früher, wonach auf die schlechten Monate eine umso lebhaftere Erholung folgt. Über Jahrzehnte waren es die Amerikaner gewohnt, dass Einkommen und Lebensstandard steigen. Das gilt nicht mehr. Das durchschnittliche Haushaltseinkommen 2013 betrug 52.322 Dollar, im Jahr 2000 waren es noch 57.129 Dollar, ein Rückgang von über acht Prozent. Das Wall Street Journal spricht von einer „verlorenen Dekade". Die Familien reagieren unterschiedlich auf den finanziellen Druck. Manche verschieben geplante Anschaffungen wie ein neues Auto. Andere sparen an Arztausgaben oder den Bildungskosten der Kinder. Wieder andere greifen auf Ersparnisse und Pensionskonten zurück. Rentner, die ihren Ruhestand genießen wollten, suchen sich Nebenjobs, darunter auch die 70-jährige Mutter der enttäuschten Obama-Wählerin Velma Hart. Gleichzeitig ist die Armutsrate auf den höchsten Stand seit 15 Jahren gestiegen. 44 Millionen Einwohner, das entspricht 14,3 Prozent, hatten 2009 weniger als das Existenzminimum zur Verfügung. Als Grenzwerte galten 2015 11.770 Dollar Jahreseinkommen für einen allein lebenden Erwachsenen vor Steuern und 24.250 Dollar für eine vierköpfige Familie.

Tiefe Konjunktureinbrüche mit einem negativen Wachstum bis zu 3,2 Prozent gab es in fast jedem Jahrzehnt nach dem Zweiten Weltkrieg. Die 18 Monate dauernde Rezession von Dezember 2007 bis Juni 2009 war jedoch die längste. Und sie führte zu einem neuen Negativrekord: Die Wirtschaftsleistung sank um 4,1 Prozent, sie vernichtete 7,3 Millionen Jobs, die Bürger verloren 21 Prozent ihres Vermögens. Viele Ökonomen halten Obama zugute, bei seinem Amtsantritt habe eine lang anhaltende „Große Depression" wie in den 1930er-Jahren gedroht. Die habe er mit der Kombination aus Bankenrettung, Konjunkturpaket und der Stabilisierung gefährdeter Autokonzerne verhindert. Die Republikaner dagegen sprechen von der „Obama-Rezession" – so als habe er sie ausgelöst. Sie finden auch Gehör mit ihrem Vorwurf, die Gesundheitsreform und die verschärfte Bankenaufsicht belasteten die Wirtschaft mit hohen Kosten, und das sei Gift für die Konjunktur. Das ist ja auch nicht von der Hand zu weisen.

Das Land ist ziemlich genau in der Mitte gespalten bei der Frage, welcher der beiden Darstellungen die Bürger glauben sollen. Noch wichtiger ist eine andere Kennzahl: Geht es aufwärts oder abwärts mit Amerika nach zwei Amtszeiten Barack Obamas? Und in dem Punkt gibt es keinen Grund zur Freude für die Demokraten. Kurz vor Beginn des Wahljahrs 2016 befanden 63 Prozent der Bürger, das Land bewege sich in die falsche Richtung. Wie soll man da Wahlen gewinnen?

Die Energiewende kommt aus der Provinz

Amerikas Energiepolitik gehört zu den verwirrendsten Feldern für ausländische Beobachter, die neu in die USA kommen. Je nachdem, wohin man blickt, wird man zu sehr unterschiedlichen Schlussfolgerungen kommen. Wer auf die hohe Politik in Washington schaut und auf das Schicksal der Gesetzesentwürfe, die die Energiewende bringen sollen, wird meinen, es bewege sich gar nichts. Wer dagegen die verschiedenen Forschungsinstitute besucht, die im Auftrag der Regierung und des Parlaments mit Steuermitteln an modernen Techniken arbeiten, und die zahlreichen Firmen, die mit erneuerbaren Energien gutes Geld verdienen, erfährt, dass die Energiewende längst im Alltag angekommen ist. Ähnlich groß sind die Widersprüche, wenn man vergleicht, wie in Deutschland und Amerika über Energiepolitik geredet wird und aus welchen Quellen sich die Versorgung in der Praxis speist. Die politische Rhetorik klingt so, als lägen Deutschland und Amerika ganz weit auseinander: Die Bundesrepublik setzt auf erneuerbare Energie, die USA halten am Öl fest. Deutschland steigt aus der Atomkraft aus, Amerika behält sie bei.

Tatsächlich ist der Mix in der Stromversorgung in beiden Ländern sehr ähnlich, und auch im Umgang mit der Kernkraft gibt es mehr Gemeinsamkeiten als Unterschiede. Amerika deckt 19 Prozent seiner Stromversorgung aus Atomkraft, Deutschland

16 Prozent. Beide Länder haben seit annähernd 40 Jahren keine neuen AKWs mehr gebaut – und werden in absehbarer Zeit keine mehr errichten. Auch in den USA wirkt der Schock über die Havarie im japanischen Kernkraftwerk Fukushima nach Erdbeben und Tsunami im März 2011. Offiziell hält die Regierung an der Atomkraft fest. Sie gehöre zu einem Energiemix, der eine Balance zwischen bezahlbarer Stromversorgung und möglichst niedrigen Emissionen anstrebe. Präsident Obama hat mehrere Milliarden Dollar Förderung für den Bau moderner AKWs mit besserer Technik und höheren Sicherheitsstandards bewilligt. Sie sollen die vier Jahrzehnte alten Anlagen aus den 1970er-Jahren ersetzen. Aber Amerikas Atomindustrie geht darauf nicht ein. Die Bosse sind sich nicht mehr sicher, ob die Gesellschaft diese Technik und ihre Hinterlassenschaften akzeptiert.

Die Hauptstromquelle in Amerika und Deutschland sind noch immer Kohlekraftwerke mit rund 40 Prozent Anteil an der Versorgung. Erneuerbare Energien (Wasser, Wind, Solar, Biomasse) trugen 2014 15 Prozent zur Stromversorgung in den USA bei und 25 Prozent in Deutschland. Der Vorsprung der Bundesrepublik bei erneuerbaren Energien ist eine sehr junge Entwicklung. Sie wurde mit Milliarden-Subventionen aus Steuergeldern erkauft. 2005, als ich in die USA zog, lagen beide Länder noch nahezu gleichauf: Hier wie dort betrug der Anteil der erneuerbaren Energien damals um die acht Prozent. Bei anderen Stromquellen konnte man meinen, Amerika sei sogar näher am deutschen Ideal als die Bundesrepublik. Atomstrom spielte damals in Deutschland (27 Prozent) eine deutlich größere Rolle als in den USA (20 Prozent); Amerika verstromte mehr umweltfreundliches Erdgas (16 Prozent) als die Bundesrepublik (zehn Prozent).

Die Entwicklung seither zeigt: Politik kann mit Subventionsanreizen und Strafsteuern das Konsumverhalten der Bürger und die Modernisierungsbereitschaft der Energiekonzerne beeinflussen. Aber die Reaktionen darauf fallen unterschiedlich aus. Deutschland ist stolz darauf, dass es so handelt. Dagegen sehen die meisten Amerikaner darin eine Form staatlicher Bevormundung, und die lehnen sie ab. Eine „Ökosteuer", die Benzin künstlich verteuert, um die Bürger dazu zu bringen, weniger zu verbrauchen und sparsamere Autos zu fahren, würde in den USA einen Aufstand auslösen. Doch auch ohne solche Formen staatlicher Gängelung verändert sich Amerikas Umgang mit Energie – nur eben langsamer als in Deutschland.

Wenn Deutsche über den Zusammenhang zwischen Energieversorgung und Außenpolitik reden, dann oft in dem Glauben, Amerika sei in hohem Maß abhängig von Öl- und Gasimporten und führe Kriege, um die Versorgung sicherzustellen. Es gibt auch einige Amerikaner, die diesen Vorwurf erheben, zum Beispiel als Motiv für den Irakkrieg. In Wahrheit sind die USA weniger auf Energieeinfuhren angewiesen als Deutschland, gerade bei Öl und Gas. Denn die USA verfügen über eigene Vorkommen. Seit Entwicklung der Fracking-Technik könnten sie ihren kompletten Öl- und Gasbedarf aus heimischen Quellen decken. 2015 importieren sie noch etwa ein Drittel. Die wichtigsten Lieferstaaten waren die Nachbarländer Kanada (40 Prozent) und Mexiko (8 Prozent). Die Importe aus der arabischen Welt betragen um die 14 Prozent der Öl-Einfuhren – und machen damit nur rund fünf Prozent des nationalen Ölverbrauchs aus.

Deutschland ist da in einer schwierigeren Lage. Es hat zwar Kohlevorkommen, die etwa ein Drittel des Verbrauchs abdecken, aber Öl und Gas muss es importieren. Seine Abhängigkeit von Lieferstaaten mit Unruheregionen oder mit autoritären Regierungen, die Menschenrechte und Pressefreiheit missachten, ist höher als im Fall der USA. Hauptquelle für Deutschland ist Russland mit einem Anteil von nahezu 40 Prozent beim Erdgas und einem knappen Drittel beim Erdöl. Daran hat auch der Ukrainekrieg seit 2014 wenig geändert. Im Zuge des Konflikts sind die Importe aus Russland nur leicht zurückgegangen. Amerika könnte es verkraften, wenn das arabische Erdöl wegen Unruhen oder eines politischen Boykotts plötzlich ausbliebe. Wie aber käme Deutschland zurecht, wenn Russland den Hahn abdreht oder ein Transitland die Pipelines blockiert oder wenn Unruhen im Kaukasus den Nachschub bedrohen? Es ist verwundbarer als die USA. Hört man sich die Wortwahl in den deutschen Debatten an, könnte man freilich den umgekehrten Eindruck haben – so als sei Deutschlands Versorgung ziemlich unabhängig von der Weltpolitik, Amerikas Versorgung dagegen ständig bedroht. Der tatsächliche Unterschied liegt in der gedanklichen Zuordnung energiepolitischer Fragen. Amerikaner begreifen ihre Energieversorgung als ein Element der nationalen Sicherheit, Deutsche dagegen in erster Linie als Umwelt- und Klimafrage.

Deutsche predigen Revolution von oben, Amerikaner Evolution von unten

Dieses ganz andere Denken wird offenkundig, wenn ein ausländischer Journalist zum Beispiel das National Renewable Energy Laboratory (NREL) in Colorado besuchen möchte; dort wird seit 1978 zu Windkraft und Solarenergie geforscht, länger als in Deutschland. Oder die Anlagen des National Energy Technology Laboratory (NETL) in Pennsylvania und West Virginia; ihnen gab der als „Öljunkie" verschriene Präsident George W. Bush Milliarden, damit sie das erste emissionsfreie Kohlekraftwerk der Erde entwickeln.

Wer Zutritt zu NREL oder NETL haben möchte, muss eine Genehmigungsprozedur durchlaufen. Insiderwissen über Energiepolitik wird in den USA streng gehütet. Das gilt auch, wenn man mit Experten im Energieministerium in Washington sprechen möchte, etwa dem Abteilungsleiter für Erneuerbare Energien. Die Zugangskontrolle ist aufwändig – nicht nur, wenn man in das Ministerium hinein möchte. Auch beim Verlassen werden der Besucher und seine Aktentasche durchleuchtet und wird die Seriennummer des Laptops kontrolliert, um sicherzustellen, dass kein staatseigener Datenträger mit potenziell hochgeheimem Material das Gebäude verlässt.

Amerikanische Fachleute und Sympathisanten für erneuerbare Energien benutzen andere Worte und setzen auf eine andere Argumentation als ihre Kollegen in der deutschen Umwelt- und Klimaschutz-Bürokratie. Sie haben weniger politischen Rückenwind in Washington für ihre Anliegen, müssen mühsame Überzeugungsarbeit leisten. Auch sie möchten möglichst rasch einen höheren Anteil erneuerbarer Energien erreichen. Doch dafür müssen deren Kosten gesenkt werden. Die US-Regierung investiert vornehmlich in die Forschung, um die Markteinführung von Solar- und Windkraft zu unterstützen, und nicht wie Deutschland in jahrelange Subventionen für den Betrieb solcher Anlagen. Typische Amerikaner denken: Sobald die Preise konkurrenzfähig sind, wozu die Forschung beiträgt, werden sich die neuen Techniken automatisch am Markt durchsetzen. Wer die Öffentlichkeit in den USA für die Umstellung auf saubere Energien gewinnen will, erklärt, wie viel neue Arbeitsplätze dabei entstehen. Dass die Verlässlichkeit der Stromversorgung dadurch nicht gefährdet wird. Und dass der Strompreis nicht zwangsläufig steigt. Denn erstens zahlen die meisten Amerikaner nicht gerne höhere Energierechnungen, auch nicht der Umwelt zuliebe – jedenfalls nicht, solange sie glauben, dass sich das Ziel auch anders erreichen lässt. Zweitens verbinden sie höhere Energiepreise mit der Sorge, dass dies die Wettbewerbsfähigkeit der amerikanischen Industrie belastet, also Arbeitsplätze gefährdet.

Amerikaner verkünden keine Energie-Revolution. Das tun eher deutsche Befürworter von Wind- und Solarkraft, die die USA besuchen. Sie malen aus, wie Deutschland binnen weniger Jahre den Anteil der erneuerbaren Energien an der Stromversorgung auf über 50 Prozent bringen und in gar nicht so ferner Zukunft sogar auf 80 Prozent schrauben kann. Amerikanern machen solche Aussichten eher Angst. Wer die Energiewende in den USA will, wirbt für eine Evolution. Obamas Abteilungsleiter für Erneuerbare Energien, Henry Kelly, sagte, diese werden „eine wichtige Rolle spielen, aber ganz bestimmt keine exklusive Rolle". Er will erreichen, dass die USA die „preisgünstigste Variante" finden, wie man die Versorgung garantiert und zugleich die Emissionen um 80 Prozent senkt. „Clean Energy", saubere Energie, ist das am häufigsten gebrauchte Schlagwort in den USA; dazu gehören Kohlekraftwerke mit besserer Filterung. „Renewable Energy" ist in Amerika ein weiteres Hilfsmittel, nicht aber Kern der Strategie.

Klimawandel, Erderwärmung, Treibhausgase – das sind Begriffe, die die Deutschen bewegen. Amerikaner reagieren anders. Die USA sind das einzige Industrieland, in dem in den letzten Jahren die Zahl der Menschen gestiegen ist, die die These bezweifeln, dass uns eine gefährliche, von Menschen verursachte Erderwärmung droht. Es ist zwar nur eine Minderheit. Auch in Amerika sagten 2015 in einer Yale-Gallup-Umfrage 71 Prozent, die Erderwärmung sei ein reales Problem. Doch 2006 meinten das noch 85 Prozent. Nur 40 Prozent der Amerikaner glaubten 2015, dass die Erderwärmung wissenschaftlich eindeutig bewiesen sei. 40 Prozent meinten, dass die Experten da geteilter Ansicht seien. Rund ein Drittel bezweifelt, dass der Faktor Mensch eine entscheidende Rolle dabei spiele. In den USA war 2010 „Climategate" ein großes Thema gewesen – der Verdacht, dass internationale Klimaforscher Daten manipuliert haben, um die Gefahr größer darzustellen, als sie ist. In Deutschland wurde über diese Vorwürfe kaum berichtet. Dort gehört es zum guten Ton, die Klimakatastrophe zu beschwören.

Das alles bedeutet nicht, dass Amerikaner und Deutsche bei internationalen Klimakonferenzen keine gemeinsamen Ziele hätten. Die haben sie sehr wohl. Deutsche Politiker und Aktivisten müssen aber wissen, welche Schlüsselworte sie benutzen sollten, damit ihre US-Kollegen am selben Strang ziehen. Wenn Deutsche die Ölimporte verringern und den Anteil erneuerbarer Energien erhöhen wollen, reden sie von „Klimaschutz", Amerikaner von „Energy Security" (Versorgungssicherheit). In der Bundesrepublik argumentiert man mit dem Nutzen für die Umwelt, in den USA mit neuen Arbeitsplätzen. In Deutschland setzt man auf Vorgaben der Regierung und des Bundestags, die die Bürger und eine zum Teil unwillige Wirtschaft zwingen, umzudenken. In Amerika stößt dieser Ansatz, die Energiewende per Anordnung „von oben" aus Washington durchzusetzen, auf viele Widerstände. Wer aber in einzelne Bundesstaaten reist, erfährt, dass es auch anders geht. Dort kann man dann sehen, wie deutsche Weltkonzerne, zum Beispiel Siemens, Amerika beim Strukturwandel von alten Industrien zu moderner Energietechnik helfen. Und lernen, wie „Real America" – also ganz normale Bürger, Arbeitnehmer und Wirtschaftsvertreter fern der Hauptstadt – über Energiefragen denkt. Zum Beispiel in Fort Madison, Iowa.

Amerikas Zukunft am Mississippi

Liebevoll streicht Ollies Hand über die Außenhülle des Turbinenflügels. „Fühlen Sie mal. Da ist keine Naht", sagt der 33-jährige Schwarze mit Genugtuung. Wir stehen in einer der lichten Produktionshallen für Windturbinen am Stadtrand von Fort Madison im Bundesstaat Iowa. Die Hallen sind fast so groß wie ein Fußballfeld, und doch bietet jede nur Platz für rund ein Dutzend der Propellerblätter, die bald sauberen Strom für Amerika produzieren sollen. Jedes Blatt ist ein Monstrum: 49 Meter lang – das entspricht knapp der Hälfte eines U-Bahnsteigs. In der kreisrunden Öffnung an der Basis, wo der Flügel an den Rotor angeflanscht wird, hat ein stämmiger Mann wie Ollie Platz, ohne sich bücken zu müssen. Ollies Leben hat mit der Anstellung eine Wende erfahren, und der Bürgermeister hat wieder Hoffnung, dass die De-Industrialisierung und die Rezession seine Kleinstadt nicht zum schleichenden ökonomischen Abstieg verdammen. Präsident Obama nannte die Fabrik ein Vorbild, wie Amerika die Energiewende schaffen und zugleich die in der Finanzkrise verlorenen Jobs zurückgewinnen könne. „Ihr zeigt Amerika die Zukunft." Das werden die Bürger noch ihren Kindern und Enkeln erzählen.

In Washington verweigerte der Kongress Obama in seinen acht Amtsjahren die Zustimmung zum neuen Energiegesetz. Aber in den Regionen hat die Erneuerung Amerikas mit Hilfe erneuerbarer Energien längst begonnen. Nebenbei lässt sich dort lernen, warum Deutschland die weltweite Rezession glimpflich überstanden hat und Amerika sich so schwer tut. Ollie kam 1997 aus Arkansas nach Iowa. „Es war ein ständiger Kampf um Jobs, um die Familie zu versorgen", erzählte er mir. Je nach Konjunktur wurde er angestellt und wieder entlassen. Er arbeitete in einem Heimwerkermarkt und baute Kamine. Als sich 2008 die Finanzkrise abzeichnete, begann eine Kündigungswelle. Bevor es ihn erwischte, sah er sich nach Alternativen um und fand sich 2008 mit Hunderten anderen in einem Vermittlungsbüro wieder, das Personal für die neue Siemensfabrik suchte. Er wurde genommen.

Mehrere Jahre bei derselben Firma, das hat er noch nie erlebt. „Der Job ist sicher, und wir tun auch was für die Umwelt", sagt er stolz. Seine Frau, die bisher als Kellnerin dazuverdiente, kann sich endlich die Ausbildung zur Krankenschwester leisten. Dann wird auch sie einen krisenfesten Beruf haben. Fort Madison, 11.000 Einwohner, wirkt wie eine der vielen unscheinbaren Kleinstädte „in the middle of nowhere" im Mittleren Westen. 1808 war es der erste Militärposten auf dem Westufer des oberen Mississippi. Eine Bürgerinitiative wirbt für die Erhaltung der Holzpalisaden um das ehemalige Fort. Die Eisenbahnstation und der Hafen künden von der früheren Bedeutung als Warenumschlagplatz und Industriestandort. Heute liegt nur noch ein Raddampfer namens *Catfish* am Kai. Er dient als Spielcasino. Wenn man abends zu *Faeth's* geht – ein traditionsreiches Ladengeschäft, das von Seife über Gewehre und Munition bis zu Kleidung alles führt und das zugleich der einzige Ort ist, wo es zu später Stunde ein frisch gezapftes Bier gibt –, lässt der weißhaarige Besitzer in der ausgebeulten Latzhose gleich drei Mal binnen 30 Minuten mit Vaterstolz ins Gespräch einfließen, auch seine Tochter arbeite bei Siemens.

Früher nannte man die Region von Pennsylvania über Ohio und Illinois bis Iowa den Industriegürtel. Heute, nach dem schleichenden Niedergang der Stahlwerke und Autofabriken, heißt sie „Rostgürtel". Die Stadt hat im letzten Jahrzehnt mehr Betriebe gehen als kommen sehen. 2007 schloss der Schreibgerätehersteller Scheaffer Pen. Die Arbeitslosenquote stieg auf über elf Prozent, die höchste in ganz Iowa. Zuvor hatte die Fabrik für Sattelzuganhänger dichtgemacht. Auf deren Gelände siedelte sich Siemens an. Im August 2007 wurden die ersten Turbinenflügel nach Texas ausgeliefert. Heute arbeiten mehr als 700 Menschen hier. „Und jeder dieser Jobs schafft 1,65 Arbeitsplätze anderswo in unserem Bezirk", sagt der Bürgermeister, „in Geschäften, Restaurants oder beim Autohändler." Seine Stadt hat die Industrieabwanderung gestoppt. Produzierendes Gewerbe ist unverzichtbar. Von Dienstleistung allein kann ein Provinzstädtchen auf Dauer nicht leben.

Doch warum geht Siemens in den „Rostgürtel"? Es gab großzügige Ansiedlungshilfe, aber die hätte der Konzern auch anderswo in den USA bekommen. Fort Madisons Trumpf sind die Transportwege. Es liegt am Mississippi, der das Land in der Mitte von Norden nach Süden durchfließt und mit seinen Zuflüssen ein Drittel der USA auf dem Wasserweg erschließt. Und an einer Ost-West-Eisenbahnlinie, die von Chicago bis an die Pazifikküste reicht. Transportkosten sind ein wichtiger Faktor bei einem so sperrigen und schweren Produkt wie Windturbinenflügeln. Das Gelände hat seinen eigenen Gleisanschluss. Jeder Zug ersetzt 42 kostspielige Spezialtransporte per Lkw mit Begleitfahrzeugen an Spitze und Schluss.

Am Beispiel von Fort Madison lässt sich vieles lernen über die Chancen und die Gefahren von Umstrukturierung und Neuausrichtung – sowohl in Unternehmen als auch auf der Ebene ganzer Volkswirtschaften. Windenergie ist für Siemens eine junge Sparte. Lange hatte der Konzern auf Atomkraft, Kohle und Gas gesetzt. 2004 stieg er ins Windgeschäft ein – in Dänemark, das damals führend in Europa war – und setzte parallel auf die USA, die mit der Kaufkraft ihrer mehr als 300 Millionen Einwohner den größten Konsumentenmarkt bilden. Mit durchschnittlichen Wachstumsraten von 40 Prozent pro Jahr sind sie einer der wichtigsten Märkte für Windenergie rund um die Erde. Die politischen Entwicklungen sind freilich mitunter schwer zu kalkulieren. Amerika geht anders mit Energie um als Deutschland. Nach mehreren starken Jahren sank der Zuwachs an neu installierter Windenergiekapazität 2010, nachdem Präsident Obama keine Mehrheit für sein Energiegesetz im Parlament gefunden hatte.

Mittlerweile haben jedoch 29 der 50 US-Bundesstaaten verbindliche Quoten für den Anteil sauberer Energien an der Stromversorgung vorgeschrieben. Auch Energiekonzerne in republikanisch regierten Regionen bestellen Solaranlagen und Windparks. Trotz der politischen Blockade in Washington ist die Energiewende in vielen Ecken der USA in vollem Gang. Auch im Großraum um Denver, der Hauptstadt von Colorado. 2004 war dies der erste Bundesstaat, der per Volksabstimmung einen Mindestanteil erneuerbarer Energien an der Stromversorgung für die Zukunft vorschrieb, zunächst 10 Prozent für die Zeit ab 2015. 2007 erhöhte das Regionalparlament die Quote auf 30 Prozent ab 2020. Xcel, der Hauptstromanbieter, war 2004 noch dagegen, inzwischen unterstützt Xcel das Umdenken und investiert, wie Sprecher Tom Henley in einem Vorzeigehaus erläutert, in ein „smart grid": ein interaktives Stromnetz, das in naher Zukunft Geräte automatisch dann einschalten kann, wenn der Strom am billigsten ist. Die regionalen Spitzenpolitiker, der Gouverneur von Colorado und der Bürgermeister von Denver, möchten die Region zum Zentrum für Windenergie machen – genauer: wieder machen. Sie war schon einmal der Nabel der Windenergie-

und Solarzellenforschung. 1978 ließ Präsident Jimmy Carter hier NREL gründen, das National Renewable Energy Laboratory. Damals hatte der Ölpreisschock eine landesweite Verunsicherung ausgelöst.

Majestätisch erheben sich westlich der Stadt die bis zu 4400 Meter hohen Gipfel der Rocky Mountains in den Himmel. Sie sind der Grund, warum NREL hierherkam, und warum große Windenergiekonzerne aus Europa wie Siemens und Vestas Forschungslabore und Fertigungsstätten in der Gegend ansiedeln. Denvers Vororte Golden und Boulder liegen im sogenannten „Windtunnel". Er zieht sich entlang der Rockies von Norden nach Süden: von Kanada über die Dakotas, Minnesota und Colorado bis Texas. Der Jetstream macht die Region zum idealen Standort, um das Design der Rotorenblätter und die Technik weiterzuentwickeln und unter extremen Bedingungen zu testen. Der Düseneffekt des El Dorado Canyon bei Denver, der sich wie eine Zahnlücke zwischen den Gipfeln ausnimmt, erzeugt Windgeschwindigkeiten von über 160 km/h. Denver liegt zugleich südlich genug, um auch für die Solarindustrie attraktiv zu sein.

Wechselnde Förderpolitik in den USA

Siemens und Vestas nennen drei Gründe für die Großinvestition: das „Naturlabor" mit sehr unterschiedlichen Wetterlagen im Verlauf des Jahres; die Forschungskooperation mit NREL; und den ständig wachsenden Markt für Windräder in den USA. Sie erwarten, dass der Anteil der erneuerbaren Energien am Gesamtmix weltweit von drei Prozent 2008 auf 17 Prozent 2030 steigt – und unter den erneuerbaren Energien der Anteil der Windenergie von 38 auf 52 Prozent. Deshalb soll die Forschung dreierlei zugleich erreichen: Windturbinen preiswerter, leistungsstärker und wartungsärmer machen. Sie muss das Gewicht und die Zahl der Komponenten verringern.

Die Zögerlichkeit des US-Kongresses in Sachen Energiegesetz betrachten die Manager mit Unbehagen. Europa mache langfristigere Vorgaben und habe so den Markt für Windkraft etabliert und Jobs gewonnen, sagen sie. In ihren Augen ist die wechselhafte Förderpolitik der USA die Ursache dafür, dass Amerika die Führungsposition in der Windenergie, die es in den 80er-Jahren innehatte, Anfang des neuen Jahrtausends vorübergehend an Dänemark und Deutschland verlor. Das heißt freilich nicht, dass Europa die Welt mit Exportwindrädern beliefern kann und die Jobs in Europa bleiben. Ob Siemens, Vestas oder ihre Konkurrenten: Sie alle verlagern ihre Produktion in die strategischen Märkte der Zukunft, allen voran China und die USA. Das spart Transportkosten beim Aufbau der Anlagen und schützt vor Währungsrisiken. 2008 haben die USA Deutschland bei der Stromerzeugung aus Windkraft überholt und sich weltweit auf Platz eins gesetzt. Die Strategie ist in den USA eine andere. Amerika verteilt weniger staatliche Subventionen für seine Energiewende als Deutschland. Auch die Verbraucher werden nicht so stark zur Kasse gebeten. Etwas über zehn US-Cent kostet eine Kilowattstunde aus erneuerbarer Energie die Bürger in Colorado – ein Drittel des Preises, den deutsche Konsumenten 2015 zahlten –, und dennoch machen General Electric, Siemens, Vestas und Xcel gute Geschäfte.

Mehr Marktmechanismen und weniger staatliche Gängelei führen in den USA zu deutlich niedrigeren Energiepreisen als in Deutschland. Das hat freilich auch eine Kehrseite. Weil Energie so viel billiger ist, ist auch der Anreiz, Energie zu sparen, nicht so groß. Warum soll man viel Geld investieren, um ein Haus zu isolieren, wenn der Effekt an eingesparten Heizkosten im Winter (und an Kühlkosten im Sommer) so gering ist? Und warum ein kleineres Auto kaufen, wenn die Verbrauchsersparnis in Dollar ausgedrückt bescheiden ausfällt? Auch die Deutschen steigen nicht massenhaft auf Autos mit Diesel und Katalysator, Elektromotor oder Hybridantrieb um, weil ihr Herz und ihr Gewissen ihnen das befehlen. Sie tun es, wenn es „sich rechnet", weil der Staat das Umdenken mit seiner Steuerpolitik unterstützt. Und sie unterlassen es, siehe den geringen Erfolg der „E-Mobility"-Kampagne 2015, wenn es sich nicht rechnet.

Ein Haupthindernis für die Energiewende in den USA ist, dass der Staat das, was er tun müsste, um sie zu beschleunigen, nach dem generellen Verständnis von der Rolle des Staats in Amerika nicht tun darf. Denn das würden viele Bürger als Bevormundung empfinden und dagegen rebellieren. In Deutschland beträgt die Mineralölsteuer auf Benzin gut 65 Euro-Cent pro Liter. In Amerika nimmt die Bundesregierung nicht einmal 5 US-Cent pro Liter. Die meisten Einzelstaaten schlagen einen eigenen Steueranteil drauf. Die Summe aus beiden Steuern liegt im Schnitt bei 14 US-Cent pro Liter in Amerika – bescheiden im Vergleich zur deutschen Ökosteuer. Auf den US-Präsidenten oder die US-Präsidentin, die es wagen, daran etwas zu ändern, wird die Welt wohl noch etwas warten müssen.

S. E. den Botschafter
der Republik Türkei
Hüseyin Avni Karslıoğlu
Tiergartenstr. 19–21
10785 Berlin

Sehr geehrter Herr Botschafter,

Journalismus ist kein Verbrechen
(#GazetecilikSucDegildir)!

Ich fordere Freiheit für Can Dündar
und Erdem Gül!

Mit freundlichen Grüßen

Eine gemeinsame Aktion des Börsenvereins des
Deutschen Buchhandels und des PEN-Zentrums Deutschland

PEN
Zentrum
Deutschland

Börsenverein des
Deutschen Buchhandels

FÜR DAS WORT
UND DIE FREIHEIT

FREE THE WORDS

Die Gesellschaft:
eine permanente Bürgerinitiative

Die tägliche Begegnung mit einer Gesellschaft, die so ganz anders mit zentralen politischen Fragen umgeht, ist eine ständige Herausforderung. Immer wieder sahen meine Frau und ich uns veranlasst zu vergleichen: Warum verhalten sich Amerikaner anders? Dabei gibt es angenehme und weniger angenehme Momente für Deutsche. Lob haben wir mehr als genug gehört: für die Kraft der deutschen Wirtschaft trotz der parallelen Herausforderung durch Eurokrise, Ukrainekrieg, Flüchtlingsströme und Chinaflaute, Lob für die deutschen Automarken und generell die deutsche Ingenieurskunst, für deutsche Komponisten, für deutsches Bier und das Oktoberfest, für Heidelbergs Charme und Berlins lebendige Kulturszene.

Die meisten Deutschen halten auch die eigene Gesellschaftsordnung für überlegen. Sie sei gerechter. Es gebe weniger Ungleichheit. In der Tat sind die Einkommensabstände zwischen den Armen und den Reichen nicht so groß wie in den USA. Der Anteil von Gefängnisinsassen an der Bevölkerung ist in Deutschland viel geringer als in Amerika. Es gibt weniger Tote und Verletzte durch Schusswaffengebrauch. Rassistische Zusammenstöße zwischen weißen Polizisten und Jugendlichen mit dunkler Hautfarbe wie in den USA sind in Deutschland schwer vorstellbar. Und, ganz wichtig beim Blick auf die Gesellschaftsordnung: Die Deutschen haben ein leistungsfähigeres Sozialsystem und halten es auch für das bessere.

Für den deutschen Stolz auf den Sozialstaat haben die meisten Amerikaner wenig Verständnis. Sie glauben auch nicht, dass Museen, Opernhäuser, Theater und generell die Kunst nur überleben, wenn der Staat sie subventioniert. Alle diese Einrichtungen gibt es auch in den USA, doch dort werden sie privat finanziert. Das Mäzenatentum, die Stiftungen, die privaten Universitäten und Forschungseinrichtungen blühen in Amerika. Ganz viele Gesellschaftsaufgaben, bei denen die Bürger in Deutschland gewohnheitsmäßig den Staat in der Verantwortung sehen, funktionieren in den USA ohne den Staat.

Wie anders Amerikaner mit der Selbstverantwortung der Bürger, der Eigeninitiative und dem prinzipiellen Bemühen, ohne den Staat klarzukommen, umgehen, lernten meine Frau und ich schnell: zum Beispiel, wenn mal wieder eine ihrer Arbeitskolleginnen im NIH, dem renommierten nationalen Gesundheitsforschungsinstitut, schwanger war oder wenn in unserer Nachbarschaft ein Kind geboren wurde. Über kurz oder lang kamen neugierige Fragen auf: Arbeitet eine Schwangere auch in Deutschland bis wenige Tage vor der Entbindung? Wann kehrt sie zurück an den Arbeitsplatz? Wie wird die Kinderbetreuung berufstätiger Frauen organisiert, und was kostet sie? Amerikanerinnen kennen keinen wochenlangen Schwangerschaftsschutz vor und nach dem Geburtstermin. Sie sparen ihren Jahresurlaub auf, um ihn in den Tagen vor und nach der Geburt zu nehmen. Manche bleiben nach der Entbindung einige Monate zu Hause – unbezahlt.

Was meine Frau über die deutschen Regelungen berichtete – im Mutterschutzgesetz schreibt der Staat vor, dass Frauen sechs

Wochen vor dem Geburtstermin nicht mehr arbeiten sollen, es sei denn, sie bestehen darauf; und nach der Geburt verbietet der Gesetzgeber für acht Wochen die Beschäftigung der jungen Mutter; und in all der Zeit wird das Gehalt weiter gezahlt –, löste Erstaunen bei Amerikanerinnen aus. Manche fanden das großzügig, viele hatten grundsätzliche Einwände. „Was geht das den Staat an? Es ist doch meine Privatsache, ob ich ein Kind haben möchte und wie ich die praktischen Folgen regele", sagte Dee, als sie ihr erstes Kind erwartete. Sie war damals Mitte 20, war direkt nach dem Studium zum NIH gekommen und hatte dort keine feste Anstellung, sondern einen befristeten Mitarbeitervertrag als Post-Doc gegen eine pauschale Entlohnung. Dennoch entschieden sich ihr Mann Matt – ein Archäologe, der ebenfalls noch keine feste Stelle hatte, sondern sich von Projektvertrag zu Projektvertrag hangelte – und sie für Kinder.

Kinder sind Reichtum

Amerikaner und Deutsche gehen verschieden mit der Entscheidung um, ob und wann sie Nachwuchs bekommen wollen. Die deutsche Debatte folgt einem materialistischen Ansatz, die amerikanische einem idealistischen. In Deutschland behaupten mächtige Familienlobbyorganisationen, ohne umfassende staatliche Förderung sei es den Bürgern eigentlich kaum zuzumuten, Kinder zu haben. Finanziell stünden Kinderlose besser da. Mütter erlitten einen Verdienstausfall und blieben über Jahrzehnte in ihren Karrierechancen benachteiligt. Angesichts des Generationenvertrags im Rentensystem habe das unter dem Strich zur Folge, dass die Kosten der Kindererziehung überwiegend von den

Eltern getragen und damit privatisiert würden. Der Nutzen der Kinder werde dagegen sozialisiert, weil sie später als Erwachsene auch die Rente der Kinderlosen mitbezahlten.

Amerikaner würden die deutsche Realität anders beschreiben: In der Bundesrepublik werden der Staat, das Sozialsystem und die Familienförderung in überproportionalem Maß von den Kinderlosen finanziert. Sie zahlen weit höhere Steuern. Viele hätten eine bessere Altersversorgung, wenn man es ihnen gestatten würde, ihre monatlichen Beiträge nicht in die staatliche Rentenversicherung einzuzahlen, sondern diese Gelder privat anzulegen. Diese bessere Altersabsicherung brauchen Kinderlose auch, weil sie ihre Betreuung in den letzten Lebensjahren selbst organisieren müssen, während Eltern in der Regel auf die Hilfe und Pflege ihrer Kinder zurückgreifen können. Die Vorteile der Kinder, so würden Amerikaner den deutschen Familienlobbys entgegenhalten, bleiben also privatisiert, während große Teile der Kosten von Kindern längst über Erziehungsgeld, Steuerfreibetrag, subventionierte Kindergärten, Studienförderung etc. auf die Allgemeinheit umgelegt werden.

Es ist eine paradoxe Welt in Deutschland: Beide Gruppen, die Eltern und die Kinderlosen, fühlen sich benachteiligt. Tatsächlich können von den Familien nur die besser verdienenden Eltern behaupten, dass sie mehr in das System einzahlen, als sie an staatlichen Leistungen erhalten. Es ist weitgehend unbekannt in Deutschland, dass rund die Hälfte der Einwohner netto mehr Geld durch Transferzahlungen aus öffentlichen Kassen erhalten, als sie in Form von Steuern und Abgaben an den Staat zahlen. Dazu gehören auch Eltern mit niedrigem Einkommen. Das haben verschiedene deutsche Wirtschaftsinstitute untersucht. Wenn man die Kinder aus der Gruppe der Nettoempfänger von Transferzahlungen herausrechnet, liegt der Anteil der Nettoempfänger beispielsweise laut dem Deutschen Institut für Wirtschaftsforschung (DIW) immer noch bei 44 Prozent.

In den USA hält man es für eine Selbstverständlichkeit, dass jeder Kinder haben und auch selbst für deren Kosten aufkommen möchte. Den Kinderlosen begegnet man mit Mitgefühl, weil alle davon ausgehen, dass sie nicht freiwillig ohne Nachwuchs bleiben. Den Verdacht, dass Menschen aus finanziellem Kalkül kinderlos bleiben, haben wir in unseren unzähligen Gesprächen mit Amerikanern nie gehört. Kinder und Familie gelten als Privatangelegenheit – und ebenso die Ausgaben dafür. Auch die Kosten der Geburt müssen die Eltern zum Teil selbst bezahlen. Krankenkassen kommen dafür nicht voll auf. Was den Kolleginnen meiner Frau ganz selbstverständlich vorkommt. Dee sagt: „Eine Schwangerschaft ist doch keine Krankheit, sondern ein Grund zur Freude!"

Amerikanerinnen empfinden es als normal, dass sie nach der Geburt rasch wieder arbeiten gehen, aber finanziell wenig davon haben. Ein Großteil des Gehalts fließt nun in die Betreuung des Kindes durch Tagesmütter oder Krippenplätze und Kindergärten. Sie werden nicht so großzügig aus der Steuerkasse subventioniert wie in Deutschland. Später finanzieren amerikanische Eltern das Studium der Kinder; die Gebühren dafür summieren sich über die Jahre zu einem sechsstelligen Dollarbetrag. Und kaum jemand meint, diese Kosten sollten eigentlich nicht die Eltern, sondern müsse die Gesellschaft tragen. Wenn man der Logik der deutschen Debatte folgt, würden Amerikaner kaum noch Kinder bekommen – denn wer kann und will sich das überhaupt leisten? Deutschland dagegen, wo der Staat den Eltern außergewöhnlich hohe Zuwendungen gewährt, müsste eine hohe Geburtenrate haben.

Die Wirklichkeit ist umgekehrt. Bei der Geburtenrate ist Deutschland mit statistisch 1,4 Kindern pro Frau im internationalen Vergleich nahezu das Schlusslicht. In den USA liegt sie bei 2,0 Kindern pro Frau. Die Gesamtquote in Deutschland bleibt vor allem deshalb annähernd konstant, weil Zuwanderer mehr Kinder haben und so den Rückgang unter gebürtigen Deutschen ausgleichen. Auch in den USA haben Zuwanderer aus Lateinamerika eine höhere Geburtenrate als weiße Familien. Aber die Rate unter weißen US-Bürgerinnen ist mit 1,9 höher als in Deutschland. Latino-Mütter in den USA gebären im Schnitt 2,1 Kinder, Afroamerikanerinnen 1,9 und US-Asiatinnen 1,7.

Wer also die behaupteten Ziele der Familienpolitik mit den tatsächlichen Effekten abgleicht, wird wohl zu dem Schluss kommen: Die Deutschen befinden sich auf dem Holzweg. Kaum ein anderes Land stellt so großzügige finanzielle Hilfe für Eltern bereit, und doch ist die Geburtenrate niedrig. Diese Erkenntnis führt in Deutschland aber nicht zu der Frage, ob vielleicht der ganze Denkansatz, der Staat könne sich mit immer mehr Förderung „Nachwuchs kaufen", einer Fehlannahme folgt. Sondern die Vergeblichkeit des Versuchs, die Deutschen mit viel Geld zum Kinderkriegen zu bewegen, mündet in der Forderung, dann müsse der Staat eben noch mehr Geld bereitstellen.

Sowohl die geschichtliche Erfahrung als auch der internationale Vergleich legen nahe: Menschen entscheiden sich nicht für Kinder, weil es „sich rechnet". Sie tun es, weil es zur menschlichen Natur gehört. Sie lassen sich weder durch Kriege noch Armut davon abhalten. Umgekehrt gilt aber auch: Wenn Erwachsene das Bedürfnis, Kinder zu bekommen und großzuziehen, nicht empfinden, werden auch finanzielle Anreize wenig daran ändern. Man darf wohl vermuten, dass die Art der deutschen Debatte zum Teil des Problems geworden ist. Wenn Medien, Politiker und Lobbyisten jungen Menschen ständig einreden, sie könnten aus eigener Kraft keine Familie ernähren, sondern seien darauf angewiesen, dass der Staat noch höhere Förderungen bereitstelle, als er das ohnehin tut, dann glauben viele das irgendwann tatsächlich. In Amerika sprechen die Menschen gewöhnlich anders über diese Situation: Wie schön es ist, Nachwuchs zu erwarten, und dass das alles schon irgendwie gut gehen wird – denn jeder bekommt Hilfe von Großeltern, Verwandten und Freunden. Die finanzielle Selbstverantwortung der Eltern für die Kinder und die weit geringeren staatlichen Transferzahlungen in den USA haben allerdings zur Folge, dass die Wohlstandsunterschiede auch unter Kindern größer sind als in Deutschland.

Solidarität praktiziert der Bürger, nicht der Staat

Was aber ist, wenn zum Beispiel eine Komplikation während einer Schwangerschaft auftritt? Auch diesen Fall erlebte meine Frau im NIH. Eine Kollegin, Carol, war im sechsten Monat und der Arzt riet ihr dringend, sie solle nicht mehr arbeiten, sondern zu Hause bleiben, damit sie nicht riskiere, das Ungeborene zu verlieren. Da es keinen bezahlten Schwangerschaftsschutz gibt, hätte das in der Theorie bedeutet: Carol bekommt kein Gehalt mehr.

Sie musste dann aber gar nicht darauf verzichten. Die USA sind weder eine unsoziale noch eine unsolidarische Gesellschaft. Sie haben nur andere Traditionen als Deutschland, wie diese Solidarität praktiziert wird: von Mensch zu Mensch, von Arbeitskollege zu Arbeitskollege – und nicht auf dem Umweg über einen Staat, der individuelle Rechtsansprüche festlegt und in Gesetze schreibt.

Staatliche Institutionen haben ein „Voluntary Leave Transfer Program": einen Mechanismus, wie die Angestellten eigene

Urlaubstage zugunsten Bedürftiger spenden können. Auch in der Privatwirtschaft gibt es solche Programme. Im NIH berät eine Arbeitsgruppe gewählter Mitarbeiter über Härtefälle und gibt dann eine Empfehlung ab. In Carols Fall verschickte diese Kommission eine Rund-E-Mail an die ganze Belegschaft mit der Bitte, eigene Urlaubstage für die Kollegin zu spenden. Für jeden Arbeitstag, den andere NIH-Angestellte von ihren eigenen Ansprüchen spendeten, wurde Carol ein bezahlter Abwesenheitstag gutgeschrieben. Sie konnte am Ende zu Hause bleiben bis zur Geburt, bei voller Fortzahlung ihres Gehalts.

Das mag für Deutsche befremdlich klingen – wer verzichtet schon freiwillig auf Urlaubstage? In den USA ist das nicht ungewöhnlich. Viele Menschen haben mehr Anspruch auf Urlaub, als sie aus ihrer Sicht benötigen. Berufsanfänger nehmen im ersten Jahr gar keinen Urlaub, selbst wenn sie laut Vertrag meist mit zwölf Urlaubstagen beginnen. Ab dem dritten oder vierten Berufsjahr werden es zumeist 18, nach mehr als zehn Jahren im selben Betrieb können es sogar gut 20 sein. Mehr als vier Wochen Urlaub pro Jahr würde man in Amerika als bedrohliches Zeichen der Dekadenz betrachten. Ein bis zwei Wochen sind üblich. Plus das eine oder andere lange Wochenende, das man um einen Urlaubstag ausdehnt, um die Familie in entfernten Regionen der USA zu besuchen. Für Larry, den Chef meiner Frau, ist es normal, einen Teil seiner 24 Urlaubstage für Härtefälle wie Carol zu spenden.

Andere tun Ähnliches zugunsten der Katastrophenhilfe – zum Beispiel, nachdem Hurrikan „Katrina" Ende August 2005 New Orleans und weitere Ortschaften an der Golfküste zerstört hatte. Aus Nachbarstaaten kamen Selbsthilfeorganisationen, die mit dem Technischen Hilfswerk in Deutschland vergleichbar sind: Menschen, die im Alltag einem ganz anderen Beruf nachgehen, aber in der Freizeit im Team Katastrophenhilfe üben. Überwiegend waren es öffentliche Bedienstete. Denn da lässt sich der Verrechnungsmechanismus für gespendete Urlaubstage am leichtesten anwenden: Sie wurden von ihrem jeweiligen Arbeitgeber, der Bundes-, Landes- oder Kommunalverwaltung, freigestellt, um für ein oder zwei Wochen in den Hilfseinsatz nach dem Hurrikan zu gehen. Ihr Gehalt lief weiter, weil Kollegen zum Ausgleich Urlaubstage spendeten.

Die meisten Amerikaner, mit denen wir über Carols Schicksal und ähnliche Fälle sprachen, sind stolz darauf, dass sie solche Probleme durch private Solidarität lösen und nicht durch gesetzliche Regelungen von Staats wegen. Ihr Ideal ist eine Gesellschaft, die auf der Selbstverantwortung und der Selbstorganisation der Bürger beruht. Das kann man in ganz vielen Bereichen beobachten. Sogenannte School Boards legen fest, was in den Schulen gelehrt wird; sie können die staatlichen Bildungsvorgaben modifizieren. Die Mitglieder dieser School Boards werden kommunal gewählt, genauso wie Bürgermeister, Sheriffs und lokale Richter. Ab und zu gibt es Streit, zum Beispiel, wenn konservative Christen in einem School Board die Oberhand gewinnen und festlegen wollen, dass die Lehre des Kreationismus gleichberechtigt mit Darwins Evolutionstheorie unterrichtet werden solle. Der Kreationismus nimmt die Schöpfungsgeschichte in der Bibel wörtlich und begreift sie als die maßgebliche Erklärung für die Entstehung unserer Welt: „Am Anfang schuf Gott Himmel und Erde ..." Doch solche Konflikte sind selten und werden notfalls durch Neuwahl des School Boards bereinigt. Auch die Frage der Schulpflicht ist in den USA anders geregelt als in Deutschland. Diese Vorgabe folgt ebenfalls dem Gedanken, dass man im Zweifel dem Staat misstrauen und den Eltern vertrauen solle. Kinder haben einen Anspruch darauf, unterrichtet zu werden, aber das muss nicht in einer Schule geschehen. Eltern haben das Recht auf Home Schooling: Sie können ihre Kinder selbst unterrichten. Das entscheidende Argument dabei ist nicht, dass Eltern die besseren Lehrer seien, sondern dass sie ein größeres Recht haben als der Staat, über die Erziehung der Kinder zu entscheiden.

Es gibt aber auch Bereiche, wo deutsche Neuankömmlinge den umgekehrten Eindruck gewinnen könnten: dass der amerikanische Staat den Eltern strengere Vorgaben zum Umgang mit ihren Kindern mache. Das sind Ausnahmen von der Regel. Man darf, zum Beispiel, Kinder bis zum zwölften Lebensjahr nicht alleine lassen. Wer am Supermarkt hält und erleichtert feststellt, dass das Kind nach nervenzehrendem Quengeln endlich auf dem Kindersitz hinten eingeschlafen ist und Ruhe gibt, darf es dennoch nicht im verschlossenen Auto zurücklassen, während man schnell Milch und Joghurt besorgt. Die Verwarnung wird teuer, wenn die Polizei ein Auto mit einem allein gelassenen Kind darin entdeckt.

Deutschen Touristenfamilien kann auch Folgendes passieren, wenn sie eine Stadt zu Fuß erkunden: Nach gewisser Zeit werden die Kinder müde, bleiben zurück oder setzen sich protestierend auf den Boden. Deutsche Eltern, die nicht autoritär auftreten wollen, sagen dann womöglich, sie gehen schon ein paar Schritte voraus – in der Hoffnung, dass der oder die Kleine gleich nachkommt. Das kann zu vorwurfsvollen Ermahnungen amerikanischer Passanten führen: Sagen Sie mal, ist das Ihr Kind, das da hinten unbeaufsichtigt auf dem Bürgersteig sitzt?

In Amerika ist es ausdrücklich erwünscht, dass die Umgebung mitdenkt, Mitverantwortung übernimmt und sich notfalls einmischt. Dann ist von „Common Sense" die Rede. Als wir frisch eingezogen waren, klopften die Nachbarn nach und nach an die Tür und luden uns zu sich ein: Man will doch wissen, neben wem man wohnt. An jeder zweiten Straßenecke in unserem Viertel hängt eine Warntafel von der Größe eines Verkehrsschildes mit der Überschrift: „Warning! Neighborhood Watch Area". Darunter wird erklärt, dass die Anwohner jede verdächtige Aktivität an die örtliche Polizei melden. Augen offen halten, nicht wegschauen – das gilt in Amerika als Bürgertugend. Wenn das eigene Kind sich beim Spielen verletzt oder blaue Flecken holt, dann lassen die Eltern beim nächsten Gespräch mit den Nachbarn einfließen, wie das passiert ist, damit niemand auf die Idee kommt, dies könnten die Folgen von Kindesmisshandlung sein und man müsse das der Polizei melden. Deshalb von „Blockwartmentalität" oder „Stasi-Methoden" zu sprechen, würde keinem Amerikaner in den Sinn kommen.

Nachbarschaftskontrolle erwünscht

Der Umgangston bleibt fast immer höflich und zurückhaltend. Wenn der Nachbar es versäumt, das Herbstlaub einzusammeln oder nach Schneefall den Bürgersteig freizuräumen, dann kommen keine belehrenden Hinweise, und schon gar nicht wird laut geschimpft. Eher klingelt ein Nachbar mit der Schneeschaufel in der Hand und fragt, ob man vielleicht Hilfe benötige? Im Straßenverkehr verhalten sich Amerikaner im Vergleich zu Deutschland angenehm defensiv. Wenn jemand die Vorfahrt nimmt, dann hupen sie in der Regel nicht. Sie zeigen auch keinen Vogel. Und wenn der Fahrer auf der Nebenspur einfädeln möchte, gibt ein Amerikaner nicht Gas, um die Lücke zu schließen, sondern bremst, um dem anderen den Spurwechsel zu erleichtern.

Man nimmt aufeinander mehr Rücksicht als in Deutschland, Fehler werden meist schweigend übergangen, denn schon morgen kann einem selbst ein Fehler unterlaufen, und dann möchte man doch auch lieber auf Verständnis stoßen als auf empörtes Kopfschütteln.

Amerikaner stehen sehr diszipliniert Schlange. Vordrängeln ist verpönt. Wenn es doch mal einer tut, wird ihn meistens niemand direkt zurechtweisen, sondern so tun, als könne es sich nur um ein Versehen handeln: „I thought it was my turn?" (Ich dachte, ich sei an der Reihe?) Dann wird sich der Ertappte hoffentlich entschuldigen und hinten anstellen. Selbst wenn nicht, wird nicht geschimpft. Ziemlich sicher wird ein Dritter laut genug für alle Beteiligten sagen: „That was not cool." Das tröstet den Benachteiligten und rügt den Vordrängler.

Die für deutsche Städte typische Plage der „Tretminen" – die Hundehaufen auf Bürgersteigen und in Grünanlagen – muss man in amerikanischen Städten weniger fürchten. Hundebesitzer führen ihren Vierbeiner mit einem Plastiksäckchen in der Hand aus und sammeln den Hundekot eigenhändig ein.

Wer Deutsche, die nach ein paar Jahren Amerika in die Bundesrepublik heimkehren, fragt, was sie am meisten vermissen, erhält fast immer die gleiche Antwort: den freundlichen und positiven Umgangston. Deutsche neigen manchmal dazu, ihrer Umwelt leicht mürrisch gegenüberzutreten. Auf die Gesprächseinleitung „Na, wie geht's?" folgt mit melancholischer Stimme die Antwort „Ooch, nich so gut". In den USA bemüht man sich um bessere Laune. Die höfliche Frage „How are you?" und die von einem Lächeln begleitete Antwort „I am doing fine" gehören zum guten Ton. Viele Deutsche halten das für oberflächlich. Wer länger in Amerika gelebt hat, sieht das meist anders: Ist es nicht viel angenehmer, oberflächlich-freundlich miteinander umzugehen als oberflächlich-missgelaunt? Die Frage nach dem Befinden zielt ja weder in den USA noch in Deutschland ernsthaft darauf ab, die ganze Krankengeschichte erzählt zu bekommen. Wenn ein Amerikaner signalisieren will, dass er gerade ein paar Schicksalsschläge verdauen muss, antwortet er auf das „How are you?" mit „It could be better". Dann hängt es vom Grad der Bekanntschaft ab, ob man nach den Einzelheiten fragt oder es bei der Antwort „I am sorry to hear that" bewenden lässt.

Der soziale Zusammenhalt in den USA stützt sich auf die Familie, die Nachbarn, die Mitbürger in der Kommune und im Schulbezirk. An den Staat richten sich weniger Erwartungen als in Deutschland. Die Freibäder im Sommer werden nur in seltenen Fällen von der Stadtverwaltung finanziert. Üblicherweise schließen sich die Anwohner in einem Verein zusammen und betreiben das Freibad – Zutritt haben dann freilich nur Vereinsmitglieder und ihre Gäste. So stellt man sicher, dass alle mitmachen und keiner hoffen kann, als kostenloser Trittbrettfahrer dabei zu sein.

Diese Selbstorganisation schließt auch die lokalen und regionalen Wirtschaftsbetriebe ein. Die örtliche Elektrizitätsgesellschaft sponsert den Kinderspielplatz. Geschäfte und Restaurants im Viertel spenden Geld, damit die Stadtteilbibliothek und das Stadtteiltheater überleben. Schulräume werden in einer Selbsthilfeaktion von den Eltern frisch gestrichen, wenn mal wieder die öffentlichen Gelder dafür fehlen – und der örtliche Malermeister hilft mit Anleitung und Material aus im Wissen, dass die Eltern umso eher ihn beauftragen, wenn sie privat einen Renovierungsauftrag vergeben. Nach ihrem Selbstverständnis tun Amerikaner das nicht, weil die staatlichen Mittel halt leider nicht reichen. Sie sind überzeugt, dass die Eigeninitiative der Bürger die bessere Organisationsform darstellt. Sie wird nicht als Notbehelf betrachtet, wenn der Staat überfordert ist, sondern als das eigentliche Ideal.

Der Millionär als Mäzen

Die unterschiedlichen Traditionen prallten nach der globalen Finanzkrise wieder einmal aufeinander. Damals riefen Bill Gates und Warren Buffet die Milliardäre in Amerika und anderen Ländern auf, mindestens die Hälfte ihres Vermögens für gemeinnützige Zwecke zu stiften. Bill Gates ist als Gründer des Software-Konzerns Microsoft steinreich geworden, Warren Buffet als Gründer des Investment-Unternehmens Berkshire Hathaway. 40 Milliardärsfamilien folgten ihrem Ruf. In den USA sahen die Medien darin einen Beleg, dass das amerikanische Ideal funktioniert: Reichtum verpflichtet. Wer die Möglichkeiten optimal nutzt, die ihm das Gesellschafts- und Wirtschaftssystem eröffnen, hat die Pflicht, einen Teil des finanziellen Ertrags an die Gemeinschaft zurückzugeben.

In Deutschland reagierten viele Medien skeptisch auf die Nachricht. Sie argwöhnten, die Milliardäre würden wohl kaum freiwillig so altruistisch und gemeinnützig handeln. Vermutlich seien andere, egoistische Gründe ausschlaggebend für die Freigiebigkeit, zum Beispiel Abschreibungsmöglichkeiten oder ein cleverer Trick, wie man die Erbschaftssteuer umgehe. Nach einer in Deutschland weit verbreiteten Überzeugung sind Leistungsorientierung, Erfolg und soziales Denken Widersprüche. Sie treffen angeblich selten in einem Menschen zusammen. Entweder seien die Leute finanziell erfolgreich und dann eben sozial kalt. Oder sie haben Mitgefühl, doch dann fehle ihnen die Härte im Konkurrenzkampf, die man brauche, um ein Vermögen zu verdienen.

Was vielen Deutschen so verdächtig vorkommt, ist in Amerika gang und gäbe. Die berühmte Metropolitan Opera in New York verdankt ihre künstlerische Spitzenstellung in der Welt der finanziellen Unterstützung durch die Neubauer-Familie und das Medienimperium Bloomberg. Im MoMa, dem Museum of Modern Art, werden einzelne Sammlungen oder Räume nach ihren privaten Mäzenen benannt. Universitäten und Forschungseinrichtungen leben von den Kapitalerträgen aus ihren „Endowments" – den Vermögen, die ihre Stifter hinterlassen haben. Bis heute stocken erfolgreiche Absolventen dieser Bildungsinstitute das Stiftungskapital mit weiteren Spenden auf. Im Schnitt spenden Amerikaner mehr als 300 Milliarden Dollar pro Jahr für gemeinnützige Zwecke, 2014 sogar die Rekordsumme von 358 Milliarden Dollar. Das sind gut 1.100 Dollar pro Einwohner. Laut dem Deutschen Spenderrat, dem Dachverband der spendensammelnden gemeinnützigen Organisationen, spendeten die Deutschen 2014 rund fünf Milliarden Euro – das entspricht 61 Euro pro Einwohner. Das liegt gewiss nicht daran, dass Deutsche ärmer oder hartherziger wären als Amerikaner. Sondern die kulturelle Tradition in beiden Nationen ist unterschiedlich. Deutsche meinen, es sei Aufgabe des Staats, Wissenschaft, Kunst und Kultur zu fördern; dafür zahlen sie schließlich Steuern. Die Amerikaner wollen diese Aufgabe gar nicht dem Staat überlassen. Sie finden, sie sei in den Händen der selbst organisierten Bürgergesellschaft besser aufgehoben.

Die Hauptgründe für das großzügige Stifterverhalten in den USA liegen nicht im Steuersystem und auch nicht im Bedürfnis von Bankern und Investmentmagnaten, ihren Ruf aufzubessern, weil der durch die Finanzkrise gelitten habe. Amerikaner sind geprägt von der protestantischen Ethik. Reichtum verpflichtet dazu, einen Teil abzugeben, freiwillig und nicht durch staatlichen

Steuerzwang. „To make the world a better place" – die Welt in einem besseren Zustand zu hinterlassen, als man sie angetroffen hat – ist eine gängige Redensart. Diese Aufgabe nehmen Amerikaner lieber in die eigenen Hände. Schulen finanzieren einen Gutteil ihrer Programme aus Spenden und kostenloser Mitarbeit der Eltern. Kirchengemeinden leben nicht von staatlich eingezogener Kirchensteuer, sondern von freiwilligen Gaben. Deren Höhe übersteigt bei Reichen wie Armen oft den Betrag, den sie bei vergleichbarer Einkommenslage in Deutschland als Kirchensteuer entrichten müssten. Mehr als 70 Prozent der Amerikaner gehören als zahlende Mitglieder einer Kirche an.

Allein die zehn größten US-Universitäten hatten 2015 zusammen ein Stiftungsvermögen von 140 Milliarden Dollar – das ist in etwa der Betrag, über den alle deutschen Stiftungen zusammengenommen verfügen. Die Universität Harvard kann auf ein Stiftungsvermögen von 32,7 Milliarden Dollar zurückgreifen und lässt begabte Studenten aus ärmeren Familien kostenlos studieren. Ein weit kleineres, aber angesehenes Provinz-College wie in Kalamazoo, Michigan, kann sich neben den Studiengebühren auf die Erträge von rund 150 Millionen Dollar Stiftungskapital stützen.

Wer durch Anhäufung von Vermögen seine Tüchtigkeit in der Marktwirtschaft bewiesen hat, soll nach amerikanischem Denken dann auch selbst entscheiden, ob seine Spenden einem Museum, einer Oper, einer sozialen Initiative, der Bildung, der Aids-Hilfe in Afrika oder einem Verein für Umwelt- und Klimaschutz zugutekommen. Der übliche Einwand in Deutschland lautet: Dann würden diese Gelder ja nur den Interessen der Reichen dienen und Minderheitenanliegen würden benachteiligt. Die Praxis in den USA widerlegt diese Befürchtung. Der Sierra Club, der sich für Naturschutz einsetzt, Greenpeace und die Aids-Hilfe haben keinen Mangel an Zuwendungen. Für moderne Kunst wird ebenso gespendet wie für traditionelle Ausstellungen. Museen für afroamerikanische oder indianische Geschichte kommen genauso zum Zug wie die Dokumentierung der weißen Besiedelung oder der Zuwanderung aus Asien.

Amerikaner haben umgekehrt den Verdacht, dass das deutsche Finanzierungssystem den Kunstgeschmack und die finanziellen Interessen der Oberschicht begünstige. Opern und Theater werden zum Großteil aus Steuergeldern bezahlt, die Eintrittskarte deckt nur einen kleinen Teil der Kosten ab. Und wer geht ins Theater und die Oper? Überwiegend das Bildungsbürgertum, die sozial Benachteiligten dagegen kaum. Folglich bedeutet die Steuerfinanzierung der Kunst nichts anderes als eine einseitige Subvention für die Eintrittskarten der Bessergestellten. Ähnlich interpretieren Amerikaner die deutsche Praxis des kostenlosen Studienplatzes. Nach deutscher Auffassung dient der Umstand, dass man für sein Studium nicht zahlen muss, dem Ziel, dass jeder sich ein Studium leisten kann, unabhängig von der sozialen Herkunft. Amerikaner sagen dagegen: Ein Studium ist die Grundlage für ein deutlich höheres Einkommen im Vergleich zu Nichtstudierten. Also soll man dafür auch zahlen. Wenn man es kostenlos bekomme, sei das ein Geschenk aus der Steuerkasse in sechsstelligem Euro-Wert. Und da ganz überwiegend die Kinder der Akademiker – oder, genereller: der Bessergestellten – studieren, bedeutet auch dies in amerikanischen Augen eine Umverteilung öffentlicher Mittel zugunsten der Ober- und Mittelschicht.

Generell haben Amerikaner ihre Zweifel, ob Minderheitengruppen mit ungewöhnlichen Anliegen fern des „Mainstreams" ihre Interessen im deutschen System besser vertreten können als in der amerikanischen Gesellschaft. In Deutschland geht man zur Behörde, um Förderung zu erhalten. In den USA wirbt man für sein Anliegen im Bekanntenkreis, kämpft um Öffentlichkeit in den Medien, tritt an Privatpersonen heran mit der Bitte um finanzielle Unterstützung oder Mitarbeit.

Steuerliche Aspekte spielen bei der Spendenbereitschaft in den USA gewiss eine Rolle, haben bei den Entscheidungen der Spender aber ein geringeres Gewicht, als ausländische Beobachter gemeinhin annehmen. Die Erbschaftssteuer in den USA ist nicht generell höher als in Deutschland. Die Steuersätze von bis zu 55 Prozent stehen nur auf dem Papier. Gesetze bieten zahlreiche Optionen zur Vermeidung der Erbschaftssteuer. Die Freibeträge sind viel höher als in Deutschland. Bis zu sieben Millionen Dollar kann ein Ehepaar vererben, ohne auch nur einen Cent Steuern zu zahlen. De facto zahlen nur zwei Prozent der Bürger irgendeine Erbschaftssteuer. Sie ist also auch nicht die Erklärung dafür, warum Amerikaner mehr spenden und stiften. Der Schlüssel zum Verständnis ist die speziell amerikanische Auffassung von der richtigen Aufgabenverteilung zwischen Staat, Bürger und Gesellschaft.

Und der Zeitpunkt des Vorstoßes von Bill Gates und Warren Buffet – hatte der gar nichts mit der Finanzkrise zu tun? Doch. Nur auf andere Weise, als man in Deutschland argwöhnte. Es ging nicht um ein PR-Manöver, mit dem Begüterte ihr Image aufpolieren wollten, nachdem die Finanzelite und die Automanager in Verruf geraten waren. Alle diese Großspender geben nicht erst neuerdings, sondern schon seit Jahren und Jahrzehnten. Infolge der Finanz- und Wirtschaftskrise war jedoch das nationale Spenden- und Stiftungsaufkommen gesunken. Wenn weniger Geld verdient wird, ist auch weniger zum Spenden da. Das brachte die Institutionen, die von Spenden und Stiftungsgeldern leben, in Schwierigkeiten. Ihre Finanzplanung basierte auf dem Trend der Jahre vor der Krise – und da waren die Zuwendungen kontinuierlich gestiegen. In den Jahren 2008 bis 2010 mussten fast alle großen Stiftungen Geld aus dem Stiftungsvermögen entnehmen, um das laufende Programm aufrechtzuerhalten. Von den Kapitalerträgen allein konnten sie es nicht finanzieren. Deshalb baten Gates und Buffet so eindringlich darum, das Stiftungskapital wieder aufzufüllen.

Mehr Freiwillige für die Politik

Vom freiwilligen Engagement lebt auch das amerikanische Wahlsystem – in auffälligem Kontrast zu dem in Deutschland verbreiteten Eindruck, Amerikaner seien politisch desinteressiert. Mit jedem neuen Wahljahr zeigen sich die Stärken der ältesten Demokratie der Welt. Nirgendwo sonst können so viele Bürger über die Auswahl des Spitzenpersonals mitbestimmen. Die Kandidaten für politische Ämter werden nämlich nicht von den Parteiorganisationen vorsortiert, sondern von den Bürgern in sogenannten Vorwahlen bestimmt. Jeder Wahlprozess hat zwei Teile: die Vorwahl und die Hauptwahl. In der Vorwahl geht es darum, gegen die Konkurrenten im eigenen Lager den Kampf um die Kandidatur zu gewinnen. In der Hauptwahl tritt dann der Bewerber, der die interne Auswahl im Lager der Demokraten gewonnen hat, gegen den siegreichen Kandidaten aus dem Lager der Republikaner an. In der Regel kann sich jeder Bürger an dieser Auswahl beteiligen. Man muss nicht Parteimitglied der Demokraten sein, um darüber abzustimmen, wer für die Demokraten in der Hauptwahl antreten soll – und auch nicht Mitglied der Republikaner, um deren Kandidaten mit auszuwählen. Man muss sich nur ins Wählerregister eintragen und entscheiden, in welchem der beiden Lager man abstimmen möchte. In beiden zugleich darf man nicht.

Und in welchem Land nehmen nun mehr Bürger an Wahlen teil – in Deutschland oder den USA? Das kommt ganz darauf an, auf welche Teile des Wahlprozesses man blickt. Am Wahltag selbst machen mehr Deutsche ihr Kreuzchen auf dem Stimmzettel als Amerikaner. An Bundestagswahlen nahmen bis zur deutschen Einheit regelmäßig mehr als 80 Prozent der Berechtigten teil. Seither ist die Quote gesunken, aber sie lag 2013 noch immer bei 71,5 Prozent. An der Präsidentschaftswahl in Amerika beteiligen sich im Schnitt 55 Prozent der Wahlberechtigten.

Ganz anders ist das Bild, wenn man auf die Teilnahme der Bürger an der Vorauswahl der Kandidaten blickt. Der Anteil deutscher Bürger, die durch ihre Funktionen in Parteigremien Einfluss auf Kanzlerkandidaten nehmen können, liegt im Promillebereich. Selbst wenn alle deutschen Parteien ihre Mitglieder in einer Urwahl über den jeweiligen Kanzlerkandidaten abstimmen ließen und alle Mitglieder von diesem Recht Gebrauch machten – zwei Bedingungen, die beide nicht gegeben sind –, dann ergäbe sich daraus eine Partizipationsquote von etwas über zwei Prozent.

In den USA partizipieren viel mehr Menschen. Alle vier Jahre sind die Bürger in allen 50 Bundesstaaten aufgerufen, sich in der ersten Hälfte eines Präsidentschaftswahljahres an der Auswahl der Wunschkandidaten zu beteiligen – nicht nur für den Spitzenjob im Weißen Haus, sondern auch für den US-Kongress, den Landtag, die Kommunalparlamente und weitere Wahlämter. Am Iowa-Caucus, der ersten dieser Vorwahlen im Januar 2008, nahmen 350.000 Menschen teil – 230.000 bei den Demokraten, 120.000 bei den Republikanern. Die Summe entspricht 16 Prozent der 2,2 Millionen Einwohner im Wahlalter in Iowa. Bei der zweiten Vorwahl fünf Tage später in New Hampshire, wo man ein etwas anderes Wahlsystem namens „Primary" praktiziert, waren es sogar 30,6 Prozent (284.500 der 927.000 Wahlberechtigten).

Millionen freiwillige Helfer arbeiten zudem ohne Bezahlung in den Präsidentschaftskampagnen der Bewerber, nehmen dafür widrige Umstände in Kauf und bezahlen oft noch die Kosten für ihr Engagement selbst. Ein Wahlkampfeinsatz in Iowa und New Hampshire zu Beginn des Wahljahres bedeutet frostige Temperaturen, Schnee und Eisregen.

Warum tun sich Amerikaner das an? Ich fragte danach auf unzähligen Wahlkampfreisen. Und erhielt von Menschen wie Tanisha Smith, Peg Mikulanec und Michael Caplin die immer gleiche Antwort: „Das gehört zu unserer Demokratie." Sie machen sich keine Illusionen über den Charakter der Politik und der Politiker. Sie haben auch keine besseren Erfahrungen mit ihren gewählten Vertretern gemacht als die Deutschen. Sie wissen, dass Wahlversprechen nie eins zu eins Wirklichkeit werden. Und sie gehen dennoch hinaus in Kälte und Schnee, klingeln an Haustüren, verteilen Prospekte, rufen Sprechchöre für ihre Kandidaten. Oder telefonieren geduldig die Listen mit den Nummern potenzieller Anhänger ab und bitten sie, zur Wahl zu gehen.

Tanisha Smith ist eine Studentin aus Tennessee mit kurz geschnittenem, krausem Haar. Am späten Vormittag des Vorwahltags in Iowa kauern die 19-Jährige, ihre Freundin Peg und weitere Kolleginnen mit einem Pinsel in der Hand sowie roten und blauen Farbtuben auf dem Fußboden eines leer stehenden Ladengeschäfts, das die Kampagne angemietet hat. Sie malen Wahlplakate mit Schlagworten wie „Hoffnung" oder „Versöhnung der Nation". Gleich werden sie wie schon die letzten Tage damit losziehen, von Haus zu Haus in zugewiesenen Vierteln, bei bis zu minus 15 Grad und vereisten Straßen.

An diesem letzten Tag wollen sie die mutmaßlichen Anhänger daran erinnern, dass sie abends, bitte, zum „Caucus" gehen: der lokalen Wahlversammlung, die über den Wunschkandidaten der Partei abstimmt. Dort muss Smith dann vielleicht noch babysitten – den Service hat die Kampagne versprochen, damit auch Familien mit Kindern kommen. Ihr Einsatz für die reale Demokratie wird auch von ihrer Universität honoriert. Die rechnet ihr die Wahlkampfarbeit als Praktikum im Studium an. Wenn sie später einmal Bewerbungen schreibt, wird ein potenzieller Arbeitgeber das positiv vermerken. Dabei ist es unerheblich, welche Partei sie unterstützt. Universität und Arbeitgeber werten es generell als Pluspunkt, dass sie sich freiwillig engagiert. Wie anders würde das Gespräch wohl unter 19-Jährigen in Deutschland verlaufen? Ich habe die Parallele bei meinen Vorträgen in deutschen Schulen und vor Publikum mit hohem Jugendanteil mehrfach testweise gezogen. „Was, du machst Wahlkampf für XY?", würden Deutsche in Smiths Alter verwundert fragen. „Schön blöd! Warum machst du das denn?" Es hängt auch von den Reaktionen der Umgebung ab, von Familie, Freunden, Schule und Ausbildungsplatz, ob Jugendliche politisches Engagement als erstrebenswert oder als peinlich betrachten. Es ist gut für eine Demokratie, wenn Bürgerbeteiligung als „cool" gilt – und zwar nicht nur in Bürgerinitiativen, die gegen ein Projekt protestieren, um es zu verhindern. Sondern „cool" sollte es auch sein, für ein Anliegen einzutreten und sich innerhalb der Parteien an der politischen Willensbildung zu beteiligen. Insofern wirkt die amerikanische Demokratie lebendiger als die deutsche – auch wenn am Ende ein geringerer Prozentsatz der Bürger an der Hauptwahl teilnimmt.

Eine niedrige Beteiligung wird in den USA im Übrigen anders interpretiert. In Deutschland heißt es, wer zu Hause bleibe, sei ein Protestwähler. Diese Annahme gilt auch in Amerika, jedoch nur für einen Teil der Wahlverweigerer. Die Experten vermuten, dass eine beträchtliche Zahl der Nicht-Wähler damit Zustimmung zum System ausdrückt.

Die freie Rede des Geldes

Wer in Deutschland einen politischen Spitzenjob anstrebt, muss Rückhalt in den Parteigremien organisieren. In Amerika ist etwas anderes entscheidend: Rückhalt an der Basis. Die beiden Präsidentschaftskandidaten von 2008, die in der Hauptwahl aufeinandertrafen, Barack Obama für die Demokraten und John McCain für die Republikaner, waren nicht die Favoriten des jeweiligen Parteiestablishments. Sie waren als Außenseiter angetreten und setzten sich durch, weil sie die Basis überzeugen konnten.

Eine solche Bewerbung beginnt in den USA idealerweise als Plebiszit: Bewerber müssen zeigen, dass sie einfache Bürger für ihre Ideen begeistern können. Wenn Menschen unterschiedlicher Herkunft zu ihren Wahlkampfveranstaltungen strömen und Tausende Geld spenden, gilt das als der ultimative Beweis für „Leadership": die Fähigkeit, ein Anführer zu sein. Und weil die Amerikaner diesen Grundmechanismus ihrer Demokratie verinnerlicht haben, lassen sie sich auch immer wieder von politischen Kandidatinnen und Kandidaten begeistern, opfern Zeit, um eine Kampagne zu unterstützen, und spenden Geld.

Spielen Spenden und spielt generell Geld nicht eine viel zu große Rolle in der amerikanischen Politik? Ja, aus deutscher Sicht ist das ganz gewiss so. Im Präsidentschaftswahlkampf 2012 haben der Demokrat Barack Obama und der Republikaner Mitt Romney jeweils mehr als eine Milliarde Dollar eingeworben und ausgegeben. Das sind Dimensionen weit jenseits jeder Vernunft für deutsche Beobachter. Der Wahlkampfetat einer deutschen Volkspartei für einen kompletten Bundestagswahlkampf liegt bei 20 Millionen Euro.

Deutsche übersehen freilich gerne: Das System amerikanischer Wahlkampfspenden unterliegt engen Vorschriften und einer umfassenden Kontrolle. Eine Person darf maximal 2500 Dollar für einen Politiker pro Wahlkampfetappe spenden: 2500 Dollar für die Vorwahl zur Erringung der Kandidatur und nochmals 2500 Dollar für die Hauptwahl. Die Listen der Spender sind öffentlich. Jeder kann nachschauen, wie viel der Nachbar für wen gespendet hat. Staatliche Wahlkampfkommissionen – und ebenso die großen Medien – prüfen diese Listen. Wenn Verstöße festgestellt werden, wäre es das politische Ende für den Kandidaten.

Die in Europa verbreitete Behauptung, in den USA sei die Politik käuflich, weil große Konzerne mit Millionenspenden einen ihnen genehmen Politiker an die Macht bringen können, ist ziemlich fern der Realität. Andererseits wäre es ähnlich wirklichkeitsfremd, den Einfluss des Geldes zu leugnen. In der Praxis sind die Mechanismen freilich etwas komplizierter. Nehmen wir an, ein Pharma-Manager oder ein Rechtsanwalt möchte Einfluss auf einen Politiker nehmen – dann reichen die 2500 Dollar, die er als Einzelperson spenden darf, dafür gewiss nicht. Betätigt sich dieser Mensch jedoch als „Bundler", der Spenden bündelt, indem er mehrere hundert andere Rechtsanwälte oder Pharma-Lobbyisten dazu bringt, ebenfalls je 2500 Dollar zu spenden, und weist den Politiker darauf hin, dass dank seiner Vermittlung insgesamt eine halbe Million oder gar eine ganze Million Dollar Spenden geflossen sind, dann kann das durchaus Wirkung haben.

Neuerdings sind so genannte „Super PACs" (PAC ist die Abkürzung für Political Action Committee) in Mode: Lobby-Kampagnen, mit denen organisierte Gruppen bestimmte politische Aussagen bewerben und für die die Begrenzung der Spendenhöhe nicht gilt. Sie dürfen allerdings nicht für Kandidaten werben und sich organisatorisch nicht mit einem Wahlkampfteam koordinieren. Indirekten Einfluss nehmen sie gleichwohl, weil ihre Aussagen sich leicht einem der beiden Lager zuordnen lassen. Ob diese Form der Unterstützung Wirkung hat, ist umstritten.

Das amerikanische Verfassungsgericht gibt der politischen Spende einen hohen Rang. Sie leitet sich nach der Rechtsprechung direkt vom Grundsatz „Freedom of Speech" ab. Dieses Grundrecht, sagt der Supreme Court, könne man nicht nur mit der Stimme, sondern auch mit dem Portemonnaie ausüben. Dieser Gedanke ist für Deutsche gewöhnungsbedürftig. Geld allein reicht freilich nicht, um ein mächtiges Wahlamt in den USA zu erringen. Das zeigen die vergeblichen Versuche von Millionären und Milliardären, mit Hilfe ihres Privatvermögens ein Mandat zu erobern. Sie scheitern damit regelmäßig. Erst die Mischung aus attraktivem Inhalt, Massenunterstützung und Spenden führt zum Erfolg.

Vom Nutzen der Ungleichheit

Die amerikanische Auffassung von der Selbstverantwortung des einzelnen Menschen und der geringeren Rolle des Staats hat in der Praxis viele Schattenseiten. Die Unterschiede zwischen den Reichen und den Armen sind in den USA größer als in Deutschland. Das gilt sowohl für die Einkommen als auch für die bereits vorhandenen Vermögen. In beiden Länder gilt freilich: Die Einkommensabstände sind nicht so groß wie die Unterschiede bei den bereits vorhandenen Vermögen. Denn dort potenzieren sich die Differenzen im Laufe der Jahre: Wer reich ist, wird immer reicher, weil das Vermögen weitere Erträge erwirtschaftet. Wer nicht viel verdient und kein Vermögen besitzt, das Rendite abwirft, tut sich schwer, Geld zurückzulegen.

In den USA hatte das oberste eine Prozent der Gesellschaft 2013 ein durchschnittliches Jahreseinkommen von 1,3 Millionen Dollar; bei den oberen zehn Prozent sind es im Schnitt 164.650 Dollar, bei den unteren 90 Prozent 31.240 Dollar.

In Deutschland sind die Spitzeneinkommen deutlich niedriger. Ein Prozent verdient im Schnitt annähernd 200.000 Euro im Jahr. Zu den oberen zehn Prozent gehört man mit einem Jahreseinkommen um die 75.000 Euro. In den USA würde man da von einem mittleren Einkommen sprechen. In Deutschland zahlt bereits die Mittelschicht Spitzensteuersätze. Die obersten zehn Prozent tragen 52 Prozent der insgesamt anfallenden Einkommensteuer. Die unteren 50 Prozent steuern sechs Prozent zu den Staatseinnahmen aus der Einkommensteuer bei.

Höchst unterschiedlich wird in Amerika und in Deutschland über die Vor- und Nachteile der Einkommensungleichheit diskutiert. In Deutschland steht meist im Vordergrund, dass eine zu hohe Ungleichheit dem Wachstum schade; denn nur wenn die zahlenmäßig größere Gruppe der Durchschnitts- und Geringverdiener mehr im Portemonnaie habe, werde auch mehr konsumiert. In den USA betont man den Nutzen der Ungleichheit und des Anreizes, durch mehr Einsatz auch mehr Geld zu verdienen. Wenn der Staat aufgrund des Ziels, die Ungleichheit zu reduzieren, die Leistungsträger höher besteuere, sinke deren Einsatzbereitschaft – zum Schaden der wirtschaftlichen Dynamik.

Krasser als die Unterschiede zwischen den Einkommen sind die Unterschiede in der Vermögensverteilung, und auch dabei rangieren die USA weit vor Deutschland. In den USA kontrolliert das reichste eine Prozent der Gesellschaft 35 Prozent der Vermögen; die oberen zehn Prozent besitzen 73 Prozent der Vermögen, die oberen 20 Prozent mehr als 80 Prozent der Vermögen. Die Verteilung in Deutschland ist nicht ganz so ungleich. Die oberen zehn Prozent besitzen gut 60 Prozent der Vermögen; die oberen 30 Prozent verfügen über 90 Prozent der Vermögen, die unteren 70 Prozent entsprechend über nur 10 Prozent der Vermögen.

Auch bei der Vermögensverteilung betrachten Amerikaner die ausgeprägte Ungleichheit nicht von vornherein als ungerecht, ja nicht einmal als Nachteil für eine Gesellschaft. Sie glauben mehrheitlich, dass dies eine natürliche Folge ihres Wirtschaftssystems sei – und da dieses auf Konkurrenz basierende System effektiver wirke beim Ziel, Wohlstand für alle zu schaffen, als die real existierenden sozialistischen oder autoritär geführten Gesellschaften von China über Russland bis Südamerika, fahren in amerikanischen Augen auch die Ärmeren damit besser. Viele sogenannte Arme in den USA besitzen in absoluten Werten mehr als Menschen mit mittlerem Vermögen in den meisten anderen Ländern der Welt; das gilt auch nach Abzug der Mindestkosten für den Lebensunterhalt, die in den USA höher sind als in China, Indien oder Brasilien. Arm sind Amerikas Arme im inländischen Vergleich mit den Reichen. Aber da diese Reichen Geld in die Wirtschaft investieren – und damit auch in Arbeitsplätze – sowie teils für gemeinnützige Zwecke spenden, kommt der Reichtum der Wenigen am Ende wieder der Masse der Nichtvermögenden zugute.

Auf anderen Gebieten gibt es keine solchen mildernden Erklärungen. Gemessen an der Zahl der Bevölkerung sitzen in den USA neun Mal so viele Menschen in Gefängnissen wie in Deutschland. Pro 100.000 Einwohner waren es 2015 710 Strafgefangene in den USA und in Deutschland 78. Wer in die Mühlen der US-Justiz gerät, wird in der Praxis härter behandelt und muss mit schärferen Strafen rechnen, als man das aus Deutschland kennt. Auch da gilt: Jeder ist für sich selbst verantwortlich, für gute wie für schlechte Taten. Die Bereitschaft, einen Teil der Schuld den gesellschaftlichen Umständen anzulasten, in denen ein Mensch aufgewachsen ist, ist in Amerika geringer. Zugleich sind viele Bundesstaaten nicht bereit, das Geld für ein menschenwürdiges Strafsystem bereitzustellen. So kam es 2011 zu der überraschenden Situation, dass der Oberste Gerichtshof dem Staat Kalifornien die Weisung erteilte, 30.000 Gefangene auf freien Fuß zu setzen – nicht, weil sie zu Unrecht verurteilt worden wären, sondern mit der Begründung, Kaliforniens Gefängnisse seien derart überfüllt, dass der Staat damit gegen den Verfassungsgrundsatz verstoße, der grausame Strafen verbiete.

Reiche in Handschellen

Härte zeigt das amerikanische Justizsysteme auch gegen Prominente, selbst solche von internationaler Berühmtheit. Im Mai 2015 gingen die USA gegen Funktionäre des Weltfußballverbands FIFA vor wegen Bestechungsverdachts. Auch die Europäer beklagten damals die mafiaähnlichen Strukturen unter FIFA-Präsident Joseph Blatter und hofften auf einen Hebel gegen dessen Wiederwahl. Aber nur die USA trauten sich, strafrechtlich gegen die FIFA-Spitze zu ermitteln. Die nächtliche Aktion, bei der die Schweizer Justiz auf dem Weg der Amtshilfe FIFA-Funktionäre aus den Hotelbetten holte, hatte mit Hinweisen auf mutmaßliche Korruptions- und Steuervergehen in den USA begonnen. Der

Fußballverband für Nord-, Mittelamerika und die Karibik hat seinen Sitz in Miami, Florida. Viele Fußballfans waren der US-Justiz dankbar. Ihre Ermittlungen leiteten das Ende des „Systems Blatter" ein.

Vier Jahre zuvor hatte Dominique Strauss-Kahn, der damalige Chef des Internationalen Währungsfonds (IWF), die Unnachgiebigkeit der US-Justiz zu spüren bekommen. Er stand im Mai 2011 unter Verdacht, eine Hotelangestellte in New York vergewaltigt zu haben. Dabei prallten die unterschiedlichen Rechtsvorstellungen und Kulturtraditionen in Frankreich und Amerika aufeinander.

Einige europäische Medien und speziell viele französische waren in heller Empörung: Amerikas Justiz missachte das Prinzip der Unschuldsvermutung, wenn sie Strauss-Kahn in Handschellen vor die Kameras führe – noch ehe Anklage erhoben war. Und warum kam er nicht gleich gegen eine Millionenkaution auf freien Fuß, bis der Prozess begonnen hat? Amerikaner wiederum erregten sich, dass Europa den Vorwurf der versuchten Vergewaltigung offenbar für ein Kavaliersdelikt halte oder besondere Schonung für einen Mann mit so vielen Privilegien erwarte. Nach ihrem Eindruck wurde der IWF-Chef nicht anders behandelt als jeder andere Mensch, gegen den schwere Verdachtsmomente vorliegen. Es sei ein großer Fortschritt, dass „die Zeiten vorbei sind, als mächtige Männer erwarten durften, dass solche Vorfälle als Missverständnisse abgetan [...] und nicht als kriminelle Handlungen verfolgt wurden", kommentierte die Washington Post Mitte Mai 2011.

Ähnliche Reflexe hatte es zuvor beim Auslieferungsverfahren gegen den polnischstämmigen Regisseur Roman Polanski gegeben. 1977 hatte er ein 13-jähriges Mädchen in Los Angeles unter Alkoholeinfluss zum Geschlechtsverkehr verführt. Während des Gerichtsverfahrens floh er nach Frankreich, weil er dort keine Auslieferung in die USA befürchten musste. Polanski sagte, er habe fliehen müssen, weil die Staatsanwaltschaft in Kalifornien das Verfahren manipuliert habe und ihm einen fairen Prozess verweigere. Die USA setzten ihn auf die internationale Fahndungsliste. Als Polanski 2009 in die Schweiz reiste, wurde er dort festgenommen, aber am Ende nicht an die USA ausgeliefert. In beiden Fällen, Strauss-Kahn und Polanski, behaupteten US-Medien, der Umgang Europas mit Sexualität sei zu locker. Umgekehrt spotteten Europäer, Amerika sei prüde und sensationsgeil im Umgang mit Sexualdelikten. Generell behandelt das US-Justizsystem Verdächtige härter, als man das in Europa kennt. Viele Staatsanwälte und Richter in den unteren Instanzen bekleiden Wahlämter. Das erzeugt einen gewissen Druck, sich im Einklang mit der mutmaßlichen Volksmeinung zu zeigen, sie wollen ja wiedergewählt werden. Dieses Bemühen gilt in Amerika als Tugend, nicht als Befangenheit. Das Trophäenfoto, das einen festgenommenen Verdächtigen in Handschellen zeigt, hat Tradition und wird, wenn es einen Prominenten trifft, als Beleg verstanden, dass die Ermittler ihre Arbeit ernst nehmen.

Die Todesstrafe stirbt langsam

Zwei andere Felder an der Grenzlinie zwischen Gesellschaft und Strafrecht, auf denen sich Europäer und Amerikaner oft mit gegenseitiger Verachtung begegnen, sind die Todesstrafe und das Waffenrecht. Ich lehne die Todesstrafe ab. Erstens aus grundsätzlichen Erwägungen: Wenn der Staat die Tötung eines Menschen verbietet und unter eine hohe Strafe stellt, darf er nicht selbst zum Henker werden. Zweitens aus pragmatischen Gründen: Ihr angeblicher Nutzen lässt sich nicht nachweisen. Die Behauptung, die Todesstrafe habe eine hohe abschreckende Wirkung auf potenzielle Mörder, ist durch die Erfahrung widerlegt. Es gibt zudem zahlreiche Justizirrtümer, die sich nach einer vollzogenen Hinrichtung nicht mehr korrigieren lassen.

Doch auch die selbstgerechte Kritik von Europäern an der Todesstrafe in den USA stößt mir unangenehm auf, weil sie oft von Unkenntnis der tatsächlichen Lage begleitet ist. Die Zahl der Hinrichtungen in Amerika sinkt seit Jahren. Es wird freilich so rasch keine politische Mehrheit für ihre Abschaffung geben. Die Auffassung, dass ein Mensch, der mordet, damit sein eigenes Leben verwirkt habe, findet in den USA breite Zustimmung. In dieser Lage ist es ein Fortschritt, dass die Todesstrafe nur noch selten vollstreckt wird. Sie bleibt vorerst Teil des Strafrechts, stirbt aber allmählich aus.

19 Bundesstaaten haben die Todesstrafe abgeschafft, zuletzt Illinois (2011), Maryland (2013) und Nebraska (2015). In Connecticut hat der Oberste Gerichtshof des Staats sie im August 2015 für verfassungswidrig erklärt. 31 Bundesstaaten halten an ihr fest, ebenso die Bundesregierung bei Strafverfahren auf Bundesebene. 15 davon haben zwischen 2010 und 2015 keine Hinrichtung mehr vollzogen. Vollstreckt wird also nur noch in einem Drittel der US-Staaten. Die offizielle Abschaffung ist jedoch umstritten, selbst dort, wo Demokraten regieren.

Das zeigte sich in Illinois, wo Präsident Obama seine politische Heimat hat. Im Wahlkampf 2010 hatte der demokratische Gouverneur Pat Quinn sich noch für die Beibehaltung der Todesstrafe ausgesprochen. Das trug zu seinem knappen Wahlsieg gegen den Republikaner Bill Brady bei. 2011 argumentierte Quinn jedoch, dass die Todesstrafen-Verfahren zu so vielen Fehlurteilen geführt hätten, dass das ganze System „irreparabel" sei. Alle bestehenden Todesurteile in Illinois wurden in eine lebenslange Freiheitsstrafe ohne Berufungsmöglichkeit umgewandelt. In der Praxis war die Todesstrafe dort seit elf Jahren nicht mehr vollstreckt worden. Im Jahr 2000 hatte der republikanische Gouverneur George Ryan ein Moratorium verkündet, nachdem Todesstrafengegner nachweisen konnten, dass mehrere Urteile gegen Unschuldige verhängt worden waren.

Illinois steht für den generellen Trend in Amerika: Die Todesstrafe wird seit Jahren immer weiter zurückgedrängt und nur noch selten vollstreckt. In der Geschichte der USA hatte es zwei Versuche gegeben, sie landesweit abzuschaffen: in den 1920er- und in den 1970er-Jahren. Beide Anläufe gelten im allgemeinen Bewusstsein als gescheitert. Die Bürger glauben zu wissen, dass die Kriminalität und die Zahl der Morde in den Folgejahren jeweils stark angestiegen sei. Und deshalb kehrte Amerika zur Todesstrafe zurück. Damit folgen die Bürger jedoch einer Legende. Experten sagen, die Abschaffung der Todesstrafe sei nicht der Grund für die jeweils steigende Gewalt gewesen. Sondern andere, zeitlich parallele Faktoren hätten das verursacht.

In den 1920er-Jahren ließen die USA die Todesstrafe allmählich auslaufen. Doch die Prohibition, das generelle Alkoholverbot, machte den verbotenen Alkoholausschank zu einem einträglichen Geschäft. Die Konkurrenz um diese Einkünfte wurde in Chicago und in anderen Großstädten in blutigen Bandenkämpfen ausgetragen und förderte berühmte Verbrecherkarrieren wie die Al Capones. Der Staat griff zu drakonischen Strafen, um der Gewalt Herr zu werden, auch zur Todesstrafe.

Von 1972 bis 1976 war die Todesstrafe auf Grund eines Verfassungsgerichtsurteils vorübergehend ausgesetzt. Parallel gab es in vielen Großstädten Rassenunruhen und soziales Aufbegehren mit einer hohen Gewaltrate. Abermals glaubten viele Bürger, das habe mit der fehlenden Abschreckung durch die Todesstrafe zu tun. Seit 1977 durfte sie wieder vollstreckt werden. Bis 1999 stieg die Zahl der Exekutionen pro Jahr auf 98 an; seither sinkt sie allmählich, wenn auch nicht in jedem aufeinanderfolgenden Jahr. 2008 gab es 37, 2010 46, 2014 35 Hinrichtungen. Sie wurden hauptsächlich in republikanisch regierten Südstaaten wie Texas, Virginia, Alabama und Georgia vollzogen, aber auch in Kalifornien, wo die Demokraten die Mehrheit haben. In den allermeisten Fällen bedeutet ein Todesurteil in den USA de facto lebenslanges Gefängnis.

Eine klare Mehrheit der Bürger tritt auch heute noch für die Todesstrafe ein, sie sinkt aber über die Jahre, von 78 Prozent 1995 auf 56 Prozent 2015. Die Gegner haben immer wieder Erfolg mit Klagen gegen die Exekutionsmethoden oder wegen der Zweifel an der Rechtmäßigkeit des Urteils in Einzelfällen. In den meisten Staaten wird ein Giftcocktail zur Exekution benutzt. Doch häufig sind Klagen erfolgreich, dass diese Methode gegen das Verfassungsverbot „inhumaner" Strafen verstoße. Den USA gehen allmählich die Hinrichtungsmethoden aus.

Der Waffenkult

Immer wieder wühlen Amokläufe mit Schusswaffen die Seelen auf beiden Seiten des Atlantiks auf: im Januar 2011 das Attentat auf die demokratische Kongressabgeordnete Gabrielle Giffords in Tucson, Arizona, mit sechs Toten; im April 2012 die Kinoschießerei in Aurora, Colorado, während der Vorführung des

Films „The Dark Knight Rises" mit zwölf Toten; im Dezember 2012 das Massaker an zwanzig Erstklässlern und sechs Betreuern in der Sandy-Hook-Grundschule in Newtown, Connecticut; im Juni 2015 die Ermordung von neun Menschen in einer der ältesten afroamerikanischen Kirchen in Charleston, South Carolina, durch einen weißen Rassisten.

Und das sind nur die aufwühlendsten Fälle unter erschreckend häufigen Massenschießereien. 160 hat das FBI in den Jahren 2000 bis 2013 gezählt, nahezu jeden Monat eine. 486 Menschen starben, 557 wurden verletzt. Jedes Mal, wenn die Medien ausführlich berichten, treten die Spannungen zwischen den Rechts- und Moralauffassungen in Deutschland und den USA zutage sowie die unterschiedliche Einstellung zu Schusswaffen. Das Grundmuster dieser Auseinandersetzung: Die meisten Deutschen machen systemische Ursachen aus – die Verbreitung von Schusswaffen und den Waffenkult, der sich auch in der Umgangssprache ausdrückt, sowie die Hassrhetorik der politischen Rechten in Verbindung mit einer Machokultur, die Gewalt verherrlicht. Jedes Mal wieder sind die Deutschen perplex, dass die USA ihre Waffengesetze nicht ändern.

Amerikaner neigen dazu, die Motive der Täter zu hinterfragen und kommen überwiegend zu dem Schluss, dass es sich um psychisch kranke oder geistig verwirrte Einzeltäter handele – weshalb man allenfalls an kleinen Stellschräubchen des Rechtssystems drehen müsse, zum Beispiel die „Background Checks" verfeinern, damit labile Personen keine Waffen erlangen. An der generellen Freiheit des Waffentragens, der die Rechtsprechung einen hohen Wert beimisst, müsse sich hingegen nach Mehrheitsmeinung nichts ändern. Die Schüsse auf die Abgeordnete Giffords 2011 bei einer Bürgersprechstunde auf dem Parkplatz vor einem Einkaufszentrum, zum Beispiel, interpretierte Amerika in idealisierter Überhöhung als Anschlag auf das Urbild der Demokratie: Die Volksvertreterin ist zurück aus der fernen Hauptstadt, legt ihren Wählern unter freiem Himmel Rechenschaft ab, wie sie deren Interessen vertritt, und soll in diesem Moment ermordet werden.

Arizona war damals ein besonders heißes Pflaster der parteipolitischen Auseinandersetzung: ein Wüstenstaat im Südwesten mit einer langen Grenze zu Mexiko. Auf der Südseite dieser Grenze herrschte Bürgerkrieg. Den Kampf gegen die Drogenmafia und Menschenschmuggler, die illegale Wanderarbeiter in die USA bringen, hatte Mexiko erst 2006 ernsthaft aufgenommen. Rund 30.000 Menschen waren dort bis Jahresbeginn 2011 ums Leben gekommen, darunter mehr Soldaten und Polizisten, als die USA im Irak und in Afghanistan zusammen verloren haben.

Opfer gab es vereinzelt auch auf der US-Seite der Grenze: Rancher und andere Zivilisten, die den Kriminellen im Weg waren. Arizona hatte deshalb ein scharfes Landesgesetz zur Kontrolle illegaler Einwanderer verabschiedet. Doch weil es viele Anti-Diskriminierungsregeln ignorierte, lehnten die Demokraten es ab. Menschenrechtsgruppen und das Weiße Haus reichten Klagen wegen Verfassungswidrigkeit ein. Die Mehrheit der Einwohner von Arizona empfand diese Klagen als ehrabschneidend. In ihren Augen enthielt das Gesetz pragmatische Lösungen, die unumgänglich seien.

Die Lage war außer Kontrolle geraten, aber die Bundesregierung in Washington tat zu wenig, schickte weder genug Truppen noch verstärkte sie die Grenzabsperrungen. In dieser aufgeheizten Stimmung hatte Giffords sich zur Wiederwahl gestellt. Ihr Wahlkreis im Südosten Arizonas reicht von der mexikanischen Grenze im Süden und New Mexiko im Osten bis kurz vor Tucson, der ersten Großstadt nördlich der Grenze: 23.500 Quadratkilometer, größer als Hessen. Der aufsehenerregende Mord an einem Rancher wurde zum Auslöser für das Arizona-Gesetz zur verschärften Kontrolle illegaler Migranten. Im Wahlkampf geriet Giffords ins Visier der Tea Party und der prominenten Republikanerin Sarah Palin.

In der politischen Sprache und Symbolik der USA sind Anleihen aus Krieg und Jagd üblich. Vereinzelt gibt es das auch in Deutschland, zum Beispiel „Schießen Sie los ..." zu Beginn einer Debatte. In Amerika geht das viel weiter. Sarah Palin arbeitete mit Wahlkreiskarten, auf denen sie ihre Gegner mit einem Fadenkreuz versah. In Anspielung auf den überraschenden Sieg des Republikaners Scott Brown bei der Senatsnachwahl in Massachusetts im Januar 2010 gab sie die Parole aus, die Kongresswahl sei die Gelegenheit „to reload" – nachzuladen. Giffords republikanischer Herausforderer in Arizona war der 29-jährige Jesse Kelly, Unteroffizier bei der Elitetruppe US Marines. Er bat um „Hilfe, Gabrielle Giffords aus dem Amt zu entfernen", und lud dazu ein, „eine vollautomatische M 16 mit mir leerzuschießen", das Schnellfeuergewehr der Marines. Sind die Toten Opfer dieser Rhetorik? Hat der Täter sie wörtlich genommen? Der 74-jährige Sheriff Clarence Dupnik, in dessen Bezirk der Tatort fällt, sprach diesen Verdacht aus. Auch er bekomme regelmäßig Todesdrohungen. In diesem „Klima des Gifts" werde bald kaum noch jemand für öffentliche Ämter kandidieren.

Deutsche Medien griffen seine Erklärung auf: Der 22-jährige Schütze Jared Lee Loughner sei beeinflusst oder gar angestiftet worden durch die scharfe Rhetorik rechter Politiker. Sie wichen überwiegend auch dann nicht von dieser eingängigen These ab, als die Ermittler sie nach wenigen Tagen widerlegten. Loughner war ein psychisch kranker Mensch, der keinen Kontakt zu rechten Gruppen hatte. Im Internet zog er über den Republikaner George W. Bush her. Die Armee lehnte ihn ab, weil er beim Drogentest durchfiel. Seit 2007 hatte er einen persönlichen Hass auf Giffords entwickelt, weil er sich von ihr missachtet fühlte. Sie hatte auf seine politischen Anfragen nicht geantwortet. Das erbitterte ihn. Amerika erklärte die Schüsse zur Tat eines verwirrten Einzeltäters. Da blieben freilich kritische Fragen. Wenn Loughner psychisch krank war, wie konnte er dann legal an eine Waffe kommen? Und: Hatte niemand seine tödlichen Pläne bemerkt?

Sehnsucht nach Heilung und Helden

Viele Amerikaner haben wenig Bedürfnis, solche Überlegungen anzustellen. Sie sehnen sich nach Seelenheilung, nicht nach Gewissenserforschung und Schuldzuweisungen. Das zeigte die Trauerfeier in Tucson – das Muster sollte sich bei den Trauerfeiern nach den Massakern in Aurora, Newtown, Charleston und anderen Orten wiederholen.

Carlos Gonzales, ein Nachfahre lokaler Indianer, eröffnete die Feier mit einer traditionellen Segensbitte „an unseren Schöpfer". Ein Drittel Arizonas besteht aus selbstverwalteten Indianerreservaten. Mit Vogelfedern wies er in die vier Himmelsrichtungen, die für Hilfen zur Heilung stehen: Familie, Humor, Kraft, Verantwortungsgefühl.

Die republikanische Gouverneurin Jan Brewer, die das scharfe Landesgesetz gegen illegale Einwanderer durchgesetzt hat, wurde mit vereinzelten Pfiffen empfangen; Universitäten sind auch in konservativen Staaten meist demokratisches Territorium. Doch solche parteipolitischen Aufwallungen blieben die Ausnahme. Amerika dürstete in seiner Bedrückung nach Harmonie und wollte Vorbilder sehen, auf die es stolz sein kann. Zum Beispiel den 20-jährigen Daniel Hernandez. Er ist Student der Uni, freiwilliger Mitarbeiter der Abgeordneten Gabrielle Giffords und ausgebildeter Sanitäter. Seine fachkundige Erste Hilfe rettete ihr das Leben. Bescheiden wies er den Applaus zurück: „I am not a hero." Helden seien andere: die Bürger, die den Attentäter überwältigten; die Chirurgen, die um Giffords Genesung kämpfen.

Damit war die Bühne bereitet für den Präsidenten. Er sollte Trost spenden und Sinn stiften nach einer Katastrophe, die die Menschen als sinnlos empfanden – so wie Ronald Reagan nach der Explosion der Raumfähre Challenger, Bill Clinton nach dem Oklahoma-Bombenattentat und George W. Bush nach dem Terrorangriff an 9/11. Obama sprach teils wie ein Pfarrer, zitierte aus der Bibel und appellierte an eine amerikanische Tugend: Noch in der Stunde des Bösen solle der Mensch an den Sieg des Guten glauben. Obama sprach über jeden der Toten einige persönliche Sätze: Ganz Amerika habe in ihnen einen Bruder verloren wie Gabe Zimmerman, einen Mitarbeiter Giffords. Einen Familienvater wie Richter John Roll. Und ein Kind wie die neunjährige Christina. Man spürte, dass der Präsident an seine eigenen Töchter dachte. Er lehnte es ab, in der hitzigen politischen Rhetorik eine Mitursache der Tragödie zu sehen. Niemand könne mit Sicherheit sagen, was den Attentäter zur Tat getrieben habe. „Statt mit dem Finger aufeinander zu zeigen und Schuld zuzuweisen", solle die Nation sich darauf besinnen, dass „mehr Dinge uns miteinander verbinden als trennen". Jedes Volk hat eigene Maßstäbe, was seine Anführer in Momenten nationaler Erschütterung sagen sollen – und was nicht. Das ist Teil der Kultur und Tradition.

Hätte Barack Obama diese Rede nicht bei der Trauerfeier in Tucson gehalten, sondern vor deutschem Publikum nach den Massakern in Erfurt und Winnenden, würde er wohl nicht als

Wunderheiler gefeiert. Es gäbe Kritik: Ging das religiöse Pathos nicht zu weit? Warum weigerte er sich, über politische Ursachen und Konsequenzen zu reden? Die laxen Waffengesetze gehören doch zum Kontext, die Verherrlichung der Gewehre, das Sparen an staatlichen Programmen zur Hilfe für psychisch Kranke wie den Attentäter. Und die Rhetorik der Gewalt. Doch Obama sprach zu Amerikanern. Es war klug, die Trauerfeier nicht als Bühne für die parteipolitische Auseinandersetzung um die Waffengesetze und das Immigrationsrecht zu missbrauchen. In den Umfragen stieg sein Ansehen in der Folgezeit. Einen ganz ähnlichen Ton setzte er 2015 in Charleston. In der Kirche, wo der weiße Rassist Dylann Roof neun Menschen erschossen hatte, nachdem er mit ihnen kurz zuvor noch gebetet hatte, stimmte Obama „Amazing Grace" an. Nicht nur in Amerika, auch in Deutschland waren viele in diesem Moment ergriffen. Nach fast jeder Massenschießerei in den vier Jahren seit Tucson hatte Obama versucht, auf eine Verschärfung der Waffengesetze zu drängen. Vergeblich. Die Waffenlobby, der viele Republikaner die Treue halten, unter anderem wegen deren großzügigen Wahlkampfspenden, war bisher stärker.

Das „Hate Crime" in Charleston hat immerhin eine kleine Revolution ausgelöst, auch unter Republikanern. Die in den Südstaaten zuvor geheiligte Konföderiertenflagge wurde nach dem Kirchenmassaker zu einem Symbol des Rassenhasses erklärt und von den staatlichen Gebäuden eingeholt. An der Einstellung der Amerikaner zum Waffenrecht haben die Schocks über die Massaker der letzten Jahre hingegen wenig geändert. Das lehrt der Besuch in einem Waffengeschäft. Mehr als 30.000 Menschen sterben jedes Jahr in den USA durch Schusswaffen. Über 55 Prozent sind Selbstmorde. Zwischen 12.000 und 12.500 werden Opfer von Mord und Totschlag durch Kugeln.

Atlantic Guns ist ein kleiner Laden in Silver Spring, einem Vorort von Washington. Die Schaufenster sind vergittert. Eines davon schmücken Werbeplakate der österreichischen Firma Glock, mit deren Modell 19 Loughner in Tucson tötete. Schwere Poller auf dem Bürgersteig vor dem Eingang verhindern, dass sich jemand mit einem Rammfahrzeug Zugang verschafft. Drinnen fällt der Blick auf die großen Namen der Wildwestromane: Browning, Colt, Remington, Smith & Wesson, Springfield. Die Regalreihen und Vitrinen sind nach drei Zielgruppen geordnet: Sportschützen, Jäger, Selbstverteidigung. Ganz hinten links hängen Schnellfeuergewehre zu Preisen zwischen 599 und 1595 Dollar, darunter ein M-4, die zivile Variante des Armeegewehrs M-16. Pistolen des Kalibers 9 mm wie Loughners Tatwaffe kosten 400 bis 600 Dollar.

„Pistolen machen Menschen höflich"

Haben die Amokläufe in Schulen und Kirchen etwas geändert? Der Mann hinter der Ladentheke, ein weißhaariger Mittfünfziger mit rötlicher Hautfarbe namens Dan, scheint erstaunt über die Frage. „Nein, wieso?" Er glaube auch nicht, dass schärfere Regulierungen etwas bringen. „Die meisten Käufer sind Stammkunden, die kenne ich. Wenn mal ein Neuer kommt, lasse ich mir den Ausweis zeigen und rufe beim FBI wegen Background-Check an. Das dauert keine fünf Minuten."

Natürlich hat Dan es gleich vermutet: Wer solche Fragen stellt, ist kein Amerikaner. An Ausländer wie mich dürfe er nicht verkaufen, betont er. Aber zwei Dinge will er schon noch loswerden. Erstens, Waffen aus Deutschland und Österreich seien in Amerika sehr beliebt, wegen der Zuverlässigkeit: Glock, Sauer,

Walther liefen oft besser als die US-Produkte. Zweitens zeige die Erfahrung den erzieherischen Wert von Waffen. „Eine bewaffnete Gesellschaft ist eine höfliche Gesellschaft. Nur Unbewaffnete sind leichte Opfer. Das lädt zu Gewalt ein."

Dann musste er sich um die Kunden kümmern. Sam, ein Schwarzer Ende zwanzig, lässt ein vollautomatisches Gewehr durch die Hände gleiten, drückt den Kolben prüfend gegen die Schulter und korrigiert die Haltung. Wofür er es braucht? In der Freizeit treffe er sich mit Kumpels in der Schießanlage, sagt er mit einem Grinsen, das zu vielerlei Interpretation einlädt. Er ist in Anacostia aufgewachsen, dem Viertel im Südosten der Hauptstadt, das jahrelang die höchste Mordrate der USA hatte. Schon als Kind gehörten Waffen zum Alltag, mit sieben lernte er schießen. Jetzt verdiene er sein Geld als Wachmann, sagt er. „Wenn alle eine Waffe trügen, dann wären Massenschießereien rasch beendet – weil jemand den Schützen nach den ersten Schüssen stoppen würde."

Das ist ein gängiges Argument der National Rifle Association (NRA), der mächtigsten Lobbygruppe. Ihre Vertreter behaupten auch, wenn Passagiere ihre Waffen mit ins Flugzeug nehmen dürften, hätte es einen Anschlag wie an 9/11 nie gegeben. Tatsächlich passiert es fast nie, dass ein legaler Waffenbesitzer einen Amokläufer stoppt, obwohl die 315 Millionen Einwohner der USA rund 200 Millionen Schusswaffen besitzen. Die konzentrieren sich freilich auf 40 Prozent der Haushalte. Massenschießereien enden in der Regel nach wenigen Minuten – lange, ehe die Polizei eintrifft –, weil dem Schützen die Munition ausgeht, er sich selbst erschießt oder weil eine Waffe klemmt oder Umstehende ihn beim Nachladen mit körperlicher Gewalt überwältigen. Eine Schießerei in einem Jet auf 10.000 Meter Flughöhe würde zudem mit hoher Wahrscheinlichkeit zum Absturz führen.

Auf Sam machen solche Hinweise keinen Eindruck. Im Gang für Jagdwaffen treffe ich Larry bei der Suche nach einem Zielfernrohr. Er ist Demokrat, arbeitet in der medizinischen Forschung, stammt aber vom Land und hat sich die Liebe zur Jagd bewahrt. Auch ihm hat man schon als Kind beigebracht, mit Gewehren umzugehen. „Niemals auf Menschen zielen!", imitiert er, wie Erwachsene mit Kindern sprechen. „Immer prüfen, dass die Waffe gesichert und dass keine Patrone mehr im Lauf ist, wenn man das Magazin entfernt!" Unfälle mit Schusswaffen oder gar Morde gebe es dort, wo er herstamme, so gut wie nie. Die typischen Fronten im Streit um das Waffenrecht in den USA verlaufen nicht zwischen Rechten und Linken, sondern zwischen Stadt und Land. In Großstädten wie New York, Washington, Chicago sind neben den Demokraten auch Republikaner für mehr Kontrolle; anders lasse sich die Kriminalität nicht bekämpfen. In ländlichen Regionen sind neben den Konservativen auch die Progressiven für Waffenfreiheit. Schließlich wisse doch jeder, wie man verantwortungsvoll mit Gewehren und Pistolen umgehe. Die Abgeordnete Giffords lehnt ein Verbot des Waffentragens übrigens ab, trotz ihrer schweren Verletzung durch einen verantwortungslosen Schützen.

Weiße Polizeigewalt, schwarze Jugend

Ähnlich verständnislos wie die Folgenlosigkeit der regelmäßigen Massaker betrachten Deutsche die scheinbare Apathie, mit der die US-Gesellschaft auf die Fälle weißer Polizeigewalt gegen schwarze Jugendliche reagiert – bis es zu Rassenunruhen kommt, die sich nicht mehr ignorieren lassen, wie nach dem

Tod des Teenagers Michael Brown im August 2014 in Ferguson, Missouri.

Es war kein Einzelfall, aber wegen der Empörung, die er auslöste, fanden in den folgenden Monaten weitere Fälle Aufmerksamkeit in deutschen Medien: Tamir Rice in Cleveland, Freddie Gray in Baltimore, Walter Scott in Charleston, Christian Taylor in Arlington, Texas. In New York erlag der asthmakranke Eric Garner im Würgegriff der Polizei einem Herzinfarkt. In Texas fand man Sandra Bland erhängt in ihrer Zelle. Ist der Rassismus in den USA unausrottbar, fragten viele? Hat die Wahl des ersten schwarzen Präsidenten gar nichts verändert?

Ja, es gibt Rassismus in den USA – so, wie es in jeder westlichen Industriegesellschaft trotz (oder wegen?) aller Globalisierungstendenzen weiter Xenophobie, Fremdenangst und Rassendünkel gibt, auch in Deutschland, Frankreich, Großbritannien, Österreich und den skandinavischen Staaten. Das Ausmaß ist in den USA nicht größer als in Europa. Doch diese Konflikte in Amerika erzielen mehr politische Aufmerksamkeit, einerseits wegen der Geschichte der USA, in der Sklaverei und Rassentrennung wie eine Ursünde betrachtet werden, andererseits wegen der ausufernden Gewalt, mit der sie ausgetragen werden. Sie haben jedoch viele Facetten und eignen sich nicht für rasche Pauschalurteile. Zu denen neigen die politischen Lager in den USA – und auch viele deutsche Beobachter aus der Ferne, die verständlicherweise zumeist die Sicht der Opfer übernehmen. In den USA wollen Republikaner und Demokraten nur sehen, was in ihr politisches Konzept passt. In der Polizei gibt es Rassismus, das hat ein Gutachten, das Justizminister Eric Holder nach den Schüssen in Ferguson in Auftrag gab, belegt. Darauf berufen sich die Demokraten und die Afroamerikaner, die zu über 90 Prozent für die Demokraten stimmen.

Rassismus ist aber nicht omnipräsent und auch nicht die dominierende Erklärung, wenn Schwarze bei Auseinandersetzungen mit Polizisten sterben. Justizminister Holder, selbst ein Afroamerikaner, ließ die Umstände von Michael Browns Tod untersuchen. Das Ergebnis: Der weiße Polizist handelte in Notwehr. Brown habe ihn angegriffen, habe versucht, sich dessen Dienstwaffe zu nehmen. Vom Rassismus-Gutachten wollen die Republikaner nichts wissen, den Notwehr-Bericht übergehen die Demokraten gern. Zwei strukturelle Probleme begünstigen die häufigen Clashs zwischen schwarzen Jugendlichen und weißen Polizisten: Erstens die ökonomische Ungleichheit. Die speziellen Förderprogramme unter dem Titel „Affirmative Action" helfen zwar einigen Afroamerikanern. In den Unis, in den Chefetagen großer Konzerne sind sie inzwischen in beachtlicher Zahl vertreten. Davon profitiert aber nur ein Teil der Schwarzen. Zu viele wachsen weiter in Armen-Ghettos auf, wo sich Probleme wie Drogen, Kriminalität und gewaltbereite Gangs ballen. Deshalb geraten junge Schwarze weit häufiger als Weiße in Konflikt mit der Polizei. Diese Benachteiligung durch Armut endet noch immer viel zu oft tödlich.

Zweitens ist Amerikas Polizei zum Großteil lokal organisiert. Der Anteil schwarzer Polizisten mit Verständnis für die Situation der Jugendlichen ist gering. Solche strukturellen Fragen werden seit Michael Browns Tod breiter diskutiert. Präsident Obama spricht sie an. Die Polizeiausbildung wurde modernisiert. Einige Kommunen ordnen an, dass Polizisten Körperkameras tragen müssen. Das sind kleine Fortschritte, die die strukturellen Konflikte lindern, aber nicht beseitigen.

Der Traum von der „Post-Racial Society"

Die USA werden zugleich von überzogenen Erwartungen eingeholt. 2008 glaubte Amerika, den Rassismus besiegt zu haben. Die Bürger wählten einen Afroamerikaner zu ihrem Präsidenten. Seine Hautfarbe war kein Nachteil. Die Zahl der Menschen, die deshalb für ihn stimmten, war größer als die Zahl derer, die sich deshalb gegen ihn entschieden; das ist wahlsoziologisch belegt.

Amerika, hieß es, sei nun eine „Post-Racial Society": eine Gesellschaft, die den Rassenkonflikt überwunden hat. Die Vorfälle in Ferguson haben diese Hoffnung widerlegt. Aber sie sind umgekehrt auch kein Beleg, dass der Rassismus in Obamas Amerika allgegenwärtig und „Affirmative Action" erfolglos sei. Tödliche Schüsse aus Polizeiwaffen gibt es in den USA häufig. Rund 400 Mal im Jahr töten Polizisten im Dienst. Wie viele schwarze Jugendliche darunter sind, ist nicht erfasst. Rassenkrawalle lösen diese Vorfälle nur sehr selten aus. Meist liegen viele Jahre zwischen solchen Gewaltausbrüchen: 1980 in Miami, 1992 in Los Angeles, 2001 in Cincinnati, 2014 in Ferguson.

Typischer sind Reaktionen wie die auf den Tod Trayvon Martins zwei Jahre zuvor in Florida. Ein hellhäutiger Nachbarschaftswächter hatte den unbewaffneten schwarzen Jugendlichen erschossen. Die Betroffenheit im In- und Ausland war ähnlich groß wie bei Michael Brown. Amerika reagierte mit landesweiter Trauer und friedlichen Protesten, nicht mit Gewalt. Unruhen wie in Ferguson sind die Ausnahme, nicht die Regel. Die Ursache sind meist ökonomische Konflikte, teils zwischen Rassen, teils innerhalb einer Rasse. Zuvor war jeweils die soziale Kluft gewachsen, weil die einen Anteil am Aufschwung hatten, die anderen nicht. Oder weil die einen stärker als die anderen von Abstieg bedroht waren.

Ferguson explodierte unter den Folgen der Wirtschaftskrise. Diese Krise hat vielerorts in Amerika zugeschlagen, aber selten so dramatisch wie in der Vorstadt von St. Louis. Sie ist ein Beispiel für die extremen Auswirkungen des amerikanischen Wirtschaftsmodells von „Boom and Bust": des raschen Auf- oder Abschwungs. In guten Zeiten verdanken die USA ihm ein dynamischeres Wachstum, als Europäer es kennen; zur Kehrseite gehört ein rasanter sozialer und ökonomischer Abstieg, wie ihn Ferguson in unerträglich kurzer Zeit durchlitten hat. Die Folgen: Die Einwohnerschaft, vor der Krise zu zwei Dritteln weiße Mittelschicht, wurde zu zwei Dritteln schwarz. Das Durchschnittseinkommen sank um ein Drittel, ein Viertel lebte nun unterhalb der Armutsgrenze. Die Arbeitslosenrate stieg von fünf auf 13 Prozent. Weiße zogen weg auf der Suche nach neuen Jobs, zurück blieben weniger mobile Schwarze. Die Hauspreise stürzten ab.

Dank des Preisverfalls konnten Afroamerikaner mit moderatem Einkommen zuziehen. Aber auch ihnen fehlten bald die Arbeitseinkommen, aus denen sie die Hauspreise und Mieten, die vermeintlich auf ein für sie erschwingliches Niveau gesunken waren, finanzieren wollten. Eines änderte sich trotz des Bevölkerungswandels nicht: die Verteilung der politischen Macht. Fast alle Wahlämter in Ferguson blieben in der Hand der Weißen: der Bürgermeister, die meisten Stadträte, der Polizeichef und der Oberstaatsanwalt, der nun entscheiden sollte, ob gegen den Todesschützen, einen weißen Polizisten, Anklage erhoben wird. Man kann das den Weißen schlecht vorwerfen. Sie sind politisch aktiver, gehen in höherer Zahl zur Wahl. Dieses Missverhältnis hat in Ferguson zur zornigen Eruption beigetragen. Und ebenso das amerikanische Verwaltungsmodell, das auf Wettbewerb setzt. Die Vertreter der Kommune, des Staats Missouri und der

Bundesregierung handeln nicht unbedingt koordiniert. Jeder will sich profilieren, um wiedergewählt zu werden. So lief einer der Deeskalationsversuche ins Leere: die Ernennung eines schwarzen Einsatzleiters der lokalen Polizei. Er fühlte sich in seiner Strategie vom Gouverneur konterkariert.

Die verpasste ökonomische Emanzipation

Weiße Amerikaner fragen zudem offensiv: Darf man von Bürgern – egal welcher Hautfarbe – nicht erwarten, dass sie selbst etwas tun, um ihre Lage zu verbessern? Und warum wächst die Hälfte schwarzer Kinder ohne Vater auf? Da klingt ein unterschwelliger Vorwurf mit. Afroamerikaner verweisen auf ihre anhaltende Benachteiligung.

Die gibt es, andererseits geht es Latinos und Asiaten da nicht viel besser; dennoch sind sie erfolgreicher. Gegen eine entscheidende Rolle der Hautfarbe spricht vor allem: Schwarzen Immigranten, die aus Afrika einwandern, gelingen Aufstieg und Integration besser als den in Amerika geborenen Schwarzen. Soziologen erklären das so: Schwarze Kinder, die in den USA aufwachsen, lernen von der Umgebung, sich als Opfer zu sehen, das kaum Chancen habe. Schwarze Einwanderer tun das nicht; sie glauben an ihre Chance im Land der unbegrenzten Möglichkeiten. Der jeweilige Glaube werde zur „self-fulfilling prophecy". „Affirmative Action" und der erste afroamerikanische Präsident sind nicht wirkungslos. Obama ist der wandelnde Beweis, dass Aufstieg bis an die Spitze möglich ist.

Das macht manchen Mut. Dank der Förderprogramme ist eine schwarze Mittelschicht entstanden. Afroamerikaner leiten heute bedeutende Unternehmen. Auch beim Waffengebrauch hat sich manches geändert. Die Zahl der Morde und Totschläge in den USA hat sich in den vergangenen 25 Jahren halbiert. Freilich ist das Risiko schwarzer Jugendlicher, Opfer zu werden, immer noch etwa 14-mal so hoch wie das weißer Jugendlicher. Dass Weiße auf sie schießen, ob Polizist oder nicht, ist freilich die Ausnahme. In 94 Prozent der Fälle sind es Schwarze, die Schwarze erschießen. Martin Luther King, die Galionsfigur der Bewegung, die die bürgerliche Gleichberechtigung der Afroamerikaner durchsetzte, hatte in den Jahren vor seiner Ermordung gepredigt, die ökonomische Emanzipation sei die nächste große Hürde. Das gilt bis heute.

Fortschritte für Afroamerikaner gibt es durchaus, jedoch für zu wenige. Der Weg zu Chancengleichheit und Selbstverantwortung dauert länger als erhofft – länger als die zwei Amtszeiten eines Barack Obama. Vor allem die wirtschaftliche Emanzipation hinkt hinterher. Amerikas schwarze Bürger brauchen weiterhin doppelte Unterstützung: Fördern und Fordern. Alle diese Beispiele – vom Sozialsystem und der politischen Partizipation über das Mäzenatentum bis zu Todesstrafe, Waffenrecht und weißer Polizeigewalt gegen schwarze Jugendliche – zeigen: Die Unterschiede im gesellschaftlichen Denken der Amerikaner und der Deutschen folgen nicht simplen Klischees. Sie sind kompliziert und oft widersprüchlich.

Das freiwillige Engagement in der Politik ist in Amerika größer. Aber Deutschland hat die höhere Wahlbeteiligung. Amerikaner hassen es, vom Staat zur Kasse gebeten zu werden. Aber sie geben freiwillig viel höhere Summen, um Kirche und Kunst, Schulen und Universitäten, Katastrophenhilfe und Minderheitenanliegen zu unterstützen. Der Umgang mit Waffen in Amerika wirkt auf Deutsche ungefähr so rätselhaft, wie umgekehrt das deutsche Verhalten im Straßenverkehr – und speziell die Tempojagd auf Autobahnen – die Amerikaner verwirrt.

Es besteht wenig Gefahr, dass diese Unterschiede verschwinden. Amerikaner sehen wenig Grund, ihre Gewohnheiten zu ändern. Deutsche wollen ihre Traditionen auch nicht aufgeben. Die Verhaltensweisen haben ihre Gründe. Irrational wirken sie nur aus der Ferne. Wenn man lange genug unter den Einheimischen lebt und sie von den Ursprüngen ihrer Haltungen erzählen, wird manches nachvollziehbar, selbst wenn man die Sichtweisen nicht teilt. Manches aber auch nicht. Die Reaktionen der USA auf den Terrorangriff auf New York und Washington vom 11. September 2001 sind so ein Beispiel.

Die Welt nach 9/11:
Wie der Anschlag Amerika verändert hat

Längst ist 9/11 zu einer Chiffre für ein historisches Datum geworden. Die Erinnerung an den 11. September 2001, an dem Terroristen Passagierflugzeuge entführten und in die beiden Türme des World Trade Center und das Pentagon steuerten, verblasst. Die Menschen haben gelernt, mit der Terrorgefahr zu leben. In Umfragen, was die größten Ängste seien, landet die Terrorgefahr seit Jahren auf mittleren Plätzen, sowohl in den USA als auch in Deutschland. Die Deutschen fürchten sich weit mehr vor Naturkatastrophen, Pflegebedürftigkeit im Alter, Wirtschaftskrisen, bzw. dass das Geld nicht reicht, vor Krankheit und Umweltschäden. In Amerika rangiert die Angst vor Terror hinter der Sorge, kein Geld mehr zu haben, arbeitslos zu werden, zu erkranken, ein Familienmitglied zu verlieren oder Opfer eines Hackerangriffs zu werden, bei dem die elektronische Identität gestohlen wird.

Als latente Bedrohung bleibt der Terror aber in den Köpfen und lebt auf, sobald Terroristen erneut Anschläge verüben: 2013 beim Marathon in Boston, 2015 auf das Satiremagazin Charlie Hebdo, auf Touristen an einem Strand in Tunesien und auf mehrere Ziele in Paris. Das gilt auch, wenn ein geplantes Großattentat misslingt. Die USA kamen mit dem Schrecken davon, als an Weihnachten 2009 ein Kenianer den in seiner Unterhose eingenähten Sprengstoff an Bord eines Flugzeugs von Amsterdam nach Detroit zünden wollte. Und ebenso am 1. Mai 2010, als eine Autobombe am Times Square in New York nicht explodierte. Auch die Deutschen blieben mehrfach verschont, weil Zünder versagten: 2006 bei den Rohrbomben in Nahverkehrszügen im Raum Köln, 2012 am Bonner Hauptbahnhof.

Amerikaner und Deutsche sind sich der Terrorgefahr bewusst, gehen aber besonnen mit ihr um. Sie ist keine Obsession, sondern Teil des neuen Alltags.

Aber: Empfinden sich Amerikaner und Deutsche als Schicksalsgemeinschaft? Zwei Unterschiede bleiben. Amerikaner sind überzeugt, der nächste Anschlag in ihrem Land oder auf eine US-Einrichtung im Ausland sei nur eine Frage der Zeit. Viele Deutsche glauben, sie seien nicht wirklich gemeint, sondern allenfalls indirekt bedroht, weil auch ihr Land zum Westen gehört und Soldaten in Auslandseinsätze schickt.

Amerikaner neigen zudem zu rigoroseren Abwehrmaßnahmen. Das demonstrierte schon die unmittelbare Reaktion nach 9/11: der Patriot Act, der der Regierung George W. Bush das Recht zu umfassenden Überwachungsmaßnahmen gab; die Schaffung eines neuen Mammutministeriums für Heimatschutz, die enorme Aufstockung der Mittel für die Geheimdienste, der Aufmarsch zum Sturz der Taliban in Afghanistan 2001, die Einrichtung des Gefangenenlagers Guantanamo im Januar 2002 und die Invasion des Irak 2003, die Drohnenangriffe in Pakistan, im Jemen, in Somalia und anderswo, die auch 2016 anhalten.

Bis heute setzt sich der Streit zwischen Amerika und Europa um die richtige Dosis Terrorabwehr fort in den Debatten um die Überwachung des Internets, die Vorratsdatenspeicherung, die Weitergabe von Flugpassagierdaten. Was daran ist typisch amerikanisch – und was typisch deutsch? Ein zentrales Faktum erschwert den direkten Vergleich. Die USA wurden Opfer eines katastrophalen Terrorangriffs. Deutschland blieb von größeren Anschlägen mit vielen Toten verschont. Das macht einen Riesenunterschied.

Die Bankentürme in Frankfurt

Ein Terroranschlag mit nahezu 3000 Toten ist ein außergewöhnliches Ereignis, das nach einer außergewöhnlichen Antwort verlangt. War es im Rückblick rational und angemessen, als Reaktion darauf Krieg in mehreren Ländern zu führen und grundlegende Freiheiten im Inland einzuschränken?

Jedes Jahr sterben mehr Menschen im Straßenverkehr, an den Folgen des Rauchens und falscher Ernährung oder durch Schusswaffen – ohne dass dies als ausreichender Anlass gilt, das Verhalten der Gesellschaft und die Gesetze radikal zu verändern. Einerseits.

Andererseits: Wie hätten sich die Deutschen verhalten, wenn die Terroristen die entführten Passagierflugzeuge in die Bankentürme in Frankfurt am Main und in den Bendlerblock in Berlin, den Sitz unseres Verteidigungsministeriums, geflogen hätten?

Wenn in Deutschland 3000 Menschen ums Leben gekommen wären und wir wochenlang fassungslos auf die schwelenden und rauchenden Trümmer mitten in einer deutschen Großstadt geblickt hätten?

Wir hätten eine völlig andere Stimmung in Deutschland, wir hätten schärfere Sicherheitsgesetze. Deutschland hätte allerdings nicht von sich aus umfassende Militäroperationen in Afghanistan begonnen und wäre schon gar nicht in den Irak einmarschiert.

Deutschland hätte auch kein Gefangenenlager für Terrorverdächtige außerhalb des Geltungsbereichs des Grundgesetzes eingerichtet wie die USA in Guantanamo. Wäre der Anschlag von 9/11 in Deutschland geschehen, dann hätte die Bundesrepublik anders reagiert als Amerika: sanfter und eher mit den Mitteln des Strafrechts als denen des Kriegsrechts. Das ist die eine Seite, und die schätze ich an meinem Land.

Es gibt auch eine andere Seite, die mir weniger gut gefällt: eine selbstgerechte und vorwurfsvolle Haltung, die davon ausgeht, dass wir Deutsche den Amerikanern moralisch überlegen seien und uns im Zweifel viel klüger und rechtstreuer verhalten. Zu dieser Haltung gehört es, sehr schnell Urteile über das Handeln anderer zu fällen, ohne die Sachverhalte bis zum Ende durchdacht zu haben. Wenn ich mit Deutschen spreche, die sich diese Rolle der Ratgeber und Richter anmaßen, zeigt sich oft, wie begrenzt ihre Informationen sind – ob es nun um die Praxis der Terrorabwehr in den USA geht oder den Umgang mit den Gefangenen in Guantanamo. Das gilt auch für die Grenzen, an die zivile Strafgerichte bei der Strafverfolgung und Beweissicherung stoßen, wenn sie Terroristen den Prozess machen wollen, die in rechtsfreien Räumen im Ausland agieren. Polemisch zugespitzt: Viele Deutsche sind gut in der Theorie, wie sich andere, ganz voran die Amerikaner, richtig verhalten sollen. Unterentwickelt ist ihre Bereitschaft zu einer offenen Debatte, wie wir gemeinsam das wichtigste Ziel erreichen: die Bürger in Deutschland, Europa, Amerika möglichst verlässlich vor Terroranschlägen zu schützen.

Es gibt keine einfachen Patentrezepte in diesem neuartigen Kampf gegen den islamistischen Terror, der über die Grenzen von Kulturen und Kontinenten hinweg agiert. Die USA haben in ihrem Schmerz und Schock nach 9/11 zu hart reagiert. Mit etwas zeitlichem Abstand haben sie dann begonnen, eine ganze Reihe dieser Fehler zu korrigieren, zum Beispiel die Einschränkung vieler Grundrechte – ungefähr vom Jahr 2004 an. Amerika hat ein funktionierendes Rechtssystem und es hat mutige Bürger und Organisationen, die ihre Stimme zugunsten unschuldig Verfolgter auch dann erheben, wenn sie sich damit unbeliebt machen. Diese Korrektur ist 2016, anderthalb Jahrzehnte nach 9/11, aber noch längst nicht abgeschlossen.

Macht Deutschland es besser? Bis heute vermisse ich eine ehrliche Debatte, wie man der Gefahr des islamistischen Terrors auf eine Weise begegnen kann, die beides zugleich erreicht: einen verlässlichen Schutz der Bürger und die Verteidigung unserer Rechtsgrundsätze und unserer Freiheit. Was wäre gewesen, wenn der Terrorangriff an 9/11 Deutschland getroffen hätte? Wenn man diese Frage in einer öffentlichen Diskussion in der Bundesrepublik stellt, wird garantiert jemand den Einwand vorbringen: Das sei nun wirklich weit hergeholt; der entscheidende Unterschied bestehe doch gerade darin, dass die Amerikaner sich mit ihrer imperialistischen Politik unbeliebt machen, wir Deutsche dagegen mit unserem auf Ausgleich und Entwicklungshilfe bedachten Vorgehen auf weniger Feindseligkeit stoßen.

Dieser Einwand beruht auf einer überheblichen Fehlannahme. Die internationalen Terrorexperten kommen in ihren Untersuchungen immer wieder zum gegenteiligen Schluss: Al Qaida und andere islamistische Terrororganisationen machen keinen großen Unterschied zwischen den USA, Frankreich, Großbritannien, Spanien oder eben Deutschland. Anschlagsversuche gab es auch in der Bundesrepublik mit unschöner Regelmäßigkeit.

Viele Planungen gingen sogar von deutschem Boden aus. Der 9/11-Attentäter Mohammed Atta lebte in Deutschland. Im April 2002 starben 14 Deutsche beim Anschlag auf Touristen auf der tunesischen Ferieninsel Djerba; auch in diesem Fall lebten Mitverschwörer in Deutschland. Im März 2003 wurden im Frankfurter Islamistenprozess vier Männer verurteilt, die im Dezember 2000 eine Splitterbombe auf dem Weihnachtsmarkt in Straßburg zünden wollten, den viele Deutsche besuchen. 2002 verhaftete die Polizei in Heidelberg ein Paar türkischer Herkunft, das in seiner Wohnung mehrere Bomben gebaut hatte. 2004 plante die Organisation „Al Tawhid" ein Sprengstoffattentat auf deutsche Juden in Berlin. Im Juli 2006 hatten die Deutschen Glück, dass die Kofferbomben islamischer Extremisten in den Nahverkehrszügen im Raum Köln nicht explodierten. 2007 vereitelten die Fahnder die geplanten Anschläge der sogenannten Sauerland-Gruppe. 2010 hatten die Sicherheitsbehörden erneut Hinweise, dass Islamisten Anschläge auf deutsche Weihnachtsmärkte planen. 2011 schoss ein radikaler Kosovo-Albaner am Frankfurter Flughafen auf US-Soldaten. Im September 2015 attackierte ein Islamist Passanten und eine Polizistin in Berlin.

Größerer Schaden war in diesen Jahren allein deshalb nicht zu beklagen, weil die Ermittler wachsam waren und weil den Bombenbauern technische Fehler bei ihren Vorbereitungen unterliefen. Wir Deutschen haben bisher schlicht mehr Glück gehabt als Amerikaner, Briten und Spanier.

Wie aber sähe Deutschland aus, wenn mehrere dieser Anschlagsversuche Erfolg gehabt hätten?

Die USA sind heute ein anderes Land als vor dem 11. September 2001. Wer Regierungsgebäude oder Museen in Washington betreten will, muss Aktenmappen, Taschen und Rucksäcke für eine Kontrolle öffnen und durch einen Metalldetektor gehen. Ähnliches gilt für die meisten öffentlichen Gebäude in New York und anderen Millionenstädten. Viele Forschungseinrichtungen sind jetzt durch Metallzäune geschützt. Wer in die USA einreist, muss am Flughafen seine Fingerabdrücke und ein Porträtfoto hinterlassen. Und wer abfliegt, muss bei der Sicherheitskontrolle die Schuhe ausziehen und den Gürtel ablegen. Ungewohnte Prozeduren für Deutsche.

Die Zivilgesellschaft wehrt sich

Andererseits sollte man sich die Veränderungen durch 9/11 nicht zu umfassend und schon gar nicht flächendeckend vorstellen. Sie sind vor allem in den Metropolen sichtbar und an Orten, die schon immer einen höheren Sicherheitsstandard hatten, wie Flughäfen, Regierungsgebäude und militärische Einrichtungen. In den meisten Bundesstaaten fern der Hauptstadt Washington und des Finanzzentrums Manhattan leben die Bürger so unbesorgt wie eh und je.

Das Capitol in Concord, der Hauptstadt New Hampshires, kann man weiterhin ohne jede Kontrolle betreten, obwohl der Landtag und der Gouverneur dort ihren Sitz haben. Der Neuenglandstaat ist generell eine trotzige Bastion der Bürgerfreiheiten. „Live free or die" steht als Wahlspruch auf den Autokennzeichen.

In Cheyenne, Wyoming, ist man stolz darauf, dass jeder ungehinderten Zutritt zum Capitol hat und dass die Tür zum Amtszimmer des Gouverneurs jederzeit offen steht. Wer nicht nur New York und Washington, Los Angeles und San Francisco besucht, sondern sich in die Weiten der USA aufmacht, nach Montana, Iowa und Missouri, wird vom Einfluss der Terrorgefahr auf den Alltag wenig spüren.

Ganz anders ist der Eindruck in Washington. Als wir 2005 dorthin zogen, hatte die juristische Auseinandersetzung um George W. Bushs Maßnahmen zur Terrorabwehr die unteren und mittleren Gerichtsinstanzen durchlaufen und war auf der höchsten Ebene angelangt: dem Supreme Court. Dort verlor die Bush-Regierung eine ganze Reihe von Verfahren.

Allerdings nicht alle. Einen Teil der Praktiken stufte das Verfassungsgericht als legal ein. Bush hatte ein System schaffen wollen, in dem er Bewohner der USA ohne deren Kenntnis und ohne die übliche richterliche Kontrolle überwachen lassen konnte und in dem auch der Umgang mit Terrorverdächtigen außerhalb der USA keiner unabhängigen Kontrolle mehr unterlag – in dem diese also de facto rechtlos waren. Er behauptete, seine präsidialen Vollmachten reichten aus, um anzuordnen, dass Menschen unbegrenzt gefangen gehalten werden.

Das Lager wurde auf einem Militärstützpunkt außerhalb des US-Festlandes eingerichtet – in Guantanamo, an der Südostküste Kubas –, weil dort nach Auffassung von Bushs Juristen die Rechtsordnung der USA keine Gültigkeit habe. Er gab auch vor, dass die Genfer Konventionen zum Schutz feindlicher Kämpfer nicht anzuwenden seien.

Im Rückblick macht dieser rigorose Versuch, rechtsfreie Räume zu schaffen, fassungslos. Man muss sich in die Atmosphäre der Wochen nach 9/11 zurückversetzen, um zu begreifen, warum das damals möglich war. Tagelang war der Flugverkehr in die USA unterbrochen – aus Sorge, es könne weitere Anschlagspläne geben. Dann tauchten die merkwürdigen Briefe mit weißem Pulver auf und lösten eine Anthrax-Hysterie aus. Es dauerte, bis sich herausstellte, dass die meisten davon harmlos waren. Fast alles schien seinerzeit möglich. Also schien auch nahezu jede Abwehrmaßnahme gerechtfertigt.

Einige Zeit verging, bis sich die Gehirne und Gewissen wieder auf Normalität umstellten. Dann reichten amerikanische Anwaltsverbände und Bürgerrechtsgruppen Klagen gegen ihre

Regierung ein. Nach und nach gaben ihnen die Gerichte Recht. Sie urteilten, auch in Guantanamo gelte das US-Recht.

Die Insassen dort haben Anspruch auf Rechtsanwälte. Sie dürfen die Gründe ihrer Gefangenschaft anfechten und überprüfen lassen. Die Genfer Konventionen mit ihrem Schutz vor Folter, grausamer oder entwürdigender Behandlung sind anzuwenden. Und der Präsident kann Militärtribunale nicht aus eigener Machtvollkommenheit einrichten; er braucht die Zustimmung des Parlaments.

Andere Auffassungen Bushs bestätigte der Supreme Court dagegen, sie gelten bis heute. Zum Beispiel das Konzept des „Illegal Enemy Combatant" – also eines „Illegalen Feindlichen Kämpfers", der weniger Rechte habe als ein regulärer Kriegsgefangener, weil er sich selbst nicht an die Vorschriften der Genfer Konventionen halte, darunter die Vorgaben zum Schutz der Zivilbevölkerung und die Pflicht, eine Uniform zu tragen, um als Beteiligter der Feindseligkeiten erkennbar zu sein. Die Verfassungsrichter bestätigten auch, dass die Aburteilung der Terrorverdächtigen vor Militärtribunalen rechtens sei; sie müssen nicht vor zivile Strafgerichte gestellt werden.

Die öffentliche Stimmung der Angst vor neuen Anschlägen lebt freilich fort und ebenso der Populismus der meisten Abgeordneten. Sie scheuen den Vorwurf, sie seien „zu weich" und „zu liberal" bei der Terrorabwehr. Diese Feigheit der Parlamentarier war das Haupthindernis für die Pläne, Guantanamo zu schließen. Der Kongress legte dem Präsidenten immer neue Hindernisse in den Weg – nicht nur in den Jahren, in denen die Republikaner den Kongress dominierten, sondern auch, als die Demokraten die Mehrheit in beiden Kammern hatten.

Expedition nach Guantanamo

Im Juli 2006 hatte ich zum ersten Mal die Gelegenheit, das Lager Guantanamo zu besuchen. Die Eindrücke waren schockierend – in zweifacher Hinsicht. Für jeden Menschen, der Freiheit gewohnt ist, ist die Realität eines Hochsicherheitsgefängnisses bedrückend. Zugleich zeigte sich, dass viele Kritiker mit dem Bild, das sie von Guantanamo zeichnen, danebenliegen. Ihre Negativpropaganda erwies sich als ebenso wenig belastbar wie die Heile-Welt-Märchen der Bush-Regierung.

Es war eine Expedition in eine surreale Welt. Mehrere Wochen zuvor hatte ich den Besuchsantrag gestellt, einen langen Fragebogen ausgefüllt und die Bitte angefügt, den „Bremer Taliban" Murat Kurnaz, einen deutschen Gefangenen – der schließlich im August 2006 entlassen werden sollte –, zu sehen.

Nach wenigen Tagen kam das Okay des Pentagon für meine Reise. Das eigentliche Nadelöhr waren damals die begrenzten Flugverbindungen, da Guantanamo nicht von regulären Linien angeflogen wurde. Es dauerte, bis ich einen freien Platz in einer der kleinen Chartermaschinen bekam. Heute ist das anders. Gerichtsverfahren gegen Terrorverdächtige gehören seit 2010 zum Alltag auf dem US-Stützpunkt, und das Pentagon hat einen regelmäßigen Pendelverkehr mit großen Militärmaschinen von der Andrews Air Force Base nahe Washington eingerichtet.

2006 flog uns eine Propellermaschine mit neun Plätzen von Fort Lauderdale in Florida in drei Stunden über die Bahamas nach Guantanamo Bay. Außer den wenigen Journalisten waren Anwälte von Gefangenen und zivile Bauarbeiter an Bord.

Die Bucht an der Südostspitze Kubas ist seit über hundert Jahren Stützpunkt der US Navy. Der Pachtvertrag zwischen Kuba und den USA hat eine unbegrenzte Laufzeit und kann nur einvernehmlich beendet werden. Seit den 1960er-Jahren war „Guantanamera", das Lied vom Mädchen aus Guantanamo, als Freiheitshymnus um die Welt gegangen. Heute hat der Ortsname den gegenteiligen Klang.

Hufeisenförmig öffnet sich die Bucht beim Anflug, im Westen liegt der kleine zivile Airport, im Osten breiten sich Militärflugplatz, Hafenanlagen, Verwaltungstrakte und Wohnsiedlungen unter einem lang gezogenen Hügelrücken aus. Palmen säumen das Ufer, warme, weiche Luft umfängt die Neuankömmlinge.

Die nächsten vier Tage durfte unsere kleine Gruppe keinen Schritt unbegleitet tun. Zunächst sahen wir amerikanischen Alltag: McDonald's, Shopping Mall, gelbe Schulbusse, gepflegte Vorgärten, Restaurants am Strand. 9500 Menschen leben auf dem Stützpunkt, Zivilangestellte mit Familien bilden die Mehrheit, die meisten kommen als Gastarbeiter aus den Philippinen und Jamaika. Abends singen die Zikaden, die Wellen plätschern.

Ganz anders „Camp Delta", das Gefangenenlager. Es liegt in einer Senke zwischen dem Meer und den ansteigenden Hügeln, nimmt einige zehntausend Quadratmeter ein und war 2006 unterteilt in die Camps 1 bis 5. In Camp 1 gilt „maximum security", in Camp 4 dürfen sich die Insassen relativ frei bewegen. Stacheldrahtrollen und drei Reihen hoher Zäune umgeben die Komplexe. Sie sind mit dunklen Matten verhängt, Wachttürme überragen das Gelände.

Ein Hauptmann namens Dan erinnerte uns an die Auflagen: keine Gespräche mit Gefangenen; keine Fotos, die die Gesichter oder die Profile der Menschen so zeigen, dass sie identifizierbar sind; keine Aufnahmen von Wachpersonal ohne Einverständnis, auch nicht von unbemannten Wachttürmen oder den Radaranlagen.

In Deutschland prägten damals Bilder von kauernden, angeketteten Gefangenen in orangen Overalls in Drahtkäfigen im so genannten „Camp X-Ray" das Image von Guantanamo. Wir lernten, dass es solche Szenen nur in den ersten Wochen zu Jahresbeginn 2002 gegeben hatte, als es noch keine festen Gefängnisgebäude in Guantanamo gab, und dass dieses „Camp X-Ray" längst geschlossen sei. Damals hatten die USA sehr schnell einen Ort für die mehreren hundert feindlichen Kämpfer finden müssen, die sie in Afghanistan auf dem Schlachtfeld aufgegriffen hatten und die im Verdacht standen, hochkarätige Mitglieder der Al Qaida zu sein. „Warum drucken europäische Medien auch Jahre danach noch immer diese Bilder, die längst nicht mehr der Realität entsprechen?", fragten uns die Medienbetreuer.

Wir sahen bei unserem Besuch in Camp 4, „medium security", nur Gefangene in Khakikleidung. Ein Mann, grauer Vollbart, joggte vor einer Wohnbaracke auf und ab. Unter einem Sonnendach saßen fünf weitere Gestalten mit wallenden Bärten in weißen oder grauen Gewändern und Strickmützen und unterhielten sich. Auf dem Sportplatz in der Mitte des Camps lag ein Fußball. In einer Ecke standen Tischtennisplatten, „Kettler, made in Germany".

Dann stieß Jim zu uns, ein drahtiger Zivilangestellter aus New Mexiko, mit Baseballmütze und aerodynamischer Sonnenbrille. Er beobachtete, was wir Journalisten fotografierten oder filmten. Er wiederholte, welche Einstellungen erlaubt seien und welche nicht. Es waren kurze Wortwechsel, manchmal makaber. Wie filmt man Gefangene, ohne die Regeln zu verletzen? „Schneidet ihnen die Köpfe ab!", sagte Jim. „Ich meine, filmt sie vom Hals abwärts."

In Camp 1, „maximum security", zeigte man uns Musterzellen in einem leeren Block: 2,70 Meter lang, zwei Meter breit, gut zwei Meter hoch. Das „Bett" schwebte in Hüfthöhe neben der Tür: Es bestand aus einem Schaumstoffpolster auf einer Metallablage. Unter dem Fenster war der Abtritt, in der Ecke ein winziges Waschbecken etwas über Kniehöhe. Das sei keine Schikane, sagte Hauptmann Dan, sondern solle den Muslimen die religiös gebotene Fußwaschung erleichtern. In einer Zelle war die jedem Häftling zustehende Grundausstattung ausgebreitet, in der Zelle daneben die „Komfortausstattung".

Zur Grundausstattung gehörten Koran, Handtuch, Seife, Bettlaken, orangefarbene Hose und oranges Hemd, Badelatschen. Als Zahnbürste diente ein fingerhutähnlicher Aufsatz aus Kunststoffborsten. Schwarze Pfeile wiesen die Richtung nach Mekka fürs Gebet. Die „Komfortausstattung" sei die Belohnung, wenn Gefangene sich friedlich verhalten: Gebetsteppich, Gebetsschnur, weiße Strickmütze, Kleidung in Weiß oder Khaki, Tennisschuhe, Brett- und Kartenspiele, Bücher. 4000 Bände habe die Lagerbibliothek, am populärsten sei Harry Potter.

Im Gang zwischen den Zellen stand ein gelber Kegel bereit. Der werde zu den muslimischen Gebetszeiten in die Mitte gestellt, fünf Mal am Tag – als Zeichen für die Wachen, nun besondere Rücksicht zu nehmen. Wir hörten im Laufe unseres Besuchs im Lager mehrfach Gebete. Eine Wandzeitung im Aufenthaltsraum berichtete auf Arabisch, Paschtu und Farsi von Neuigkeiten aus der islamischen Welt, vor allem von den neu gewählten Regierungen in Afghanistan und Irak.

Zwei Welten prallten bei unserer Inspektion aufeinander: die Presseoffiziere, die uns zeigen wollten, dass die Guantanamo-

Kritiker ein falsches Bild zeichneten. Und wir Journalisten, die misstrauisch nachfragten.

Der Chef des Lagerkrankenhauses war von Beruf Hausarzt. Er leistete hier seinen Dienst als Reserveoffizier. Er sagte, die Gefangenen in Guantanamo seien medizinisch besser versorgt als in ihrer Heimat. Der mittelgroße Mann mit dem gutmütigen rundlichen Gesicht und einem grauen Scheitel wirkte aufrichtig. Nur seinen Namen sollten wir bitte nicht veröffentlichen, auch nicht seinen Heimatort. Er wolle seine Familie nicht der Gefahr von Racheakten islamistischer Extremisten aussetzen. Die meisten der damals 460 Gefangenen im Alter zwischen 19 und 71 Jahren habe er persönlich untersucht und an keinem Zeichen von Misshandlungen festgestellt. Der Verdacht, er könne mit Folterern unter einer Decke stecken, empörte ihn.

Schon Präsident Bush hatte gesagt, er wolle Guantanamo schließen. Er hat dafür zwar wenig getan, aber in einer Hinsicht gab mir der Besuch 2006 Hoffnung, dass die Geschichte mit der Zeit über das Lager hinweggehen würde. Binnen weniger Jahre hat das tropische Klima „Camp X-Ray" zurückerobert: das provisorische Lager aus den Anfangswochen 2002. Kletterpflanzen bedecken die Maschendrahtwände, gelbe Blüten sprießen aus Stacheldrahtrollen, Zellen sind zu Spielwiesen von Eidechsen geworden. Kniehoch wogt das Buschgras zwischen den Blocks. Irgendwann wird das auch für die neuen Gefängnisgebäude gelten.

2006 gewannen die Demokraten die Kongresswahl, 2008 wurde ihr Kandidat Barack Obama zum Präsidenten gewählt. In beiden Wahlkämpfen versprachen sie, Bushs Anti-Terror-Politik zu überwinden. Es schien, als wollten Amerikas Wähler sich von dieser Last trennen. Warum ist das nicht geschehen? Die Wähler fanden die Absicht lobenswert. Doch die Alternative, die ihnen die Politiker zur Umsetzung anboten, mochten sie noch weniger als die Praxis unter Bush: zum Beispiel einen Mammutprozess in New York gegen Khaled Scheich Mohammed, den Drahtzieher des Angriffs von 9/11. So ein Verfahren wäre zum Sicherheitsrisiko für Manhattan geworden.

Heute scheint der Fortbestand von Guantanamo sicherer denn je zu sein. Weil der Kongress verbot, dass Insassen zu Prozessen in die USA gebracht werden, haben die USA die Gerichte nach Guantanamo gebracht. Mehrere Millionen Dollar wurden in neue Gebäude investiert. Dort wird den Terrorverdächtigen nun der Prozess vor Militärgerichten gemacht. Obama hat die Verfahrensregeln so verändern lassen, dass die schlimmsten Einwände aus der Bush-Zeit beseitigt sind.

Die Militärkommission tagt

2010 war ich erneut in Guantanamo – diesmal, um einen Prozess zu beobachten.

Vor den Gerichtsgebäuden streckte eine warme Brise die US-Fahne am Flaggenmast in die Länge und ließ die Blätter der Palmen rundum rascheln. Drinnen begann eine andere Welt: ein Vorraum mit Metalldetektoren und militärischen Wachen, die sehr bestimmt nachfragten, ob die Besucher wirklich nur Notizblock und Stift dabeihaben und nicht etwa Handys, Minikameras oder digitale Aufnahmegeräte. Mehrmals ermahnten sie: „Keine Zeichnungen!"

Der Verhandlungssaal ähnelte denen, die man aus amerikanischen Kriminalfilmen kennt. Ein hüfthoher Raumteiler trennte den Gerichtsbereich von den Sitzen für das Publikum. Neben

Medienvertretern saßen dort als Beobachter Abgesandte von der American Civil Liberties Union und Human Rights First sowie Angehörige von Opferfamilien, die Verwandte bei Terroranschlägen verloren hatten.

Verteidiger, Ankläger und die Richterin trugen Uniform. Es war eine Militärkommission, die in der Sache Vereinigte Staaten gegen Noor Uthman Mohammed tagte. Alle Akteure bei diesen Verhandlungen sind Volljuristen und verdienen ihren Lebensunterhalt auch sonst als Richter, Staatsanwälte oder Verteidiger, nur eben in Diensten der Streitkräfte. Ihre Namen stehen auch in arabischen Schriftzeichen auf den Schildchen an ihrer Brust – damit der Angeklagte weiß, wer vor ihm steht.

Die USA warfen dem Sudanesen vor, er gehöre zu Al Qaida und habe bis Juni 2000 ein Terrortrainingscamp in Afghanistan geleitet. Im März 2002 hatten Terrorfahndungskommandos ihn und vier andere mutmaßliche Al-Qaida-Führer in einem „Safe House" in Faisalabad, Pakistan, aufgegriffen: einem geheimen Unterschlupf des Terrornetzwerks. So stand es in der Anklage. Seit Sommer 2002 war Noor in Guantanamo interniert. 2011 wurde er im Rahmen eines Deals mit der Anklage – teilweises Schuldeingeständnis gegen begrenzte Haftstrafe – verurteilt und 2013 in den Sudan überstellt.

Der Rechtsweg dauert – erst recht, wenn Amerikas politische Lager erst einmal einen jahrelangen Grundsatzstreit darüber austragen, wer in diesen Terrorverfahren Recht sprechen soll. In den gut sieben Jahren zwischen 9/11 und dem Ende der Amtszeit Bushs wurden nur drei Angeklagte verurteilt. Zwei davon kamen umgehend frei, weil sie ihre mehrjährigen Strafen durch die Zeit in Guantanamo bereits abgesessen hatten.

Parallel wurden schon unter Bush die meisten Verdächtigen in ihre Heimatländer oder in aufnahmewillige Drittstaaten abgeschoben: Insgesamt 779 Gefangene sind seit 2002 nach Guantanamo gekommen. Unter Bush kamen mehr als 500 davon frei, weil die USA in ihnen keine Gefahr mehr sahen, sie aber nicht als Straftäter vor ein Gericht stellen wollten.

Bei Obamas Amtsantritt im Januar 2009 waren noch 240 Gefangene auf der Insel. Er verlagerte die Zuständigkeit für die Überprüfung der Haftgründe vom Pentagon zum Justizministerium und ordnete eine komplette Einzelfallprüfung an. Er stoppte die Militärtribunale und ließ eine neue Prozessordnung ausarbeiten, die die Rechte der Angeklagten ausweitet. Er suchte nach einem Hochsicherheitsgefängnis innerhalb der USA als Ersatz für Guantanamo und fand es in Thomson, einer kleinen Gemeinde im dünn besiedelten Westen Illinois', nahe dem Mississippi. So verging das Jahr 2009.

Populär war dieser Kurs nicht, weder unter den Bürgern noch unter den Abgeordneten, die sich im November 2010 der Wiederwahl stellen mussten. Vor dieser Wahl folgten zwei Anschläge, die nur mit viel Glück ohne Tote endeten: an Weihnachten 2009 auf eine US-Passagiermaschine von Amsterdam nach Detroit und am 1. Mai am Times Square in New York. Sie wirkten wie eine Bestätigung der Gründe, derentwegen Bush das Lager eingerichtet hatte. Der Kongress verweigerte die Mittel für den Umbau des Thomson-Gefängnisses als Guantanamo-Ersatz und verbot es dem Präsidenten, ohne Einverständnis des Parlaments hochkarätige Terrorverdächtige in die USA zu verlegen.

Obama hat die Hälfte der 240 vorgefundenen Insassen in ihre Heimatländer oder in Drittstaaten abgeschoben. Im Herbst 2015 sind noch 116 Häftlinge dort. Davon sind 45 zur Entlassung vorgesehen, 71 nicht. Von den 71 sind zehn angeklagt, gegen 23 weitere wird die Anklage vorbereitet. 38 warten auf erneute Haftprüfungstermine.

Die politischen Gegner der Schließung verweisen darauf, dass mindestens 48 entlassene Gefangene in den Kampf gegen die USA zurückgekehrt sind und sich an neuen Anschlägen und Terrorplanungen beteiligt haben. Das entspricht einer „Rückfallquote" unter zehn Prozent. Man muss auch die Frage stellen dürfen: Sind sie wirklich alle Rückfalltäter, die zu Unrecht entlassen wurden? Oder hat erst das Trauma der Gefangenschaft in Guantanamo sie zu Feinden Amerikas werden lassen?

Guantanamo hat sich unter Obama gewandelt von einem Lager, wo Menschen unter fragwürdigen Bedingungen weggeschlossen worden, zu einem Ort, wo der Staat versucht, Recht zu sprechen. Windräder und Solarzellen liefern heute den Strom für Hochsicherheitsbereiche und Gerichtsgebäude.

Guantanamo schließen? Das klang wie eine der leichteren Aufgaben bei Obamas Amtsantritt – leichter als die Bewältigung der Wirtschaftskrise oder die Vermittlung eines Friedens im Nahen Osten. Doch selbst acht Jahre Amtszeit reichten nicht, um den Plan in die Tat umzusetzen.

Deutsche Irrtümer

Amerikas Festhalten an dem Lager ist ein Irrweg. Aber auch Deutschland hat Anlass, über Irrtümer nachzudenken. Viele deutsche Ratschläge, wie eine demokratische Gesellschaft sich effektiv vor Terror schützen kann, ohne rechtsstaatliche Prinzipien in Frage zu stellen, waren realitätsfremd. Nur ist es in Deutschland leider nicht üblich, sich öffentlich zu Lernprozessen zu bekennen. Zum Beispiel war es lange populär zu behaupten, der Angriff auf Amerika an 9/11 sei eher ein Fall für das zivile

Strafrecht als für das Kriegsvölkerrecht. Dabei hatten sowohl die UNO als auch die NATO den Anschlag als einen bewaffneten Angriff – vulgo: Krieg – bewertet. Die NATO rief zum ersten Mal in ihrer Geschichte den Verteidigungsfall aus, einstimmig. Die UNO bekräftigte Amerikas Selbstverteidigungsrecht.

Später wurde behauptet, die USA handelten rechtswidrig, wenn sie Gegner, die ihr Militär beim Vormarsch aufgriff, ohne Gerichtsverfahren in Gewahrsam nehmen. Das zeigte, wie wenig Deutsche mit dem Kriegsvölkerrecht vertraut sind – auch dank des glücklichen Umstandes, dass sich deutsche Soldaten zwischen dem Kriegsende 1945 und dem Kosovokrieg 1999 nie an bewaffneten Kämpfen beteiligen mussten. In jedem Krieg werden Kriegsgefangene gemacht. Und die dürfen bis zum Ende der Feindseligkeiten gefangen gehalten werden, um zu verhindern, dass sie auf das Schlachtfeld zurückkehren.

Solchen gefangenen Kämpfern macht man in der Regel keinen Strafprozess. Sie haben Anspruch auf ein Verfahren, das feststellt, ob sie an Feindseligkeiten beteiligt waren und damit zu Recht als feindliche Kämpfer festgehalten werden.

Die rechtliche Schwierigkeit mit dem neuen asymmetrischen Krieg besteht freilich darin, dass er weder mit einer offiziellen Kriegserklärung begonnen hat, noch zu erwarten ist, dass er mit einem formellen Friedensvertrag enden wird. Insofern bleibt unklar, wann diese neuartigen Kriegsgefangenen nach Hause geschickt werden müssen, weil der Krieg gegen den Terror beendet ist. Andererseits: Wer im Zweiten Weltkrieg in Kriegsgefangenschaft geriet, wusste auch nicht, wie lange der Krieg noch dauern und wann er wieder nach Hause kommen würde.

In vielen Bereichen müssen die traditionellen Rechtsauffassungen und Konventionen auf neue Realitäten angewendet werden. So wurde den USA vorgeworfen, sie hätten den Status des

„Illegalen Feindlichen Kämpfers" erfunden; den gebe es in der internationalen Rechtsordnung gar nicht. Die USA sprechen von Krieg, betrachten gefangene Al-Qaida-Kämpfer aber nicht als reguläre Kriegsgefangene, sondern eben als „Illegal Enemy Combatants", auf die nicht alle Schutzvorschriften der Genfer Konventionen anzuwenden seien.

Wer die Texte liest und sich den Kontext von Experten erklären lässt, wird verstehen: Auch nach den Genfer Konventionen fallen diese Kämpfer weder in die Kategorie schutzwürdiger regulärer Soldaten noch in die Kategorie der Zivilisten. Sie tragen keine Uniform, sie verstoßen gegen das Gebot, die Zivilbevölkerung zu schützen. Ihre Führung erkennt die Genfer Konventionen nicht an. Der Vertragstext nennt lauter solche Gründe, die dazu führen, dass Kämpfer, die sich nicht ans Recht halten, den vollen Schutz verlieren. Der illegale feindliche Kombattant ist keine Erfindung der USA. Das bestätigen auch deutsche Experten.

Bei all diesen schwierigen Fragen haben sich die Auffassungen der deutschen und amerikanischen Experten im Laufe der Jahre angenähert. In der Öffentlichkeit setzt sich dagegen der Eindruck fest, die Meinungsunterschiede seien größer als die Gemeinsamkeiten.

Die deutschen Widersprüche traten auch beim Bundeswehreinsatz in Afghanistan zutage. Beispielsweise fragte ich deutsche Offiziere, was sie mit einem Afghanen machen, der eine Bombe am Straßenrand eingräbt. Sie nehmen ihn fest. Und dann? Dann übergeben sie ihn an die afghanischen Behörden und „natürlich nicht an die Amerikaner", wie manche eilig hinzufügten. Sie wollten nicht in den Verdacht geraten, dass sie mit dem Guantanamo-System kooperieren.

Wenn ich dieselben Offiziere fragte, ob die Übergabe an die Afghanen sinnvoll sei, hörte ich nur Klagen. Sie glauben nicht, dass die Afghanen die Gefangenen besser behandeln als die Amerikaner. Wenn ich weiter fragte – getreu dem Grundsatz: Was du nicht willst, dass man dir tu, das füg' auch keinem anderen zu –, wo sie selbst im Falle eines Falles lieber landen würden, in einem afghanischen oder amerikanischen Gefängnis, antworteten alle ohne Zögern: natürlich lieber bei den Amerikanern!

Warum übergeben sie die Gefangenen dann den Afghanen? Das schreibe der rechtliche Rahmen des Afghanistan-Einsatzes vor. Die Offiziere fürchteten zudem, dass sie mit dieser Praxis ihre Kameraden in Gefahr bringen. Sie haben es mehrfach erlebt, dass die Bundeswehr Kämpfer erwischte, die Sprengkörper am Straßenrand verbuddelten, und sie den Afghanen übergab. Nach wenigen Tagen waren sie wieder frei – auch frei zu neuen Angriffen auf deutsche Soldaten. Die Amerikaner kümmerten sich selbst um solche Wiederholungstäter. Darin sahen auch viele deutsche Gesprächspartner die bessere Lösung.

Die Kampfeinsätze der USA und ihrer Verbündeten in Afghanistan und im Irak sind beendet. Offiziell sind ihre Soldaten nur noch zur Ausbildung und Beratung der einheimischen Truppen in den Ländern. Für Amerikaner war die Tötung des Al-Qaida-Führers Osama bin Laden durch ein amerikanisches Spezialkommando in seinem Versteck in Pakistan im Mai 2011 der psychologische Schlussstrich unter dem Afghanistankrieg. Der Aufbau einer Zivilgesellschaft und eines Rechtsstaats ist nicht so recht vorangekommen. Eigentlich muss man den Ansatz, den die Deutschen bei der Wiederaufbaukonferenz auf dem Petersberg im Dezember 2001 favorisiert hatten, als gescheitert betrachten. Nur: Wie kann man verhindern, dass Afghanistan wieder ein „Failed State" wird, den Terrorgruppen als Basis nutzen, wenn nicht durch geduldiges „Nation Building"?

Amerika hat immer Alternativen parat – auch solche, die den meisten Deutschen nicht gefallen: Statt auf die Entsendung großer Truppenkontingente setzen die USA verstärkt auf Geheimdienstaufklärung und ferngesteuerte Drohnen. Das kostet weniger.

In Manhattan ist an der Stelle, wo einst die beiden Türme des World Trade Center standen, ein neuer Komplex aus Wolkenkratzern in den Himmel gewachsen: das One World Trade Center, mit 541,3 Metern deutlich höher als die zerstörten Zwillingstürme.

Seit 9/11 haben die USA, Deutschland und andere westliche Staaten versucht, sich mit „Trial and Error" im Zeitalter des islamistischen Terrorismus und der asymmetrischen Kriege zurechtzufinden. Haben sie aus den Fehlern und Irrtümern nachhaltig gelernt?

Die Männer vom Mars

In wenigen Bereichen liegen die Unterschiede zwischen den politischen Kulturen so offen zutage wie beim Einsatz militärischer Gewalt. Die Streitkräfte gehören für Amerikaner zu den selbstverständlichen Werkzeugen ihrer internationalen Politik. Das gilt unter Barack Obama genauso wie zuvor unter George W. Bush und wird unter der Person, die die Bürger im November 2016 wählen, nicht anders sein. Ob der Präsident über die mörderischen Folgen des arabischen Frühlings in Libyen und Syrien redet, über Nordkorea oder über Druckmittel gegenüber Iran – erst im Konflikt um das Atomprogramm, nun bei der Umsetzung der Vereinbarung über dessen Kontrolle: die Versicherung, dass die militärische Option auf dem Tisch liege, gehört automatisch dazu. Und ebenso im Ukrainekrieg die Drohung, Waffen zu liefern. Er muss sich dafür nicht rechtfertigen. Er würde im Gegenteil misstrauische Fragen provozieren, wenn er den Verweis auf die militärischen Möglichkeiten wegließe.

Das löst immer wieder Irritationen und Missverständnisse in Deutschland aus. Jedes Mal, wenn George W. Bush in den Jahren 2005 bis 2008 über den Iran sprach und den unvermeidlichen Satz hinzufügte, auch die militärische Option bliebe auf dem Tisch, trieb das einige deutsche Medien zur Schlagzeile: Bush droht Teheran mit Angriff. Oder: Bush plant Krieg gegen die Mullahs. Wann immer ich die Gelegenheit dazu hatte, habe ich den Urhebern solcher Schlagzeilen angeboten: Wetten, dass Bush den Iran nicht angreift?

Da war ich mir sehr sicher. In den USA hat der verbale Hinweis auf die militärische Option nur geringen Nachrichtenwert – es sei denn, er fällt zum ersten Mal gegenüber einem Staat, oder er wird zum ersten Mal weggelassen, nachdem er zuvor regelmäßig erwähnt worden war. Es bedarf ganz anderer Indizien, um zu belegen, dass die USA einen Krieg vorbereiten, zum Beispiel die Verlegung von Kriegsschiffen und Truppen. Deutsche tun sich schwer, das zu verstehen. Nach ihrem Verständnis darf man nicht leichtfertig mit Krieg drohen. In Deutschland gilt die gegenteilige Rhetorik als zwingend. Wo immer es eine internationale Krise mit potenzieller Kriegsgefahr gibt, muss der Kanzler oder die Kanzlerin versichern: Militärische Gewalt ist keine Lösung. Sie ist allenfalls der allerletzte Ausweg, aber auch nur, wenn man zuvor versucht hat, den Streit in diplomatischen Verhandlungen beizulegen, und damit gescheitert ist, und wenn die Vereinten Nationen den Einsatz der Streitkräfte autorisieren.

Ähnliche Missverständnisse gab es, als die USA im Ukrainekrieg 2014 und 2015 über Waffenlieferungen an Kiew diskutierten. Manche Kommentatoren in Deutschland interpretierten das als Erschwernis oder gar Sabotage der deutsch-französischen Bemühungen um eine diplomatische Klärung mit Wladimir Putin. Tatsächlich war es umgekehrt: Neben den Wirtschaftssanktionen waren potenzielle Waffenlieferungen ein zusätzliches Druckmittel in Kanzlerin Merkels Gesprächen mit Putin in Minsk, um ihn von der Unterstützung der Separatisten abzubringen: Wladimir, Du willst doch keinen Stellvertreterkrieg riskieren!

Der Hintergrund für diese unterschiedlichen Einstellungen ist in der Geschichte zu finden – vor allem im jeweiligen Bild vom Zweiten Weltkrieg. Die Deutschen halten Kriege heute generell für schlecht, weil ihre Vorfahren damals die Täter waren. Und weil sie den Krieg verloren haben. Es ist nur folgerichtig, wenn sie aus ihrer Geschichte den Schluss ziehen: Nie wieder Krieg!

Anders sieht das aus der Perspektive der Gegner und aus der Sicht der Opfer aus. Gegen Nazideutschland zu kämpfen war eine gute Tat. Der Krieg gegen Hitler, seine Vernichtungspolitik im Osten und die Tötungsmaschinerie des Holocaust, war ein gerechter Krieg. Das festzustellen heißt ja nicht, dass jede einzelne Handlung der Gegner Deutschlands gut und gerecht war. Auch sie haben einige Kriegsverbrechen begangen, zum Beispiel bei der Bombardierung von Wohngebieten in Städten, bei Racheakten gegen die deutsche Zivilbevölkerung im Osten, bei der massenhaften Vergewaltigung deutscher Frauen durch russische Soldaten, die von den Offizieren gedeckt wurde, bei der Vertreibung von Millionen Menschen aus den früheren deutschen Ostgebieten, darunter auch Deutschen, die nicht Mitläufer der Nazis waren, sondern Widerstand geleistet hatten. Aber einzelne schlechte Taten machen den Zweiten Weltkrieg aus Sicht der Gegner der Nazis nicht insgesamt zu einem moralisch falschen Krieg.

Viele Deutsche halten Krieg generell für moralisch falsch, sollten sich aber eingestehen: Das ist ihre spezielle nationale Perspektive, weil sie die Nachfahren der Täter sind. Amerikaner, Australier, Briten, Franzosen, Kanadier, Neuseeländer, Polen, Russen und ihre Verbündeten dürfen stolz darauf sein, dass ihre Soldaten das besetzte Europa und die unterdrückten Völker von den Nazis befreit haben. Im Fall der Russen freilich mit der Einschränkung, dass die Freiheit dieser Völker nicht ihr Ziel war, sondern sie lediglich die Schreckensherrschaft der Nazis durch die kommunistische Diktatur ersetzen wollten. Amerikaner, Briten und Franzosen empfinden aus meiner Sicht völlig zu Recht, dass sie damals einen gerechten Krieg gegen Hitler geführt haben. Ich bin ihnen dankbar, dass sie Hitler gestürzt haben und ich nicht in der Diktatur des Dritten Reichs aufwachsen musste, sondern in der Bundesrepublik großwerden durfte, einer Demokratie und einem Rechtsstaat. Jeder Deutsche sollte auch überlegen, welche Lehre er aus den Jahren 1933 bis 1945 ziehen würde, wenn er ein Jude wäre. Nie wieder Krieg? – Ganz bestimmt nicht! Sondern: Nie wieder wehrlos sein gegenüber dem Versuch, das ganze jüdische Volk auszurotten.

Die typisch deutsche Haltung „Nie wieder Krieg!" teilen die anderen Europäer nicht so kategorisch. Das konnte man 2015 an der französischen Reaktion auf den wachsenden Flüchtlingsstrom sehen: Präsident Hollande gab als Priorität aus, die Mordtruppen des Islamischen Staats (IS) zu bombardieren, um so die Fluchtursachen zu bekämpfen – noch vor der Aufnahme von Syrien-Flüchtlingen. 2011 in Libyen fanden Briten und Franzosen es ziemlich selbstverständlich, Gaddafis Gegnern beizustehen. Aus ihrer Sicht ist Krieg nicht an sich schlecht. Sondern es kommt darauf an, wofür oder wogegen man Krieg führt. 1999, als es um die Unterdrückung der Kosovaren durch eine serbische Mordmaschinerie ging, sah das übrigens auch eine Mehrheit der Deutschen so.

Immer mehr Deutsche rücken vom Pazifismus ab. Einerseits ist die Bereitschaft, sich überhaupt international zu engagieren, nach einer Umfrage der Körber-Stiftung von 2014 zur neuen deutschen Außenpolitik gesunken. 1994 meinten 62 Prozent, Deutschland solle sich mehr engagieren, 37 Prozent waren dagegen. 2014 war es gerade umgekehrt: 37 Prozent wünschten mehr Engagement, 60 Prozent nicht. Auf die Frage, in welchen Fällen der Einsatz deutscher Truppen im Ausland gerechtfertigt sei, unterstützten 2014 andererseits 87 Prozent den Militäreinsatz bei einer Bedrohung des Friedens in Europa; 82 Prozent, um einen Genozid zu verhindern; 77 Prozent, um die Verbreitung von Massenvernichtungswaffen zu vereiteln. Unter dem Eindruck des Ukrainekriegs sprach sich in einer Umfrage von YouGov 2015 auch erstmals seit vielen Jahren eine Mehrheit der Deutschen für eine Erhöhung des Wehretats aus.

Amerikaner hatten nie vergleichbare Skrupel vor Militäreinsätzen. Warum sollten sie Kriege „per se" schlecht finden? Das Land stand in den meisten Kriegen, die eine Rolle im heutigen Bewusstsein spielen, auf der „richtigen Seite" der Geschichte: im Unabhängigkeitskrieg gegen das britische Königreich, in den Weltkriegen, im Kalten Krieg. Auch hier gilt einschränkend: Das heißt nicht, dass jede einzelne amerikanische Handlung moralisch gerechtfertigt war. Aber im größeren Bild der Historie kämpften die Amerikaner für die gerechtere Sache.

Lehren aus Vietnam, Irak und Afghanistan

Als prinzipielle Gegenbeispiele kann man die Kriege gegen die Indianer und manche Interventionen in Lateinamerika im Kalten Krieg anführen. Und in Deutschland fällt dann oft das Stichwort Vietnam. Viele Deutsche glauben, auch die Amerikaner seien zu der Einsicht gelangt, dass der Vietnamkrieg von Anfang an falsch war. So denken die meisten Amerikaner aber überhaupt nicht. In den USA wird Vietnam nicht als ein Beispiel für einen moralisch fragwürdigen Krieg wahrgenommen, bei dem die eigenen Soldaten auf der falschen Seite kämpften. Sondern als Fehler gilt: Annähernd 60.000 Amerikaner sind dort gestorben oder sind vermisst und mehr als 300.000 wurden verwundet oder blieben für ihr Leben gezeichnet, ohne dass der Krieg gewonnen wurde. Wofür wurden sie geopfert? Nicht der Krieg war aus Sicht der US-Bürger falsch, sondern die Art, wie ihre Regierung ihn geführt hat. Die Herausforderung in der Bewertung des Vietnamkriegs ist in den USA jedenfalls nicht, dass ihre kommunistischen Gegner die moralisch bessere Sache vertraten. Kriegsverbrechen begingen beide Seiten in erschreckender Zahl. Nach dem Abzug der Amerikaner aus Indochina demütigten und ermordeten die kommunistischen Regime in Vietnam, Laos und Kambodscha ihre politischen Gegner in den Straflagern und den „Killing Fields". Das steht einer Schwarz-Weiß-Sicht entgegen, in der sie „die Guten" waren und die Amerikaner „die Bösen".

Vielschichtig sind auch die jüngsten Kriege in Afghanistan und im Irak. Dort haben die USA – und hat der Westen – aus Sicht der Amerikaner nicht falsche oder unmoralische Absichten verfolgt, sondern der enorme Einsatz wird nicht durch sichtbare Resultate belohnt. Jede westliche Regierung steht vor der Herausforderung, ihren Bürgern diese Frage zu beantworten: Lassen sich unsere Opfer an Soldaten und unsere Ausgaben aus Steuergeldern durch die erzielten Erfolge rechtfertigen?

In Deutschland wurde eine ehrliche Debatte über den Afghanistaneinsatz noch zusätzlich dadurch erschwert, dass sich die Regierung lange weigerte, diesen Einsatz als Krieg zu bezeichnen. Das konnte man in den USA nicht verstehen.

Im Rückblick sind sowohl Amerikaner als auch Deutsche schon lange der Meinung, dass Afghanistan die Opfer nicht wert sei. Seit Jahren sagen das rund zwei Drittel der Befragten in den USA. Auch in Deutschland sieht das eine ähnlich große Mehrheit so. Das liegt nicht an der Legitimation des Einsatzes, sondern am mageren Erfolg. Völkerrechtlich ist gegen den Afghanistankrieg wenig einzuwenden. Der Angriff auf die USA an 9/11 wurde dort geplant und vorbereitet. Die Intervention zum Sturz der Taliban war durch ein Mandat der Vereinten Nationen abgedeckt. Später wurde eine neue afghanische Regierung gewählt, und sie hat die ausländischen Streitkräfte gebeten, zur Stabilisierung im Land zu bleiben.

Doch selbst nach anderthalb Jahrzehnten Aufbauhilfe stehen weite Landesteile nicht unter Kontrolle der Zentralregierung in Kabul. Demokratie und Rechtsstaatlichkeit lassen auf sich warten. Die Machthaber tun wenig, ihre Abhängigkeit von westlichen Truppen zu verringern. Sie halten fest an Korruption und Vetternwirtschaft.

Am Angriff auf den Irak 2003 zum Sturz Saddam Husseins scheiden sich die Meinungen. Für die Mehrheit der Amerikaner diente auch dieser Krieg einem guten Ziel – dem Sturz eines Diktators, der Giftgas gegen das eigene Volk und die iranischen Nachbarn eingesetzt hatte und an dessen Händen Blut klebte. Die, wie sich herausstellte, falsche Begründung mit angeblichen Massenvernichtungswaffen, die nie gefunden wurden, schmälerte die Legitimation, hob sie in amerikanischen Augen aber nicht auf. Und das fehlende UN-Mandat spielte bei der Abwägung in den USA überhaupt keine Rolle. Die Vereinten Nationen haben in Amerika keinen guten Ruf. (Dazu mehr im nächsten Kapitel.)

Auf der internationalen Bühne führten Deutschland, Frankreich und Russland die Opposition gegen den Irakkrieg an. Sie erhoben ihre Bedenken zu Recht. Die Begründung des Kriegs basierte auf Schwindeleien. Die Warnungen vor unerwünschten Folgen bewahrheiteten sich zum Teil – freilich erst mit zeitlichem Abstand. Zunächst gelang die militärische Eroberung 2003 rasch. Ende des Jahres wurde Saddam in verwahrlostem Zustand in einem Erdloch aufgespürt. 2004 und 2005 gab es neue demokratische Verfassungen und die ersten freien Wahlen. Die Bilder von Frauen und Männern, die trotz der angedrohten Gewalt in großer Zahl in die Wahllokale strömten und von ihren neuen Rechten Gebrauch machten, schienen die Kritiker zu widerlegen. Parallel brach jedoch ein blutiger Bürgerkrieg aus zwischen der sunnitischen Minderheit, die unter Saddam die Macht hatte, und der schiitischen Mehrheit, die nun die Kontrolle erlangte. Gleichzeitig nahmen die Anschläge auf US-Truppen dramatisch zu.

Im Zwiespalt zwischen Bush und Saddam

Es war eine Phase im deutsch-amerikanischen Verhältnis, in der die Grenzen zwischen Recht-Behalten und Rechthaberei verschwammen und viele in Deutschland den kühlen Blick auf die nationalen Interessen verloren. Es ist eine Sache zu betonen, dass man den Irakkrieg ablehnt. Doch nachdem er im Gange war, wurde es zu einer weit wichtigeren Frage, wem man den Erfolg oder Misserfolg wünscht. Es war ja gut, dass Kanzler Gerhard Schröder und sein Außenminister Joschka Fischer Deutschland draußen hielten. Es war jedoch ein politischer Fehler Schröders, in den Wahlkämpfen für den Bundestag 2002 und für den niedersächsischen Landtag 2003 eine Stimmung zu schüren, als stehe Deutschland in diesem Krieg nicht an der Seite Amerikas – oder, polemisch zugespitzt: als verdiene es Saddam Hussein, vor dem Sturz bewahrt zu werden, und als sei George W. Bush der größere Bösewicht. Eine solche Atmosphäre gab es in Teilen der Bundesregierung. Justizministerin Herta Däubler-Gmelin verglich Bush mit Hitler: Sie sagte im September 2002, die Deutschen kennen den Versuch, mit Kriegen von innenpolitischen Problemen abzulenken, aus ihrer eigenen Geschichte seit „Adolf-Nazi".

Wenn Deutschland den Krieg nicht verhindern konnte, dann lag es als Nächstes in seinem Interesse, dass die USA und ihre Verbündeten – darunter ziemlich genau die Hälfte der europäischen NATO-Staaten – ihn möglichst schnell und mit möglichst wenigen Opfern gewannen. Die Regierung Schröder hat die Kriegsführung der Amerikaner und ihrer Alliierten im Irak denn auch still und leise unterstützt. Sie durften ihre Militärbasen in Deutschland dafür nutzen. Deutsche Geheimdienstler in Bagdad halfen bei der Identifizierung von potenziellen Bombenzielen, auch damit zivile Gebäude verschont wurden. In anderen Weltregionen übernahm die Bundeswehr militärische Aufgaben von den US-Streitkräften und ermöglichte es den USA so, diese Einheiten im Irak einzusetzen. Das war eine richtige Politik. Freilich verheimlichte die Regierung Schröder der Öffentlichkeit, was sie da tat – ganz ähnlich, wie ihre Nachnachfolger bei der Aufklärung der NSA-Affäre den Bürgern heute nicht erklären, wie weit die Geheimdienstkooperation geht und warum. In welchem Umfang Rot-Grün die USA im Irak unterstützte, erfuhren die deutschen Wähler erst im Zuge eines Untersuchungsausschusses von 2006 bis 2009.

Im öffentlichen Diskurs hatte sich in den Jahren 2002 und 2003 in Deutschland eine Unterscheidung zwischen dem „richtigen", wohl begründeten Krieg in Afghanistan und dem „falschen" Krieg im Irak, der auf Lügen basiere, entwickelt. Als die Probleme im Irak zunahmen, fand diese Gegenüberstellung auch in den USA immer mehr Anhänger. Barack Obama hatte bereits 2002 auf einer Protestveranstaltung gezeigt, wie man den drohenden Irakkrieg ablehnen kann, ohne pazifistisch zu argumentieren. „Dies ist eine Antikriegsrallye. Aber ich stehe vor euch als jemand, der Krieg nicht unter allen Umständen ablehnt", sagte er am 2. Oktober 2002 auf der Federal Plaza in Chicago. „Ich bin nicht gegen alle Kriege. Aber ich bin gegen einen dummen Krieg. Gegen einen überstürzten Krieg. Einen Krieg, der nicht der Vernunft folgt, sondern Leidenschaften. Der nicht aus Prinzip geführt wird, sondern aus politischen Gründen. Lasst mich Klarheit schaffen. Ich habe keine Illusionen über Saddam Hussein. Er ist ein brutaler Mann. Ein rücksichtsloser Mann. Ein Mann, der seine eigenen Landsleute abschlachtet, um seine Macht zu sichern."

Auf diese Rede von 2002 konnte Obama verweisen, als die Mehrheit der US-Bürger 2007 und 2008 den Irakkrieg leid war und so schnell wie möglich beendet sehen wollte. In den USA erntet ein Politiker aber nicht unbedingt Beifall, wenn er einen erfolglosen Kriegseinsatz kritisiert. Er setzt sich vielmehr dem Vorwurf aus, er falle damit den Truppen im Feld in den Rücken. Das war der eine Grund, warum Obamas offensives Auftreten gegen den Irakkrieg riskant war. Der andere Grund: Das Kriegsglück kann sich wenden – und dann steht der Kritiker dumm da, jedenfalls in Amerika.

Ungeachtet der Kriegsmüdigkeit der Bürger entschied sich Präsident Bush 2007 für den Versuch, die Dynamik im Irak durch eine Verstärkung der Truppen umzudrehen, den sogenannten „Surge". Obama sprach sich dagegen aus. Doch Bushs neue Strategie hatte Erfolg. Mit den zusätzlichen Truppen wurden die Bevölkerungszentren gegen Anschlagsversuche geschützt. Parallel motivierten die US-Vertreter im Irak die sunnitischen Stämme mit politischen Zugeständnissen und Geld zum Frontwechsel. Von 2008 an beruhigte sich der Irak. Das erleichterte es Obama, als er Präsident wurde, die Truppen im Irak zu reduzieren und im August 2010 den Abzug der Kampftruppen zu verkünden.

Nun erinnerte er nicht mehr an seine frühere Ablehnung des Irakkriegs, sondern vereinnahmte den Erfolg der Strategie seines Vorgängers Bush als eigene Leistung.

Dazu zwangen ihn auch die narrativen Bedürfnisse seines Volkes. Amerikaner empfangen die heimkehrenden Soldaten als Helden. Die Schuld an dem mühsamen und langwierigen Verlauf des Krieges und dem schleppenden Aufbau einer stabilen Nachkriegsordnung lasten sie den Irakern und deren innerer Zerstrittenheit an. Nach dem amerikanischen Selbstbild haben ihre tapferen Streitkräfte den Irakern die Chance geboten, zum ersten halbwegs demokratischen Staat in der arabischen Welt zu werden. Sie bedauern, dass die Iraker diese Chance so schlecht genutzt haben und dass so viele US-Soldaten deshalb sterben mussten. Der Folterskandal von Abu Ghraib wird im amerikanischen Rückblick auf den Irak meist nicht einmal mehr erwähnt.

Lässt sich die Unterscheidung zwischen dem „guten" Krieg in Afghanistan und dem „bösen" Krieg im Irak heute noch durchhalten? Aus der Perspektive des Jahres 2016 fällt das schwer. An der völkerrechtlichen Bewertung hat sich natürlich nichts geändert. Wohl aber an der Abwägung zwischen Einsatz und Ertrag. In manchen Teilen des Irak hat sich die Lage nach dem Abzug der US-Truppen wieder verschlechtert. Schiiten, Sunniten und Kurden zeigen zu wenig Willen zum gemeinsamen Erfolg. Deshalb konnten die Mordmilizen des Islamischen Staats (IS) mancherorts Fuß fassen. Der Irak kann sich gegen den IS aber besser wehren als das benachbarte Syrien. Dort steht der staatliche Zusammenhalt in Frage. Zwölf Jahre nach Saddams Sturz ist der Irak bei allen Risiken auch nicht so instabil wie Afghanistan im fünfzehnten Jahr nach dem Sturz der Taliban. Auf die Verschlechterung der Lage am Hindukusch hatte Obama 2009 mit einer Verdreifachung der US-Truppen auf über 100.000 Mann reagiert. Er kopierte Bushs Erfolgsmodell aus dem Irak. Deutschland dagegen flüchtete sich in leise Resignation. Offiziell folgten Bundesregierung und Bundestag dem jeweiligen amerikanischen Trend. Schließlich hatte man sich das Versprechen gegeben: „Gemeinsam rein. Gemeinsam raus." Deutschland schickte aber nur wenige hundert Mann zusätzlich. Die beträchtlichen deutschen und amerikanischen Opfer an Soldatenleben und Steuermilliarden haben in Afghanistan wenig dauerhafte strukturelle Veränderungen bewirkt. Auch mit Blick auf Afghanistan sind die Amerikaner enttäuscht, dass der Krieg nicht mit einem „Sieg" im klassischen Sinn endet. Dem Ansehen des Militärs in den USA wird auch das nicht schaden. Die Schuld am begrenzten Erfolg tragen aus US-Sicht unzuverlässige und korrupte Verbündete wie der ehemalige Präsident Hamid Karzai und dessen Gefolgschaft.

Die Fabel vom Friedenspräsidenten

Und Barack Obama? Wegen seiner prononcierten Ablehnung des Irakkriegs hatten viele in Europa in ihm einen Gegentypus zu Bush sehen wollen. 2009 verlieh ihm das norwegische Auswahlkomitee den Friedensnobelpreis, was Amerikaner schon damals nicht verstehen konnten. Innenpolitisch war die Ehrung ein gefährliches Geschenk für Obama. Es sah so aus, als erwarteten die Europäer von ihm eine Abkehr von Amerikas Kriegspolitik. Der Preis war ja keine Belohnung für vollbrachte Taten. Obama hatte bis dahin keinen Krieg beendet, keinen Abrüstungsvertrag geschlossen, keinen Frieden vorangebracht, sei es im Nahen Osten oder anderswo. Es waren Vorschusslorbeeren – in der Hoffnung, dass Obama anders handeln werde als Bush. Für Amerikaner sah es so aus, als wolle Europa ihren Präsidenten drängen, weicher bei der Durchsetzung amerikanischer Interessen zu sein. Diesem Verdacht wollte er sich natürlich nicht aussetzen. In den ersten Reaktionen auf die Nobelpreisnachricht am 9. Oktober 2009 spielte Obama die Bedeutung herunter. Er habe die Ehrung doch gar nicht verdient. Das Weiße Haus ließ durchsickern, seine ältere Tochter Malia habe ihn gleich morgens erinnert, was für ein bedeutender Tag dieser 9. Oktober sei – der Geburtstag des Hundes Bo. Soll heißen: Damit kann der Nobelpreis nicht konkurrieren.

Im Rückblick erscheint die Auszeichnung auch vielen Europäern unbegreiflich. Obama hat aus seinen Überzeugungen nie einen Hehl gemacht. Bei der Verleihung des Friedenspreises im Dezember 2009 in Oslo hielt er eine Rede über die Notwendigkeit des Kriegs. Diesen Widerspruch ging er ohne Umschweife an, gleich in den ersten Sätzen seiner 40-minütigen Rede: Wie passe das zusammen – der Krieg in Afghanistan, den er aus voller Überzeugung führt und soeben durch die Entsendung weiterer 30.000 Soldaten intensiviert hatte, und die Ehrung mit dem Friedensnobelpreis?

44 Mal nahm er das Wort Krieg in den Mund, 32 Mal das Wort Frieden. Ein bemerkenswertes Zahlenverhältnis bei solch einem Anlass. Hatte das Nobelpreiskomitee den Falschen ausgewählt? Der US-Präsident gab eine entschiedene Lektion, warum Kriege manchmal unvermeidbar und auch moralisch gerechtfertigt sind. „Ich bin verantwortlich für den Kampfeinsatz Tausender junger Amerikaner in einem entfernten Land. Manche werden töten. Manche werden getötet werden." Er berief sich auf das Konzept des „gerechten Krieges": eine Lehre, die Philosophen und Poli-

tikwissenschaftler seit über einem Jahrtausend entwickelt haben. In den meisten Ländern erkennen überwältigende Mehrheiten an, dass Gewalt manchmal gerechtfertigt ist, zum Beispiel zur Selbstverteidigung gegen einen Angriff. Oder wenn sie der Abwehr eines größeren Übels dient wie der Beendigung eines Massenmordens.

Ehrfurchtsvoll nannte er die Namen früherer Preisträger. Er bewundere den gewaltfreien Widerstand von Martin Luther King und Mahatma Gandhi. Doch als Staatsoberhaupt habe er „den Eid geleistet, die eigene Nation zu schützen und zu verteidigen". Da „kann ich mich nicht allein von ihrem Beispiel leiten lassen. Ich muss die Welt nehmen, wie sie ist." Und das heißt: „Es gibt das Böse in der Welt." Zu gewissen Zeiten „werden die Völker Gewalt nicht nur für notwendig, sondern für moralisch gerechtfertigt halten".

Schon im Wahlkampf hatte er gern unterschieden zwischen der „Welt, wie sie ist", und der „Welt, wie sie sein sollte". In der realen Welt, das sagte er in Oslo, gibt es zwar die Vereinten Nationen und ihre Grundrechtecharta. Aber es sind die USA und ihre Soldaten, die im Zweifel „die Last auf sich genommen" und „die globale Sicherheit seit sechs Jahrzehnten mit dem Blut unserer Bürger gewährleistet haben". Er ist stolz auf diesen Dienst seines Landes für die Menschheit.

Er sprach auch von der Rolle der Diplomatie. Von der Verantwortung, einen stabilen Frieden durch gerechte Nachkriegsordnungen zu ermöglichen. Doch diesen Frieden kann sich ein US-Präsident, ob Obama oder sein Nachfolger, nur unter dem amerikanischen Wertesystem vorstellen: Individuelle Freiheit und Demokratie führen zu wahrem Frieden. Keine faulen Kompromisse mit Diktaturen! Und keine Anerkennung von Kriegen um des Glaubens willen. „Ein Heiliger Krieg kann niemals ein gerechter Krieg sein."

Die USA werden Kritikern, die ihnen Imperialismus und Doppelmoral vorwerfen, weiter Ansatzpunkte liefern. Der Friedensnobelpreisträger Obama zeigte keine Skrupel, Amerikas Militärmacht einzusetzen. Schon im ersten Amtsjahr hat er mehr unbemannte Drohnenangriffe befohlen als sein Vorgänger Bush in der gesamten Amtszeit. Er beteiligte sich an der Intervention in Libyen, wo es Erdöl gibt. Wenn es ihm um gerechte Kriege geht, warum schickt er die US-Truppen nicht in den Kampf gegen das Massenmorden in Darfur und im Kongo oder gegen die Hungersnot in Somalia? Amerikaner würden dem entgegenhalten: Aus der Begründung, dass man einen gerechtfertigten Krieg in Afghanistan, Libyen, Syrien, Somalia führen darf, folgt nicht, dass man jeden gerechten Krieg führen muss. Selbstverständlich schickt eine Regierung ihre Soldaten nur dann in Lebensgefahr, wenn wichtige nationale Interessen auf dem Spiel stehen – und wenn Aussicht besteht, dass sich das ausgegebene Ziel durch einen Militäreinsatz auch erreichen lässt. Die USA sehen sich als Ordnungsmacht, nicht als selbstlose Samariter für die ganze Welt.

Unter Obama ist der Verteidigungsetat weiter gewachsen, trotz der Budgetkrise. Die USA geben so viel Geld fürs Militär aus wie die nachfolgenden 25 Länder zusammen. Rund 790 Milliarden Dollar beträgt der Budgetansatz für 2015, inklusive Veteranenversorgung, das entspricht mehr als vier Prozent des BIP. (Deutschland, zum Vergleich: 32,9 Milliarden Euro 2015). Hier sind die Ausgaben für Terrorabwehr durch die CIA und das FBI sowie die anderen Geheimdienste (insgesamt 80 Milliarden Dollar) oder die Weltraumrüstung noch nicht einmal mitgerechnet.

Die Streitkräfte sind der Stolz Amerikas. Jeder Politiker wird bei nahezu jeder Veranstaltung fragen, wer im Publikum gedient habe – und dann die übrigen bitten, ihnen durch Applaus dafür zu danken. Welch ein Kontrast zu Deutschland! Welcher deutsche Abgeordnete oder Bürgermeister würde beim Schützenfest oder der Bürgerversammlung fragen, ob Bundeswehrsoldaten anwesend sind, und dann um Beifall für sie bitten?

In Deutschland galt der Verteidigungsetat lange als Steinbruch bei Haushaltsverhandlungen. Die Worte „Waffen" und „Rüstungsausgaben" sind negativ besetzt. Innerhalb der NATO sind die Deutschen seit Jahrzehnten vertragsbrüchig. Alle Mitglieder des Bündnisses haben sich verpflichtet, mindestens zwei Prozent des Bruttoinlandsprodukts (BIP) für Verteidigung auszugeben. Deutschlands Anteil lag 2015 bei 1,16 Prozent des BIP und soll sich 2016 auf 1,17 Prozent erhöhen. Das wäre immerhin eine bescheidene Trendwende, nachdem diese Ziffer seit Jahren gefallen war. Die allgemeine Haltung lässt sich ungefähr so zusammenfassen: Gegen wen müssen wir uns denn verteidigen? Wir lösen unsere Konflikte friedlich. Also könne man bei den Militärausgaben sparen – auf keinen Fall dagegen im Bereich Soziales.

Erst Russlands offensives Vorgehen in der Ukraine hat diese Selbstgewissheit in Frage gestellt. In den USA gilt: Fast überall darf und soll der Staat sparen, auch bei Sozialausgaben, nur nicht bei der Verteidigung. Amerikas Stellung in der Welt basiert nach dem gängigen Verständnis der Bürger auf der Stärke seiner Streitkräfte.

Soziale Wohltaten im Rüstungsetat

Bei näherem Hinsehen kann man allerdings Erstaunliches beobachten: Deutsche und Amerikaner sind sich, wenn man die Bereiche Arbeitsmarkt und Militär zusammennimmt, dann doch ähnlicher, als es der Kontrast bei den Verteidigungsausgaben vermuten lässt. In Deutschland gehören die sogenannten Arbeitsbeschaffungsmaßnahmen (ABM) und das Kurzarbeitergeld zu den zentralen Werkzeugen im Kampf gegen die Arbeitslosigkeit. Finanziert werden sie aus dem Etat des Bundesministeriums für Arbeit und Soziales.

In den USA erfüllen Rüstungsprojekte einen ähnlichen Zweck. Dieser Eindruck beschlich mich, als ich die Gelegenheit hatte, mir die Produktion von F/A-18- und F-15-Kampfflugzeugen in St. Louis, Missouri, anzuschauen. Das Arbeitstempo war langsam und der Grad an Automatisierung auffallend gering für ein technisch hoch entwickeltes Land mit relativ hohen Lohnkosten.

Die Rüstungsfirmen achten darauf, ihre Fabriken für größere Beschaffungsprogramme auf möglichst viele US-Bundesstaaten zu verteilen. So wollen sie sicherstellen, dass sie stets eine Mehrheit der Abgeordneten und Senatoren im Kongress auf ihrer Seite haben, wenn über die Finanzierung abgestimmt wird. Die Zahl der Arbeitsplätze, die in den Wahlkreisen geschaffen werden, spielt beim Votum dann oft eine wichtigere Rolle als die Frage, ob die Streitkräfte die betreffende Waffe, den Panzer oder das Flugzeug überhaupt benötigen. Immer wieder versucht der Kongress höhere Militärausgaben zu beschließen, als der Präsident und sein Verteidigungsminister vorschlagen, zum Beispiel zusätzliche Triebwerke für den neuen Kampfjet F-35 durchzusetzen, die das Pentagon für reine Geldverschwendung hält.

Im Zweifel sind die Amerikaner nicht dafür, zu Gunsten anderer Staatsausgaben bei Streitkräften und Rüstung zu sparen. Nur wenn man sie vor die Wahl stellt, ob ihnen ihre eigene Pension oder ihre Gesundheitsversorgung im Alter wichtiger sei als das Militär – nur dann gibt eine Mehrheit dem Eigeninteresse den Vorrang.

Mehr europäische Selbstverantwortung

Europa muss sich freilich auf eine Wende einstellen. Die USA sind nicht mehr ohne Weiteres bereit, Europas Sicherheitsprobleme durch amerikanische Führung und auf amerikanische Kosten zu lösen. Das illustrieren der Libyenkrieg 2011, der Umgang mit Syrien und der Krieg in der Ostukraine.

In Libyen stellte sich Amerika an die Seite Frankreichs und Großbritanniens beim Ziel, Gaddafi zu stürzen, wollte ihnen aber die Führungsrolle überlassen. Krieg führen kostet Geld. Afghanistan und Irak waren teuer genug für die USA. Wenn die Europäer einen Diktator wie Gaddafi in ihrem nordafrikanischen Hinterhof stürzen wollen, dann sollen sie das überwiegend mit eigenem Kriegsgerät bewerkstelligen. Freilich zeigte sich rasch, dass europäische Mittelmächte für einen längeren Einsatz nicht gerüstet sind. Briten und Franzosen gingen bald die modernen Lenkwaffen aus. Die USA mussten am Ende doch wieder die Hauptlast tragen. Die Kriege in der Ukraine, in Libyen, Syrien und Afrika samt den Flüchtlingsströmen, die sie auslösen, zeigen, wie schwer sich Europa tut, die Sicherheit des Kontinents in die eigenen Hände zu nehmen.

EU und NATO müssten Russland durch eine glaubwürdige Abschreckungskulisse in den neuen Mitgliedsstaaten vom Baltikum über Polen, die Slowakei und Ungarn bis nach Rumänien und Bulgarien von weiteren Destabilisierungsversuchen abhalten. Ihnen fehlen jedoch die Mittel dazu – und die Entschlossenheit, das zu ändern. Hatte Europa nicht versprochen, aus den Balkankriegen zu lernen? Als Mitte der 1990er-Jahre Hunderttausende

Kriegsflüchtlinge aus Kroatien, Bosnien-Herzegowina und dem Kosovo nach Deutschland, Italien, Schweden, Frankreich und Großbritannien flohen, kamen die Europäer nach langem Zögern zu dem Schluss, man müsse Serbiens Diktator Milošević militärisch stoppen. Doch ohne amerikanische Führung waren sie weder politisch noch militärisch dazu in der Lage. Das war ihnen peinlich, und so versprachen sie hinterher hoch und heilig, sie wollten die gemeinsame Außen- und Verteidigungspolitik der EU ausbauen und stärken, damit sie nie wieder so unvorbereitet seien.

Viel zu wenig ist seither geschehen. Das vordergründige Lob, das Präsident Obama im Interview mit mir im Juni 2011 für Deutschlands Umgang mit Libyen äußerte, war eine höflich verpackte Aufforderung, mehr zu tun, die USA zu entlasten – und der eigenen Bevölkerung nicht vorzugaukeln, Deutschland sei in Libyen gar nicht beteiligt. „Wir danken Deutschland dafür, dass es die NATO-Einsätze an allen Schauplätzen unterstützt, vom Balkan bis Afghanistan, am Horn von Afrika und in Libyen. Als NATO-Mitglied ist Deutschland Teil der Kommandostruktur der NATO und leistet bedeutende Beiträge zu allen Operationen. Ich möchte Deutschland dafür loben, dass es kürzlich AWACS-Überwachungsflugzeuge nach Afghanistan verlegt hat und es so anderen Ländern erlaubt, ihre Piloten und Flugzeuge in Libyen einzusetzen."

Die Richtschnur, die die NATO-Staaten sich gemeinsam vorgegeben haben – alle Mitgliedsstaaten sollen zwei Prozent ihres BIP für Verteidigung ausgeben –, ist eine vernünftige Größe. Deutschland tut bei Weitem nicht genug. Das Bild, das das bevölkerungsreichste und mächtigste Land Europas bietet, ist peinlich. Der Exportweltmeister, der wie kein anderer Staat davon lebt, dass die Handelsrouten sicher und offen bleiben, ist auch 2016 nicht in der Lage, mehr als 7000 Soldaten gleichzeitig im

Auslandseinsatz zu haben. Die USA könnten umgekehrt ihren Pentagon-Etat gewiss um ein Drittel kürzen – ohne ihre herausragende militärische Überlegenheit zu gefährden. Sie verschwenden jedes Jahr dreistellige Milliardenbeträge aus Steuergeldern für Streitkräfte und Waffenkäufe, die wohl besser angelegt wären, wenn sie in Bildung und Infrastruktur flössen. Amerika ist weiterhin willens, mehr als vier Prozent des BIP für Militär auszugeben, um seine nationalen Interessen zu schützen. Es ist jedoch nicht mehr ohne Weiteres bereit, seine Militärmacht in den Dienst europäischer Nationen zu stellen, die weniger als zwei Prozent des BIP für die Verteidigung ausgeben. Aus US-Sicht verhalten sich Deutsche und andere Europäer da wie Trittbrettfahrer. Alles in allem scheint der Kontrast in den Einstellungen der Deutschen und der Amerikaner zu ihren Streitkräften fast unüberwindbar groß. Die USA sehen in ihrem Militär eine Kraft des Guten, und auch Kriege gelten nicht als moralisch bedenklich. Amerikaner kommen eben vom Mars.

Die gute und die böse Weltmacht

Wer Interesse an strategischer Weltpolitik hat, ist in Amerikas Hauptstadt bestens aufgehoben. Nirgendwo sonst werden die Widersprüche zwischen globaler Realpolitik und idealistischer Außenpolitik so offen und schonungslos diskutiert. Die USA sind heute die einzige Weltmacht. Das spiegelt sich in einer Fülle von Anhörungen zu den unterschiedlichsten Konflikten und Lösungsoptionen im Kongress und in den zahlreichen Think-Tanks wider. Ob Inselstreit im Südchinesischen Meer, Sezessionsbewegungen in den südlichen Philippinen, bedrohter Lebensraum der Indianer im Amazonasgebiet, Lebensbedingungen der Uiguren in China oder die Diversifizierung islamistischer Terrorgruppen vom IS bis Al Qaida – für alle Themen gibt es eine Reihe von Experten.

In Berlin ist die versammelte außenpolitische Kompetenz in dem Vierteljahrhundert seit der Einheit dank des Zuzugs der Bundesregierung sowie solcher Think-Tanks wie der Stiftung Wissenschaft und Politik und der Deutschen Gesellschaft für Auswärtige Politik gewachsen. Im Vergleich mit Washington wirkt das aber immer noch wie der Unterschied zwischen Champions League und Regionalliga – wobei auch die Regionalliga herausragende Einzelspieler zutage fördert. Die Summe der Talente und Stars ist in den USA jedoch größer.

Besonders verblüffend an den außenpolitischen Debatten in den USA ist für einen Deutschen wie mich, mit welcher Vehemenz idealistische und pragmatische Überlegungen, ideologische und realpolitische Ziele aufeinanderprallen – und wie wenig es den Amerikanern auszumachen scheint, dass sie diese Gegensätze nicht auflösen können. Man nimmt es als unausweichlich hin, dass die Außenpolitik der USA in sich widersprüchlich ist. In Arabien möchte man einerseits demokratische Bewegungen unterstützen, andererseits die Autokraten nicht über Nacht fallen lassen, mit denen Amerika seit Jahren verbündet war, weil sie Stabilität verhießen. Daneben gibt es Ölinteressen, die aber nicht ganz so groß sind, wie viele in Deutschland vermuten (siehe das Kapitel zur Energiewende). In Asien lavieren die USA zwischen China und Indien sowie zwischen Pakistan und Indien. Pakistan ist ein ungeliebter Bundesgenosse bei der Befriedung Afghanistans. Indien, dem Erzrivalen Pakistans und zugleich der bevölkerungsreichsten Demokratie der Erde, fühlt sich Amerika innerlich näher. Indien dient auch als potenzielles Gegengewicht zu China. Von China ist wiederum unklar, ob es in mittlerer Zukunft ein Partner sein wird, der im Umgang zwar manchmal unbequem, aber alles in allem verlässlich ist, oder ob es zu einer ideologischen Gegenmacht heranwächst wie die Sowjetunion im Kalten Krieg. Sollen die USA Peking also hofieren oder eindämmen? Die Antwort Amerikas lautet: sowohl als auch. Das kann man als widersprüchlich kritisieren. Oder es als weise loben, dass Amerika sich beide Optionen offenhält.

Es hat mich immer wieder in ein Wechselbad von Gefühlen gestürzt, die Weltpolitik vom Schauplatz Washington aus zu verfolgen. Mit manchen Reflexen können Amerikaner einen Deutschen wie mich ganz schön nerven. Vor allem, wenn sie das Selbstlob kultivieren, die USA seien per Definition eine Kraft des

Guten auf der Welt – und wenig Selbstzweifel erkennen lassen, ob das gut Gemeinte auch zu einem guten Ende führt. Oft ist der Weg in die Hölle mit guten Absichten gepflastert.

Die Arroganz des „Exceptionalism"

In Wahljahren sind es vor allem Republikaner, die mit dem Märchenbild von Amerika als einer „Shining City upon a Hill" auf Stimmenfang gehen – auch 2016 setzt sich das fort. Das Bild von der leuchtenden Stadt auf dem Berg als Vorbild für alle Welt ist der Bergpredigt in der Bibel entlehnt und fester Bestandteil der Theorie von Amerikas „Exceptionalism". Im Ursprung war die Lehre, dass die USA sich durch ihre Entstehungsgeschichte von anderen Nationen und Staaten unterscheiden, wertneutral und analytisch gemeint. Zum Beispiel gab es die Klassenkämpfe und die ideologischen Auseinandersetzungen, die Europas Geschichte geprägt haben, in Amerika gar nicht oder nicht in dieser Schärfe. Es gab keinen Adel, keinen Feudalismus und später keine kommunistischen Revolutionen. Republikanismus, Selbstregierung der Bürger, individuelle und religiöse Freiheit sind die Grundsteine – nicht eine starke kollektive Staatsmacht und Staatskirche. Dieser Theorie zufolge waren die USA mit der Unabhängigkeitserklärung 1776 der erste Staat in der Geschichte der Menschheit, der auf Freiheit, Gleichheit, Individualismus sowie der Verschonung von staatlichem Zwang basiert.

Dieses Idealbild hält den historischen Fakten nicht stand. Die Afroamerikaner waren zum Großteil Sklaven und weitgehend rechtlos. Rechtlos waren auch die indianischen Ureinwohner. Frauen hatten nur eingeschränkte Rechte; das Wahlrecht bekamen sie erst 1920, relativ spät im Vergleich zu anderen westlichen Staaten. Bei weißen Männern galt zunächst nicht das Prinzip „one man, one vote"; ihr Recht auf politische Teilhabe war vom Besitz abhängig. Damit hatten die USA anfangs durchaus so etwas wie eine „politische Adelsklasse". Der Vorsprung vor Europa war nicht so groß, wie gern behauptet wird. Die These vom „Exceptionalism" ist für mich eine Variante der generellen amerikanischen Autosuggestion, dass in den USA alles am besten, am schönsten und am größten sei. Dieses idealisierte Selbstbild kontrastiert scharf mit einer geringen Kenntnis der Mehrheit der Bürger, wie die Verhältnisse anderswo auf der Welt sind. Nur eine Minderheit der Gebildeten und Weitgereisten weiß aus eigener Anschauung, dass Amerika den meisten westlichen Industrienationen in Sachen Wohlstand, soziale Sicherheit, Gesundheit, Infrastruktur und technischer Moderne heute nicht mehr mit Abstand voraus ist. Selbst von denen, die das wissen, werden es viele nie öffentlich sagen, weil dies der amerikanischen Mentalität zuwiderläuft.

Selbsthypnose als Kraftquelle

Amerika betreibt eine Art Selbsthypnose – und das hat auch positive Auswirkungen. Die permanente Selbstbestätigung, wonach die USA in allem spitze sind, ist zugleich eine Quelle von Kraft und Energie. Sie stärkt immer wieder aufs Neue den Willen, sich anzustrengen und zur Verbesserung der Lebensverhältnisse und gesellschaftlichen Strukturen beizutragen. Wer sich wohlfühlt, wer von seinen eigenen Fähigkeiten und guten Absichten überzeugt ist, der tut mehr als ein Zeitgenosse, der in der Überzeugung lebt, dass die Welt schlecht sei und es wenig Sinn habe, sich zu bemühen.

Von Beginn an haben Politiker beider Parteien die Lehre vom „Exceptionalism" und das Bild von der „Shining City upon a Hill" so gebraucht, als seien die USA nicht nur anders, sondern als seien sie etwas Erhabeneres. Präsident John F. Kennedy benutzte beide Begriffe als Maßstab, an dem Amerika sich messen lassen müsse – die Völker der Welt blickten mit hohen Erwartungen auf die USA und das Land müsse ihnen gerecht werden. Republikanische Politiker verwenden beide Redewendungen öfter als Demokraten und tendieren dazu, daraus eine Lehre von Amerikas Überlegenheit gegenüber anderen Nationen zu machen – entweder in der religiösen Variante: Gott habe die USA auserwählt. Oder in einer machtpolitischen Variante, die für Angehörige anderer Völker nicht minder arrogant klingt: Da Amerika so außergewöhnlich sei, dürfe es sich in seinem Handeln auch mehr herausnehmen als andere Staaten. Eine amerikanische Intervention, ob per Militär, Cyberangriff oder Marktmacht, ist an und für sich gut, eine chinesische oder russische dagegen bedenklich.

In fast jedem Wahlkampf wird erneut über Amerikas „Exceptionalism" gestritten. Republikaner werfen Demokraten regelmäßig vor, sie besängen Amerikas Größe und Sonderstellung zu wenig. Zum Katalog der Vorwürfe zählt, Demokraten wie Hillary Clinton und Obama erlaubten es sich sogar, Fehler der USA einzugestehen und sich dafür zu entschuldigen. Mit Bedacht wählte Mitt Romney, der republikanische Präsidentschaftskandidat 2012, folgenden Titel für das Buch, mit dem er sich bei den Wählern einführte: „No Apology: Believe in America".

Amerikaner machen sich meist nicht klar, wie überheblich ihr Selbstbild auf Menschen anderer Nationalität wirkt. Trotz meines Ärgers über die Arroganz, die in der Lehre vom „Excep-

242

tionalism" zum Ausdruck kommt, erwische ich mich mitunter aber auch beim umgekehrten Gedanken. Ein bisschen Wahres ist schon dran, wenn die Amerikaner betonen, sie seien mehr als andere bereit, sich für den Schutz Unterdrückter in der Welt einzusetzen – selbst dann, wenn es nicht unmittelbar ihren wirtschaftlichen und geostrategischen Interessen dient.

Viele Hilfsorganisationen konnten die Nothilfe nach dem Erdbeben in Haiti nur leisten, weil die USA rasch einen Hubschrauberträger und Amphibienfahrzeuge entsandten, die Transportdienste leisteten und Helfer und Hilfsgüter an die Einsatzorte brachten. Das Straßennetz war zum Großteil zerstört. Angesichts der Bürgerkriege in Syrien, im Jemen und Libyen fordern arabische Nationen oft von den UN oder von „der Weltgemeinschaft" eine Intervention zugunsten islamischer Brüder. Sie selbst tun entweder nichts oder heizen die Konflikte durch einseitiges Eingreifen noch an, zum Beispiel Saudi-Arabien im Jemen mit dem Ziel, dem Iran Contra zu geben. Amerika-Kritiker in Europa behaupten in solchen Situationen gerne, die USA verfolgten mit ihren Interventionen Wirtschaftsinteressen. Doch welche sollten das in Libyen sein? Amerika hatte das Land jahrelang ökonomisch boykottiert, weil Gaddafis Regime in Terrorakte verwickelt war wie den Anschlag auf die bei US-Soldaten beliebte Berliner Diskothek „La Belle" 1986 und auf den PanAm-Jumbo über Lockerbie 1988. Erst 2006 nahmen die USA und Libyen wieder volle diplomatische Beziehungen auf, nachdem Gaddafi seine Pläne für Atomwaffen aufgegeben und Entschädigungen an die Terroropfer bezahlt hatte. Nennenswerte Öl- und Wirtschaftsinteressen in Libyen haben Italien und Großbritannien, nicht aber die USA.

Ähnliches galt in den 1990er-Jahren auf dem Balkan, als der serbische Diktator Milošević Krieg gegen die Bürger Jugoslawiens führte, die sich dem serbischen Führungsanspruch nicht beugen wollten: erst in Slowenien, dann in Kroatien und Bosnien-Herzegowina, schließlich im Kosovo. Europa hätte Milošević stoppen müssen, sowohl aus humanitären Gründen als auch aus Wirtschaftsinteressen. Der Flüchtlingsstrom kostete Länder wie Deutschland viele Milliarden. Doch Europa konnte sich nicht einigen, bis Amerika die Führung übernahm – ohne damit ökonomische Interessen auf dem Balkan zu verteidigen.

An den meisten Brennpunkten der Welt verfolgen die USA eine Mischung aus idealistischen, politischen, ökonomischen und humanitären Interessen. Sie gewichten diese Faktoren freilich anders, als man das in Deutschland gewohnt ist. Und man kann streiten, wer dabei ideologischer und wer pragmatischer, wer emotionaler und wer nüchterner argumentiert.

Viele Deutsche pflegen ja ihre eigene Spielart des Überlegenheitsgefühls. Sie würden zwar nicht mehr geradeheraus behaupten, dass Deutschland etwas Besseres sei im Vergleich zu anderen Nationen. Das „Deutschland, Deutschland über alles in der Welt" ist nach den katastrophalen Folgen dieser Denkart verpönt. Aber viele finden schon, dass sie den Amerikanern moralisch überlegen seien. Wir führen nicht so schnell Krieg, um unsere Sichtweisen und Interessen durchzusetzen. Wir beweisen mit der Vertiefung und Erweiterung der EU, dass man nationale Interessenkonflikte durch Kompromiss und Ausgleich befrieden kann. Wir achten die Vereinten Nationen und das internationale Recht.

Das Selbstbild der Deutschen von ihrer Überlegenheit beruht auf dem Glauben, dass sie aus den Fehlern ihrer Geschichte gelernt haben und zu einer höheren Form der Einsicht über den richtigen Umgang der Völker untereinander gekommen sind – nur leider sei dieser Grad von Einsicht anderen Nationen noch verschlossen, weil die noch nicht so intensiv über ihre Fehler nachgedacht hätten. Augenfällig werden die Unterschiede im Denken und der Zwiespalt zwischen der gewünschten Welt und der realen Welt im Verhältnis zu den Vereinten Nationen, im jeweiligen Bild von Europa, vom Nahostkonflikt, von China und Russland – sowie im Umgang mit Wikileaks und der NSA-Affäre.

Die Vereinten Nationen – keine höhere Instanz

Wer bei einer außenpolitischen Debatte in den USA einen raschen Witz machen will, muss nur etwas Abfälliges über die UN sagen. Dann ist Gelächter sicher. Die Ernsthaftigkeit, mit der viele Deutsche über die Vereinten Nationen, über ihre Rolle als höchste Instanz des internationalen Rechts und maßgebliche Entscheidungsinstanz über Krieg und Frieden sprechen, ist Amerikanern fremd. Die UN sind 1945 auf Initiative der USA gegründet worden und haben ihren Hauptsitz in New York. Aus amerikanischer Sicht sind sie aber nur ein Werkzeug unter vielen in der internationalen Politik. Sie haben nicht die Aura einer höheren Instanz. Sie können schließlich nicht besser sein als der Durchschnitt ihrer 194 Mitglieder. Davon sind nur rund ein Drittel Demokratien und Rechtsstaaten. Die Mehrheit bilden Diktaturen und autoritäre Regime. Was ist von einer Institution zu halten, in der Libyen 2003 den Vorsitz der Menschenrechtskommission übernehmen durfte? In der der Iran 2011 die Arbeitsgruppe zum Schutz von Frauenrechten leitete? Und in der Nordkorea im Juli 2011 den Vorsitz der Abrüstungskommission erhielt, obwohl es seit Jahren die internationale Kontrolle seines Atom(waffen)programms hintertreibt?

Länder wie Deutschland, die die UN als Bühne nutzen, um das Gemeinschaftsinteresse voranzubringen – den Schutz von Minderheiten, das Verbot, Kinder als Soldaten einzusetzen –, sind die Ausnahme. Die meisten Regierungen benutzen die UN als Hebel für ihre nationale Außenpolitik. Das gilt auch für die Vetomächte im Sicherheitsrat. Als China und Russland 1999 die Autorisierung militärischer Gewalt gegen Miloševićs Massenmord an den Kosovaren verweigerten, ging es ihnen nicht um Frieden oder Gerechtigkeit, sondern um ihr nationales Interesse: Sie behalten sich vor, im Konfliktfall ebenso brutal gegen Bevölkerungsgruppen in ihren eigenen Grenzen vorzugehen, und wollten keinen Präzedenzfall zulassen, in dem die UN Interventionen gegen solche Massaker erlauben. Auch die USA setzen ihr Vetorecht nach Gutdünken ein, zum Beispiel, um Israel vor Verurteilungen durch die UN zu schützen.

Beim Projekt der Erweiterung des Sicherheitsrats sind für Amerika nicht Überlegungen zur „gerechten" Verteilung von Einfluss maßgeblich, sondern Erwägungen, ob es dann einfacher oder schwerer wird, US-Interessen durchzusetzen. Der aktuelle Sicherheitsrat spiegelt die überholte Machtverteilung im Jahr 1945 wider: Die USA, Russland, Frankreich und Großbritannien waren die Sieger – Japan und Deutschland die Verlierer. Afrika und Südamerika spielten keine Rolle. In der Welt von heute müssten Japan und Deutschland einen ständigen Sitz haben, sie sind der zweit- und der drittgrößte Beitragszahler. Außerdem müssten die derzeit fehlenden Kontinente mit einem oder zwei permanenten Sitzen vertreten sein. Nur, warum sollten die USA da Partei ergreifen? Internationale Politik ist zuvörderst ein Kampf um Interessen und weniger um Gerechtigkeit.

Das deutsche Bild von den Vereinten Nationen als einer Macht, die die Egoismen der Einzelstaaten zähmt und sich um einen Rechtsrahmen bemüht, der alle gleichermaßen bindet, ist mir sympathischer. Aber das nüchterne amerikanische Bild von den UN als einem Werkzeug der Außenpolitik ohne besonderen moralischen Nimbus scheint mir näher an der Realität zu sein.

Europa –
der Kontinent der sympathischen Träumer

Europa ist Amerikanern einerseits sympathisch. Andererseits wissen sie nicht so recht, wie ernst sie es nehmen sollen. Im globalen Maßstab ist Europa heute weder ein Brennpunkt der vordringlichsten Sicherheitsfragen, noch leistet es wichtige Beiträge zur Lösung der Krisen, die aus US-Sicht Priorität haben. Der Kalte Krieg ist vorbei, Berlin und die Bundesrepublik sind nicht mehr vom Kommunismus bedroht und folglich auch nicht mehr der Nabel der westlichen Welt. Die größten Herausforderungen für die Sicherheit bilden aus Amerikas Perspektive heute der Umgang mit dem militanten Islam sowie dem Terrorismus, die Eindämmung der Atomwaffen und die Befriedung und Stabilisierung schwacher Staaten wie Syrien, Afghanistan, Somalia oder Jemen, damit sie nicht zu Rückzugsräumen für Terrornetzwerke werden. Da trägt Europa nach Meinung der USA wenig bei, obwohl es zusammengenommen eine größere Bevölkerung hat und eine stärkere Wirtschaftsmacht bildet. Irritationen löst es in den USA zudem aus, wenn die EU oder die Eurozone nicht in der Lage sind, den auf ihrem Gebiet aufkommenden Krisen rasch zu begegnen. Ob Euroschwäche oder Flüchtlingsströme: Europa handelt aus US-Sicht nicht entschlossen genug. Warum soll Amerika dieses Europa sonderlich ernst nehmen?

Das erste Missverständnis beginnt oft damit, was Amerikaner und Deutsche eigentlich meinen, wenn sie von Europa reden. Bei Amerikanern ist das eher die NATO, bei Deutschen eher die EU. Wenn ein Republikaner Präsident ist, darf man davon ausgehen, dass seine wichtigsten Europa-Berater Experten für die NATO sind. Unter einem demokratischen Präsidenten ist das nur graduell besser.

Amerikaner haben ganz besondere Schwierigkeiten, die Europäische Union zu verstehen. Die Mechanismen, nach denen die EU-Staaten sich organisieren und kooperieren, passen nicht zum Denken über die Natur eines Staatswesens in den USA. Vereinfacht gesagt, fühlen und denken Amerikaner in den Kategorien eines Nationalstaats. Völker haben nationale Interessen, und der Staat vertritt sie. Warum sollte man dieses Recht an eine supranationale Institution wie die EU abgeben? So was tut man doch nicht! Warum sollte man sein nationales Eigeninteresse freiwillig einem diffusen europäischen Gemeinschaftsinteresse unterordnen? Das leuchtet Amerikanern nicht ein. Und wieso sollen Eurokraten in Brüssel besser wissen, was gut für die Deutschen ist, als die Bundesregierung?

Amerikaner glauben auch nicht den Versicherungen, es werde einfacher für die USA, wenn die Europäer sich in der EU zusammenschließen und einen gemeinsamen Ansprechpartner für die europäische Außenpolitik haben. Nach ihrer Erfahrung funktioniert das im Alltag nicht. Egal ob diese Person Javier Solana oder Catherine Ashton oder aktuell Federica Mogherini heißt – sie kann keine verbindlichen Zusagen machen, die die EU-Staaten dann auch einhalten. Also ruft das Weiße Haus oder das State Department weiterhin nicht in Brüssel an, sondern wie früher in

Berlin, London und Paris – sowie vielleicht noch in Warschau, weil Polen das größte Land unter den neuen EU-Mitgliedern im Osten ist. Für die USA und ihre Außenpolitik bleiben die Nationalstaaten vorerst das Maß aller Dinge. Ein Netz aus bilateralen Beziehungen ist das Handwerkszeug internationaler Politik. Mit Multilateralismus können Amerikaner wenig anfangen, bzw. sie praktizieren ihn anders, als man sich das in Europa vorstellt. Wenn die USA multilateral handeln müssen, dann versuchen sie, ihre verlässlichen bilateralen Beziehungen zu bündeln. EU-Politik macht man nicht, indem man alle 28 Mitglieder einzeln anruft oder darauf hofft, dass die sich einig werden und man sich nur mit ihrem offiziellen gemeinsamen Repräsentanten verständigen muss. Sondern die USA rufen wenige Schwergewichte in der EU an. Dieser pragmatische und ergebnisorientierte Umgang mit multilateralen Formaten zeigte sich, zum Beispiel, in der globalen Finanzkrise: G 20 ersetzte die G 8 als das entscheidende Format.

Russland und China – ein besiegter und ein neuer Rivale

Den Aufstieg Chinas begleiten die USA mit einer Mischung aus Misstrauen und Faszination, Vorsicht und gelegentlichen Charme-Offensiven. Moskau dagegen wird nicht mehr sonderlich ernst genommen. Den Wettstreit der Systeme haben die USA für sich entschieden. Viele Amerikaner betrachten Russland als ein Drittweltland mit Atomraketen: Es hat enorme Bodenschätze und rein theoretisch enormes Entwicklungspotenzial. Staat und Gesellschaft sind aus US-Sicht aber hoffnungslos schlecht organisiert. Dass manche Deutsche Russland in romantischer Verklärung als eine große Kulturnation mit einer seelenverwandten Bevölkerung betrachten, sieht man in den USA teils mit Belustigung, teils mit Misstrauen. Allerdings hat sich auch das deutsche Russlandbild durch den Krieg in der Ukraine verändert: Laut „Deutschlandtrend" vom März 2015 sehen über 80 Prozent der Deutschen in Russland keinen vertrauenswürdigen Partner mehr.

China dagegen gilt in Amerika als der große Rivale und die große Herausforderung der Zukunft. In meinen Jahren in den USA habe ich enorme emotionale Umschwünge im dortigen Chinabild erlebt. Sie lassen die Unsicherheit erkennen, was wohl von Peking zu erwarten und was der richtige Umgangston sei. In George W. Bushs zweiter Amtszeit galt China die meiste Zeit als Inbegriff großer Risiken und Gefahren. 2006 und 2007 war die Stimmung ungefähr so: Mit der billigen Massenproduktion von Spielwaren, Haushaltsartikeln und illegal nachgebauter Elektronik überschwemme China den US-Markt und vernichte amerikanische Arbeitsplätze. Mit den erzielten Gewinnen kaufe Peking dann US-Dollar und häufe ungeheure Währungsreserven an, die es in die Lage versetzen, die USA ökonomisch zu erpressen.

Parallel gab es Skandale um Babyartikel, die mit gesundheitsschädlichen Farben bemalt waren, und um verseuchtes Milchpulver aus China. Die gelbe Gefahr bedrohte nun also auch die Volksgesundheit. Dann kam das Jahr 2008 und die globale Finanzkrise. Damals hätte Peking die USA in den Abgrund stürzen können, wenn es das denn gewollt hätte – indem es massenhaft Dollar auf den Markt wirft und die US-Währung in den Keller treibt. Doch China verhielt sich in der Krise konstruktiv und hilfreich. Ich würde sagen: Kein Wunder, bei der hohen gegenseitigen Abhängigkeit. Wer so große Dollar-Reserven hält wie Peking, hat kein Interesse, den Dollar abstürzen zu sehen. Jedenfalls hörte man nun viel China-Lob in den USA. Das hat die Angst vor dem neuen Rivalen deutlich gedämpft. Barack Obama hat China einerseits hofiert, Präsident Hu Jintao bei dessen Staatsbesuch im Weißen Haus mit höchstem protokollarischem Zeremoniell geehrt und auch Nachfolger Xi Jinping umgarnt. Andererseits kritisieren die USA regelmäßig Pekings Menschenrechtspolitik, organisieren Handelsbündnisse, die China unter Druck setzen, wie die Transpazifische Partnerschaft TPP, bieten China militärisch in Asien Paroli durch Waffenverkäufe an Taiwan und Indien und fordern mehr Druck auf Nordkorea.

Angesichts der wachsenden Rolle Chinas müssten die USA und Europa sich eigentlich um eine abgestimmte Politik gegenüber Peking bemühen. Schließlich liegt es in ihrem gemeinsamen Interesse, dass die Konflikte um Handel und geostrategische Rivalitäten friedlich ausgetragen werden und sie China durch vereinte Bemühungen dazu bringen, das internationale Recht und die Grundrechte der Bürger zu respektieren. Doch da geschieht wenig. Deutschland und andere europäische Staaten begreifen ihre Außenpolitik gegenüber China vor allem als Außenwirtschaftspolitik – mit dem Ziel, den Markt für die Produkte ihrer heimischen Industrien zu erweitern. Das tun die USA auch, aber noch wichtiger sind für sie geostrategische Überlegungen und die Zukunft der militärischen Machtbalance in Asien.

Nahost – ewiger Konflikt, ewige Klischees

Die vielleicht größten Missverständnisse der Deutschen über die US-Außenpolitik habe ich in Bezug auf den Nahen Osten erlebt. Amerika schützt Israel mitunter stärker, als es dem Friedensprozess guttut. Aber es handelt zugleich pragmatischer, als viele Deutsche das wahrhaben wollen. Viele der in Deutschland verbreiteten Vorwürfe, zum Beispiel die These von der mächtigen „jüdischen Lobby" in Amerika, beruhen auf Unkenntnis. Der Begriff „jüdische Lobby" suggeriert, es gebe eine über die Maßen einflussreiche Gruppe von Juden in den USA, die die Regierung daran hindern, mehr Druck auf Israel auszuüben und mehr Verständnis für die berechtigten Anliegen der Palästinenser zu entwickeln. Das klingt manchmal fast so, als lebten da Elemente der antisemitischen Propaganda der Nazis fort, zum Beispiel die Schlagworte von der jüdisch kontrollierten Presse oder von der jüdischen Finanzelite.

Die tatsächlichen Machtverhältnisse in den USA sind in Bezug auf Nahost ganz anders. Eigentlich müsste man von einer großen „Israel-Lobby" sprechen. Deren Rückgrat bilden nicht Juden, sondern konservative Christen. Das ist aus zwei Gründen ein gravierender Unterschied. Amerikanische Juden wählen in ihrer erdrückenden Mehrheit die Demokraten. Sie sind in sozialen Fragen progressiv, in der Außenpolitik oft auf Sicherheit bedacht. Sie wollen Israel gewiss geschützt und unterstützt sehen. Aber sie drängen zumeist auf einen friedlichen Ausgleich mit den Palästinensern und generell den arabischen Staaten, weil sie sich davon die beste Existenzgarantie für Israel erhoffen.

Weniger kompromissbereit gibt sich die religiöse Rechte in Amerika. Konservative Christen, die in der Regel die Republikaner wählen, bilden die politischen Bataillone, auf die sich rechte israelische Politiker wie Benjamin Netanjahu stützen können. Wenn schon nicht die Christen die Kontrolle über die heiligen Stätten der Bibel haben, dann immer noch besser die Juden als die Muslime. In dieser Weltsicht bildet Israel zudem den Brückenkopf der Demokratie und der Menschenrechte im Nahen Osten, der ansonsten von diktatorischen und korrupten islamischen Regimen geprägt sei. Für die religiöse Rechte ist es eine Selbstverständlichkeit, dass die USA auf Israels Seite stehen müssen – bis die Palästinenser von der Gewalt ablassen und zum Frieden bereit sind.

Ein zweiter wichtiger Unterschied zwischen den gängigen Meinungen in Deutschland und den USA zum Nahen Osten betrifft die Frage, worin das Haupthindernis für einen Friedensschluss besteht. In Deutschland hört man oft die Auffassung, das liege vor allem am fehlenden Druck auf Israel. Wenn die USA und andere westliche Staaten Israel die Finanz- und Militärhilfe verweigerten, dann bliebe Israel gar nichts anderes übrig, als Frieden zu welchen Bedingungen auch immer zu akzeptieren. In Amerika trifft man dann auf die Gegenfrage: Was wäre damit gewonnen? Dann seien die Palästinenser noch lange nicht friedensbereit. Nicht einmal eine Supermacht wie die USA könne den betroffenen Völkern den Frieden aufzwingen.

Frieden werde es erst geben, wenn eine Mehrheit in beiden Gesellschaften, unter den Israelis und den Palästinensern, das wünsche und wenn sie beide Regierungen wählten, die ernsthaft für dieses Ziel arbeiten. Wenn diese Bedingung erfüllt sei, dann reiche der Einfluss der USA und anderer Beteiligter hoffentlich, um den Konfliktparteien über die restlichen Hürden hinwegzuhelfen. Die USA und Europa könnten einen fehlenden Friedenswillen in der Region aber durch noch so viel Bemühen nicht kompensieren. Die Prinzipien der Einigung sind seit langem klar umrissen. Israelis und Palästinenser haben das Recht auf einen eigenen Staat in sicheren Grenzen. Der völkerrechtliche Ausgangspunkt für die Grenzziehung sind die Linien von 1967. Sie können durch einvernehmlichen Gebietstausch korrigiert werden. Jerusalem soll beiden Nationen als Hauptstadt dienen. Seit Jahren sind die politischen Verhältnisse in beiden Gesellschaften nicht eben günstig für einen Friedensschluss. Palästina ist gespalten zwischen der Fatah, die das Westjordanland regiert, und der radikalislamischen Hamas, die den Gazastreifen kontrolliert. In Israel wurde der Falke Benjamin Netanjahu wiedergewählt. Unter solchen Bedingungen Frieden herbeizumoderieren, würde an ein Wunder grenzen. Ein US-Präsident ist kein Wunderheiler, weder im Nahen Osten noch anderswo.

Snowden und Wikileaks – deutsche Helden, amerikanische Bastards

Die verschiedenen Sichtweisen auf die Welt und Amerikas Rolle machten sich auch im Umgang mit der NSA-Affäre (siehe das Kapitel „Amerikaner sind ein anderer Stamm") und zuvor mit der Internetplattform Wikileaks bemerkbar, die vertrauliche Dokumente der USA zum Irakkrieg, zu Afghanistan und aus den diplomatischen Berichten der Botschaften veröffentlicht hatte. In Deutschland werden Edward Snowden und Wikileaks von vielen bewundert und zu Helden stilisiert, die es wagen, die schlimmen Taten der Weltmacht aufzudecken. In den USA beteiligten sich führende Medien an den Veröffentlichungen der Geheimdokumente, hielten aber in ihrer Bewertung Distanz zu Snowden und Wikileaks und nannten auch die Risiken, die mit diesem höheren Grad angeblicher Transparenz verbunden sind – zum Beispiel die Lebensgefahr für Informanten im Irak und in Afghanistan, wenn deren Klarnamen veröffentlicht werden. Das Wall Street Journal sprach deshalb Ende Juli 2010 von den „Wikileaks Bastards".

Die deutschen Medien ließen einen ähnlich kritischen Umgang mit den Methoden der Plattform fast durchweg vermissen. Weltweite Schlagzeilen machte im April 2010 das sogenannte Bagdad-Video: Es zeigte aus der Perspektive der Bordkamera eines US-Kampfhubschraubers einen Zwischenfall am 12. Juli 2007 in Bagdad, bei dem mehrere Zivilisten getötet wurden, darunter zwei Mitarbeiter der Nachrichtenagentur Reuters.

An jenem Tag hatte das US-Militär eine Operation mit Bodentruppen und Luftunterstützung in dem Bagdader Viertel Al-Amin begonnen, das als Hochburg von Aufständischen galt. Die Bodentruppen wurden in den Straßen beschossen. Über dem Viertel kreisten Kampfhubschrauber, die die Schützen ausfindig machen und bekämpfen sollten. Die Helikopter-Besatzung hielt die Fotoausrüstung der Reuters-Mitarbeiter Namir Noor-Eldeen und Saeed Chmagh irrtümlich für Waffen und schoss auf sie. Später beschoss sie auch ein Auto und dessen Insassen, die die Getroffenen abtransportieren wollten, im Glauben, auch das seien Aufständische.

Wikileaks hatte das Video von einem Informanten zugespielt bekommen, stellte es unter dem Titel „Collateral Murder" ins Internet und behauptete, mit der Veröffentlichung liefere es Beweise für ein Kriegsverbrechen, das der Öffentlichkeit bisher nicht bekannt sei. Es betreibe eine neue investigative Form von Journalismus. Viele deutsche Medien übernahmen diese Darstellung. Amerikanische Medien dagegen nicht, denn aus ihrer Sicht war das eine dreiste Lüge. US-Zeitungen und US-Gerichte hatten die Abläufe längst aufgeklärt. Es gab sogar ein Buch des angesehenen Washington-Post-Reporters und Pulitzer-Preisträgers David Finkel, in dem die Ereignisse minutiös geschildert sind, inklusive der Wortwechsel im Cockpit des Hubschraubers, die auf Zivilisten ziemlich abstoßend wirken. Finkel hatte das Militär bei dem Einsatz begleitet.

Neu an der Veröffentlichung des Videos durch Wikileaks war allein, dass Reuters zwei Jahre lang vor Gericht vergeblich um die Herausgabe des als „geheim" klassifizierten Militärvideos gekämpft hatte. Inhaltlich hatte Wikileaks nichts Neues herausgefunden. Alles, was das Video zeigte, war in Amerika öffentlich bekannt – und via Internet sowohl Wikileaks als auch allen deutschen Medien, die die Wahrheit wissen wollten, zugänglich.

Warum trafen die sachlich falschen Darstellungen von Wikileaks dennoch in Europa und speziell in Deutschland auf so offene Ohren? Was Wikileaks lieferte, wirkte wie die Bestätigung der vorhandenen Urteile und Vorurteile über den Irakkrieg. Da nahmen es viele deutsche Redaktionen mit dem Wahrheitsgehalt der dreisten Wikileaks-Darstellung nicht so genau.

Es ging nicht nur darum, dass die großsprecherischen Behauptungen, Wikileaks habe einen bislang unbekannten Skandal aufgedeckt, nicht stimmten. US-Zeitungen warfen der Plattform auch eine Manipulation des Videos vor. Neben der 38-minütigen Originalfassung habe sie eine 17-minütige Kurzfassung ins Netz gestellt, die wesentlich öfter angeschaut werde. Dort habe Wikileaks die Szenen herausgeschnitten, die belegen, dass das US-Militär beschossen wurde, ehe es die tödlichen Schüsse aus dem Hubschrauber abfeuerte.

Im Juli 2010 folgten rund 76.000 Dokumente zum Krieg in Afghanistan, im Oktober 2010 391.000 Dokumente zum Irak und im November 250.000 Berichte amerikanischer Diplomaten aus aller Welt über ihre Einschätzung der Spitzenpolitiker in ihren Gastländern. Jedes Mal behauptete Wikileaks, es veröffentliche Sensationen und nun müsse die Geschichte neu geschrieben werden. Zunächst machten viele deutsche Medien bei dieser Selbstbeweihräucherung mit. Mit der Zeit mehrten sich die kritischen Stimmen: Eigentlich habe Wikileaks nicht viel Neues beigetragen. Wusste man nicht auch schon zuvor, dass die Erfolge des Westens in Afghanistan begrenzt sind und die meisten lokalen Politiker korrupt, dass die militärischen Angriffe immer wieder unschuldige Zivilisten treffen und dass die einheimischen Sicherheitskräfte im Irak mit unglaublicher Brutalität gegen politische Gegner vorgehen?

Die New York Times hatte ebenso wie das deutsche Magazin Der Spiegel und der britische Guardian bei den Veröffentlichungen mit Wikileaks kooperiert. Doch sie achtete dabei auf ein neutrales Verhältnis und schwärzte, zum Beispiel, Informationen, die betroffene Menschen in Gefahr bringen konnten. Das Blatt urteilte im Oktober 2010: „Wie schon im Fall der Unterlagen aus sechs Jahren Afghanistankrieg enthalten die Irak-Dokumente keine weltbewegenden Enthüllungen. Aber sie liefern Einblick und Kontext aus Sicht der Menschen, die diesen Krieg gekämpft haben." Der Spiegel hatte anfangs bei der Heldenverklärung von Wikileaks mitgemacht, kam jedoch Ende Oktober 2010 nach mehreren Monaten ernüchternder Erfahrungen zu einer ähnlichen Einschätzung: „Die kurzen, nüchternen Protokolle bieten eine ungewohnte Perspektive … Sie zeigen den Alltag des Konflikts, wie US-Soldaten ihn erlebt haben." Substanzielle Informationen über aufsehenerregende Ereignisse wie zum Beispiel den Folterskandal von Abu Ghraib dürfe man nicht erwarten. Die Papiere „haben Schwächen – sie sind einseitig, subjektiv und kaum verifizierbar".

In der Zwischenzeit hatte die Welt lernen müssen, was für ein problematischer Mensch Wikileaks-Gründer Julian Assange ist: ein Egomane, der wenig Rücksicht auf andere nimmt und in Schweden angeklagt war, zwei Frauen zu unerwünschten Formen von Sexualverkehr gezwungen zu haben. Der Deutsche Daniel Domscheit-Berg, ein langjähriger Weggefährte, schilderte anhand zahlreicher Beispiele, dass Assange die Maßstäbe für Transparenz und Demokratie, die er von anderen fordert, selbst nicht einhält. Die Diplomatenkabel boten neben dem Ungemach auch unfreiwillige Genugtuung für die USA. Natürlich schuf es Unruhe, dass alle Welt nachlesen konnte, was US-Diplomaten von Angela Merkel, Guido Westerwelle, dem saudischen Königshaus und Angehörigen der Präsidentenfamilie Karsai in Afghanistan dachten. Zugleich bestätigten die Unterlagen aber viele Sachverhalte, die Amerikas Gegner zuvor bestritten hatten: zum Beispiel, dass die Führer Saudi-Arabiens, Bahrains und Jordaniens die USA hinter verschlossenen Türen zum Angriff auf den Iran aufforderten, während sie öffentlich die Solidarität muslimischer Gesellschaften betonten und Israel als Kriegstreiber hinstellten. Die Dokumente belegten abfällige Äußerungen des saudischen Königs über Iraks Regierungschef und Pakistans Präsidenten. Sie zeigten zudem, dass die Saudis weiterhin die Hauptgeldgeber für militante sunnitische Gruppen sind. Und dass Syrien nur eine Woche nach Präsident Baschir al-Assads Versprechen, der radikalislamischen Hisbollah im Libanon keine Waffen mehr zu geben, einen neuen Waffentransport losschickte.

Alles in allem steht für Amerikaner außer Zweifel, dass ihr Land eine positive Rolle in der Welt spielt. Sie sehen sich als

„sanften Hegemon" – und ihr Land als ein Vorbild mit großer Anziehungskraft auf Menschen aus aller Welt. Millionen wollen in die USA einwandern. Das Modell Amerika bleibt global attraktiv. Was wäre die Alternative? Wäre die Welt unter chinesischer oder russischer Dominanz besser dran?

Viele Deutsche tun sich schwer, Amerikas Selbstsicht zu folgen. Dabei sind Deutschland und seine Nachbarn Beispiele für den positiven Einfluss Amerikas – in Westeuropa seit 1945, in Mittel- und Osteuropa nach 1989. Viele Deutsche hoffen auf eine multipolare Welt, die Amerikas Vormacht bricht, ohne einem weniger angenehmen Hegemon Platz zu machen. Ist das eine realistische Erwartung? Und wäre es überhaupt wünschenswert? An Amerikas Außenpolitik kann man vieles kritisieren. Doch wäre die Welt wirklich besser dran, wenn es die Ordnungsmacht USA nicht gäbe?

Totgesagte leben länger

Alle paar Jahre erscheinen Bücher, die den Untergang – oder zumindest den Niedergang – Amerikas vorhersagen, vorzugsweise in Frankreich und Deutschland. Wenn die Prognose von einem einprägsamen Titel begleitet wird, bestehen gute Chancen, dass daraus ein Bestseller wird. Das gehört zur menschlichen Natur: Die Aussicht, dass der stärkste Junge in der Nachbarschaft, dem sich die anderen meistens beugen mussten, mal eine Abreibung bekommt, klingt aufs Erste immer verlockend. Und die Spekulation, einen Mächtigen stürzen zu sehen, ist allemal spannender als die Analyse der Faktoren, die einem raschen Machtwechsel entgegenstehen – zum Beispiel die Schwierigkeiten der Herausforderer. Viele in Europa leiden nun schon seit Jahrzehnten an der Übermacht und gelegentlichen Arroganz Amerikas. Für sie wäre es eine Genugtuung, wenn die Weltmacht ihre Grenzen erkennen muss.

Allerdings gilt auch für die USA: Totgesagte leben länger. Oder frei nach ihrem großen Humoristen Mark Twain: Die Nachrichten von ihrem Tod sind stark übertrieben.

Amerikas Comeback

Erneut haben die USA ihre Fähigkeit, Krisen zu meistern, bewiesen. Der Systemvorteil freiheitlich-demokratischer Gesellschaften gegenüber autoritären Regimen besteht ja nicht darin, dass sie keine Fehler machen. Sondern darin, dass sie in der Lage sind, Fehlentwicklungen schneller und effektiver zu korrigieren als Diktaturen. Die vorläufige Bilanz, wie sich die USA und andere potenzielle Weltmächte in den Jahren 2005 bis 2015 entwickelt haben, ist die Geschichte eines typisch amerikanischen Comebacks.

In der globalen Finanzkrise und den Folgejahren konnte es scheinen, als sei es unabwendbar und nur eine Frage der Zeit, dass China die USA als Nummer eins ablöst. Amerika war ein Kontinent der Krisen: der ökonomischen Hybris, der parteipolitischen Blockade, der vernachlässigten Infrastruktur, der Industrieunfälle und Naturkatastrophen. Europa ging es nicht viel besser. Die Finanzkrise deckte Schwachstellen auf: von den Geburtsfehlern der Währungsunion bis zur mangelnden Wettbewerbsfähigkeit südlicher Euro-Staaten, in denen nun Schuldenstände und Arbeitslosenraten bedrohlich stiegen. China hingegen wirkte im Kontrast wie ein Ort der Dynamik und des unbeschädigten Fortschrittsglaubens. Die Wirtschaft wuchs mit beachtlichen Raten. Die politische Führung schien Strategien zur Bewältigung der anstehenden Probleme zu haben: Stadt-Land-Gegensatz, Wanderarbeiter, demografische Ungleichgewichte nach der langen Ein-Kind-Politik. Zu Beginn des Wahljahres 2016 jedoch stehen die USA wieder deutlich besser da und China weniger gut. Amerika hat seine Schwächephase überwunden, seine Finanzregeln reformiert, die Vernachlässigung des produzierenden Gewerbes korrigiert. Über preiswerte Energie verfügt es im Überfluss dank einer Doppelstrategie aus Fracking und einem kostenbewussten Ausbau erneuerbarer Energien. In der digitalen Wirtschaft, der Zukunftsbranche schlechthin, sind die USA unangefochtener Spitzenreiter.

Amerikas Comeback ist freilich nicht nur wegen seiner Eigenanstrengung so eindrucksvoll, sondern auch deshalb, weil die Konkurrenten zurückgefallen sind. 2008 waren die USA ein Land der Risiken und China ein Land der Chancen. 2015 hatte sich das umgekehrt. Die Reihe negativer Nachrichten aus China reißt nicht ab: Börsencrashs, eine Wachstumsrate unter den magischen sieben Prozent, die das Land für eine stabile Entwicklung benötigt, Industrieunglücke von katastrophalem Ausmaß wie die Zerstörung des Gewerbehafens von Tianjin durch eine Explosion, regelmäßige Gruben- und Schiffsunglücke mit Hunderten Toten, eine Luftverschmutzung, die anderthalb Millionen Menschen pro Jahr den Tod bringt, und vieles mehr. Das zeigt: China ist im Wettlauf mit sich selbst. Was wächst schneller: die Summe der Krisen oder die Fähigkeit, Krisen zu meistern? Plötzlich wird offenbar, dass die Führung in Peking diesen Wettlauf auch verlieren kann.

Russland ist im Abstieg und hat die Modernisierung verpasst. Wirtschaft und Bevölkerung schrumpfen. Eine Soft-Power-Attraktivität fehlt. Nicht einmal exsowjetische Nachbarstaaten möchten mit dem Land freiwillig viel zu tun haben. Und westliche Firmen wollen kaum noch investieren.

Europas Wirtschaft stagniert. Die EU ist mit ihren vielen inneren Krisen vollauf beschäftigt: Die Euro- und Griechenland-Krise ist nicht ausgestanden. Der Konflikt mit Russland und der

Ukrainekrieg sind ungelöst. Am Horizont wartet das Risiko eines britischen EU-Austritts. Und plötzlich kommen Flüchtlingsströme unerwarteter Größenordnung hinzu, stellen den freien Personenverkehr und die Verwaltungskapazität in Frage. Amerika hat im zurückliegenden Jahrzehnt einen Umbruch erlebt, sowohl innenpolitisch als auch bei seiner internationalen Rolle. Es hat diese Herausforderung passabel bestanden, weil seine Bürger und seine politische Klasse sich eingestanden, dass sie sich in einer ernsten Krise befinden und die herkömmlichen Antworten nicht ausreichen, um sie zu überwinden.

Auf kurze Sicht musste man sich Sorgen um die USA machen, zum Beispiel wegen der dramatischen Kämpfe um die Erhöhung der Schuldenobergrenze. Rechte Republikaner taten so, als könnten die USA ernsthaft erwägen, ihre Schulden nicht zu bedienen und die Zahlungsverpflichtungen gegenüber Rentnern und Soldaten nicht zu erfüllen. Es wäre selbstmörderisch gewesen, einen solchen Kurs einzuschlagen, die Insolvenz der Regierung zuzulassen und das gute Kreditrating zu verspielen. Andererseits hatten die USA schon zuvor immer wieder ihre Fähigkeit zur Selbstkorrektur bewiesen. Die Bestseller in Deutschland und Frankreich mögen Amerikas Niedergang voraussagen, die Bestseller in den USA handeln davon, wie sich das Land wieder fängt. Typisch dafür war ein Buchtitel von Thomas Friedman mitten in der Selbstvertrauenskrise: „That Used to Be Us. How America Fell Behind in the World It Invented and How We Can Come Back". Mittel- und langfristig muss man sich um die USA keine großen Sorgen machen.

Aller Erfahrung nach erkennt Amerika, was falsch läuft und was es dagegen tun kann. Nur manchmal dauert das schmerzlich lange. Und eine Garantie, dass die USA sich korrigieren, gibt es natürlich nicht. Völker machen Fehler und müssen dann dafür büßen – und im Fall einer Weltmacht büßen andere mit.

Die USA hatten es mit der Privatisierung und dem Glauben an die Segnungen des Kapitalismus übertrieben. Auch mit ihren Militäreinsätzen waren sie an die Grenzen ihrer Leistungsfähigkeit gegangen. In der Folge gerieten die öffentlichen Finanzen und die heimische Infrastruktur in einen Zustand, der Amerikas Konkurrenzfähigkeit bedroht. Wie in der Physik ruft auch in der Politik jede Aktion eine Reaktion hervor. Meist setzt die Gegenbewegung schon kurz nach der Wahl eines neuen Präsidenten ein. Er mag noch so herausragend gesiegt haben, bei der Zwischenwahl zum Kongress zwei Jahre später gewinnt in aller Regel die andere Partei und setzt seinem Einfluss Grenzen.

Diese Machtteilung – ein Lager kontrolliert das Weiße Haus, das andere das Parlament – hat zwei Seiten. Sie erschwert Beschlüsse, dann werden die Wähler zornig wegen der Blockade der Politik. Sie verhindert aber zugleich ideologische Exzesse. Diesen Ausgleichsmechanismus hat die US-Gesellschaft verinnerlicht. Mehrheitlich strebt sie instinktiv zur Mitte. Sie tut das nicht in jedem einzelnen Moment, aber im Verlauf der Jahre. Der Machtwechsel zwischen Republikanern und Demokraten gehört zu den politischen Gesetzmäßigkeiten. Ohne die Enttäuschung über Bush wäre Obama nicht Präsident geworden. Sein Wahlsieg wurde anfangs zu idealistisch gedeutet: international als Abkehr von Bush und Hinwendung zu Europa und anderen Partnern; innenpolitisch als Korrektur des Glaubens an nicht-staatliche Lösungen für alle Probleme; historisch als Überwindung der Rassenvorurteile und Beginn einer „Post-Racial" Ära, in der Unterschiede in Hautfarbe, Kultur und Religion keine große Rolle mehr spielen.

Doch Obamas Wahl bedeutete kein Ende der Geschichte. Sie löste den nächsten Pendelschlag aus, nun in die Gegenrichtung. Amerika erlebte in vielen Bereichen eine verschärfte Polarisierung der Lager. Weil seine Regierung die Rechte von Afroamerikanern, Latino-Einwanderern und Muslimen vertrat, nahm auch die Ablehnung ihnen gegenüber zu. Indem er dem Staat eine größere Rolle bei der Überwindung der Wirtschaftskrise gab und mit der Gesundheitsreform das soziale Absicherungssystem ausweitete, löste er eine erbitterte Gegenbewegung aus. Und weil die sich in den schrillen Bildern und Tönen neuer Protestgruppen wie der Tea Party bemerkbar machte, war das Erstaunen groß und wuchs das Unverständnis im Ausland über Obamas Amerika. Die Macht der Protestbewegung und insbesondere den Einfluss ihrer ideologischen Ränder sollte man freilich nicht übertreiben. Es ist auch überzogen, von einzelnen Fällen überzogener Polizeigewalt auf ein generelles Aufleben eines Rassismus in den USA zu schließen, der angeblich erstens unausrottbar und zweitens um Dimensionen bedenklicher sei als in Europa.

In jeder westlichen Gesellschaft gibt es in wirtschaftlich gesunden Zeiten ein Potenzial von acht bis zwölf Prozent intoleranter, xenophober und radikaler Wähler – siehe Le Pens Anhängerschaft in Frankreich, Geert-Wilders-Anhänger in den Niederlanden, Haider-Bewunderer in Österreich oder in Deutschland den Beifall für die umstrittenen Thesen Thilo Sarrazins zur Überfremdung durch islamische Einwanderer und zur Vererbbarkeit von Intelligenz. Wiederholt haben Landtagswahlerfolge rechtsradikaler Parteien in der Bundesrepublik die Welt aufgeschreckt. Dieses radikale Protestpotenzial wächst in sozialen und wirtschaftlichen Krisenzeiten auf über 15 Prozent. Das ist ungefähr die Größenordnung der Gruppen in den USA, die 2010 der „Tea Party" hinterherliefen. Oder der Anteil derer, die im Wahlkampf 2016 den fremdenfeindlichen Thesen eines Donald Trump folgen, dass Mexikaner tendenziell alle Kriminelle seien. Und die nicht nur Obamas Politik ablehnen, sondern ihn als Person verteufeln und die Kultur, für die er steht. Ob Tea

Party, Trump-Anhänger oder andere Rechtspopulisten: Ihre politischen Ziele sind diffus und widersprüchlich. Sie fordern mehr Haushaltsdisziplin und lehnen eine zu große Rolle des Staates ab. Zugleich sind zum Beispiel Tea-Party-Fans strikt dagegen, bei zwei der größten Ausgabenblöcke zu kürzen: der staatlich garantierten Grundrente (Social Security) und der staatlich finanzierten Gesundheitsversorgung der Senioren (Medicare). Kein Wunder, sie sind überdurchschnittlich alt. Kürzungen bei der Altersversorgung schaden ihrem ökonomischen Eigeninteresse.

Ökonomie versus Demografie

Neben der individuellen Attraktivität der Kandidaten, die mit ihrer Führungsfähigkeit werben, haben zwei Faktoren überproportionalen Einfluss auf den Ausgang der nächsten Wahl: die Wirtschaftsentwicklung und die sich dynamisch verändernde Zusammensetzung der Gesellschaft. Unabhängig davon, welche Partei regiert: Sie wird es schwer haben, die hochfliegenden Erwartungen der Amerikaner an Wachstum und persönlichen Wohlstand zu erfüllen. In den acht Jahren unter dem demokratischen Präsidenten Obama haben die USA die globale Finanzkrise einerseits überwunden, andererseits aber nicht den großen Boom erlebt, der früher auf einen Konjunktureinbruch folgte. Die Republikaner können die Wähler mit ihren ökonomischen Rezepten auch nicht mehr so leicht überzeugen. Die haben das Land in die Krise geführt. Viele Bürger ahnen, dass die alten Regeln in der neuen globalen Wirtschaft nicht mehr gelten. Nach früheren Rezessionen folgten Jahre mit hohem Wachstum. Jetzt erleben die Amerikaner eine ganz andere Entwicklung: Die Wirtschaft wächst relativ langsam. Sie hat das Vorkrisenniveau überschritten, aber das heißt noch lange nicht, dass auch die verlorenen Arbeitsplätze zurückkommen. Egal, ob ein demokratischer Präsident die Konjunktur durch staatliche Ausgaben ankurbeln möchte oder ein republikanischer durch niedrigere Steuern, die dem Staat Einnahmen wegnehmen – erst mal führt beides zu noch höheren Defiziten. Das wollen die Bürger nicht.

Daneben macht sich der demografische Wandel bemerkbar. Der Anteil der älteren weißen Wähler, die überwiegend für die Republikaner stimmen, sinkt kontinuierlich. Der Anteil der Latinos und anderer Einwanderer, die die Demokraten favorisieren, steigt. Mittelfristig stehen die Republikaner vor dem größeren Problem. In wenigen Jahren werden die USA eine „majority-minority nation" sein: Der Anteil der Weißen sinkt unter 50 Prozent. Die Minderheiten werden zusammen die absolute Mehrheit bilden. Diese Dynamik bevorteilt die Demokraten bei der Präsidentenwahl. Gleichzeitig mit dem Präsidenten werden beide Kammern des Kongresses neu gewählt. Auf diesen Ausgang haben andere Mechanismen, darunter das Wahlsystem und die derzeitige Einteilung der Wahlkreise, einen noch größeren Einfluss als Ökonomie und Demografie. Deshalb werden die Demokraten 2016 und 2020 nur geringe Chancen haben, die Parlamentsmehrheit im Repräsentantenhaus und im Senat zu gewinnen.

Amerikaner schauen 2016 aber wieder optimistischer in die Zukunft als 2010 oder 2012. Sie hatten den Blues, als der erhoffte Aufschwung länger als gedacht auf sich warten ließ. Im Verhältnis zu ihrer Wirtschaftskraft waren der Staat und viele Privathaushalte überschuldet. Einkünfte und Ausgaben mussten erst wieder ein verantwortbares Verhältnis erreichen, damit die Menschen mit Vertrauen in die Zukunft schauten, Kredite aufnehmen wollten und die Banken sie ihnen gaben: für schönere Häuser, größere Autos oder das Studium der Kinder.

Die Krise daheim hatte auch internationale Folgen. Amerikas „Soft Power", seine Strahlkraft, sein Weltmacht-Nimbus haben gelitten. Und nicht alle diese Entwicklungen werden sich auf Vorkrisenstatus zurückdrehen lassen, nur weil die USA sich berappelt haben und nun andere Mächte vor großen Herausforderungen und Risiken stehen. Schon vor 2008 sank der Anteil des Dollars an der Weltwirtschaft langsam, aber stetig. Nicht nur der Euro, auch Chinas Währung wird über kurz oder lang eine größere Rolle spielen.

Es ist freilich nun erst mal an China zu beweisen, dass auch sein System zu Korrekturen fähig ist. Dass es seinen Aufstieg trotz der sozialen, ökonomischen und politischen Spannungen, der Gegensätze zwischen Stadt und Land sowie zwischen unterschiedlichen Ethnien und Religionen fortsetzen kann. Veränderungen in der relativen Gewichtung der Wirtschaftsmächte werden kommen. Einen rapiden Einflussverfall Amerikas erwarte ich aber nicht. Die USA werden noch auf viele, viele Jahre die dominierende Volkswirtschaft sein. Auch wenn China sie nach dem BIP nominell überholt, wird Amerika ein hoch attraktiver Markt bleiben; die Kaufkraft eines US-Bürgers wird noch lange um ein Vielfaches höher sein als die Kaufkraft eines Chinesen. Die Budgetkrise hat in Verbindung mit der Beendigung der personalintensiven Kriegsführung in Afghanistan und Irak zu Einsparungen beim Militärbudget geführt. Doch auch da gilt: Die Veränderung ist relativ. Der absolute Abstand zwischen dem US-Militär und anderen Streitkräften ist so riesig, dass er nicht rasch zu überbrücken ist. China baut gerade seine erste Flugzeugträgergruppe, Amerika hat elf im Einsatz rund um den Globus.

Der Atlantik wird breiter

Sorge bereitet mir die mentale Auseinanderentwicklung der Amerikaner und Europäer. Sie verstehen sich immer weniger. Das allgemeine Wissen übereinander nimmt ab, die Verwunderung über den Partner auf der anderen Seite des Atlantiks wächst. Europäer tun sich schwer, die politischen Dynamiken in den USA, die entscheidenden Faktoren bei der Überwindung der Finanzkrise, den Umgang mit der digitalen Wirtschaft, mit Energie, Rassenfragen und Waffenrecht einzuordnen.

Umgekehrt ist die Berichterstattung über die Eurokrise in US-Medien von erschreckend niedrigem Niveau. Die meisten amerikanischen Wirtschaftsjournalisten haben nie in Europa gelebt und verstehen nicht, wie der Euro funktioniert. Also halten sie sich an die Theorien, die sie gelernt haben – und denen zufolge kann nicht sein, was nicht sein darf. Eine gemeinsame Währung ohne gemeinsame Regierung könne nicht funktionieren, lautet ihre Grundannahme. Der Umstand, dass der Euro schon seit anderthalb Jahrzehnten lebt und in dieser Zeit gegenüber dem Dollar zugelegt hat, ficht sie nicht an. Bei jedem neuen Krisenschub prognostizieren sie, dass die Eurozone demnächst auseinanderbricht. Dabei ist der Euro ja keine Schönwetterwährung. Er hat die Börsenstürze nach dem Platzen der IT-Blase und nach dem Terrorangriff von 9/11 sowie die globale Finanzkrise von 2008 überstanden. Vor allem aber unterschätzen Amerikaner den politischen Willen der Eurostaaten, die Gemeinschaftswährung zu erhalten. Umgekehrt werde ich in Deutschland oft gefragt, wie lange es den Dollar noch geben wird angesichts der Finanzprobleme der USA. Auch der Dollar wird noch lange leben. In beiden Fällen ist manchmal der Wunsch Vater des Gedankens – der Wunsch, dass die eigene Währung die des Rivalen überdauert.

Amerika und Europa sind keine Feinde. Auf manchen Gebieten konkurrieren sie um Einfluss in der Welt. Unter dem Strich verbindet sie mehr, als sie trennt. Mehr als 40 Prozent des Welthandels spielt sich zwischen den USA und der EU ab. Bei aller Faszination über Wachstumsmärkte in China, Indien und Südamerika fließt der Löwenanteil ihrer Auslandsinvestitionen immer noch auf die andere Seite des Atlantiks. Mehrere Millionen Europäer verdienen ihr Geld bei Firmen, die zu US-Konzernen gehören. Mehrere Millionen Amerikaner arbeiten für europäische Unternehmen. Es ist nur folgerichtig, dass sie sich bemühen, mit TTIP einen gemeinsamen „Gold Standard" für die Regeln der Weltwirtschaft zu entwickeln. Es gibt keine zwei anderen Kontinente auf der Erde, die so eng miteinander verflochten sind durch die Wirtschaftsbande, das politische System, gemeinsame Werte und eine Militärallianz. Ist das den Deutschen und den Europäern hinreichend bewusst? Für einen Abgesang auf die Weltmacht Amerika ist es zu früh. Die USA werden auf absehbare Zeit – jedenfalls für meine Generation – die dominierende Macht der Erde sein. Und zugleich der engste Partner, den Europa und den Deutschland, sein mächtigster Staat, außerhalb der EU haben kann.